本书系2019年度高校示范马克思主义学院和优秀教学科研团队建设项目：西部地区高校思想政治理论课教学创新研究（重点选题-西部选题）（项目批准号19JDSZK048）的阶段性研究成果；青海省教育厅：高校马克思主义理论人才（思想政治理论课骨干教师）培养计划"项目（项目编号：QHJGWPY JH—201811）的阶段性研究成果；青海民族大学2023年党建思政课题阶段性研究成果。

全面依法治国视域下大学生法治观念培养研究

柴让措　著

吉林大学出版社

·长春·

图书在版编目（CIP）数据

全面依法治国视域下大学生法治观念培养研究 / 柴让措著 .—— 长春 : 吉林大学出版社 , 2023.3
ISBN 978-7-5768-1887-1

Ⅰ.①全… Ⅱ.①柴… Ⅲ.①大学生－社会主义法制－法制教育－研究－中国 Ⅳ.① D920.4 ② G641.5

中国国家版本馆 CIP 数据核字 (2023) 第 132747 号

书　　名	全面依法治国视域下大学生法治观念培养研究
	QUANMIAN YIFA ZHIGUO SHIYU XIA DAXUESHENG FAZHI GUANNIAN PEIYANG YANJIU
作　　者	柴让措
策划编辑	矫　正
责任编辑	徐　佳
责任校对	甄志忠
装帧设计	久利图文
出版发行	吉林大学出版社
社　　址	长春市人民大街 4059 号
邮政编码	130021
发行电话	0431-89580028/29/21
网　　址	http://www.jlup.com.cn
电子邮箱	jldxcbs@sina.com
印　　刷	天津鑫恒彩印刷有限公司
开　　本	787mm×1092mm　　1/16
印　　张	13.75
字　　数	210 千字
版　　次	2023 年 3 月　　　第 1 版
印　　次	2023 年 3 月　　　第 1 次
书　　号	ISBN 978-7-5768-1887-1
定　　价	68.00 元

版权所有　翻印必究

前 言
Preface

  党的十八大以来，法治中国建设的顶层设计更加完善，社会主义法治建设发生了历史性变革、取得了历史性成就，全面依法治国从进入"快车道"到按下"快进键"，为国家长治久安、市场经济发展、增进人民福祉、迈向"中国之治"提供了坚实保障。当代大学生是推动国家发展进步的重要力量，是党的未来和希望。培育大学生的法治观念不仅是贯彻依法治国方略的战略要求，也是高校实现立德树人根本任务的客观需要，更是加强家风建设和实现大学生全面成才的现实需求。如何在全面依法治国视域下有效推动大学生法治观念培养，如何通过培育大学生法治观念发挥青年群体在全面依法治国中的积极作用成为新的社会议题。

  全面推进依法治国对大学生法治观培育提出了新要求。1986年，中国开始了第一个普法教育"五年规划"。历经了30多年的发展，普法教育也实现了从最初着重法律常识的普及到重视法律条文的解读再到如今对全民法律素质提高的重要转变。自党的十五大提出依法治国方略之后，普法教育也紧随其后，在层次和内容上都进行了相应的调整，更加注重对受教育客体传授法治理念、培育法治精神。普法教育在2016年步入了第七个"五年规划"开展阶段。科学技术水平的不断提高与经济水平的迅猛发展，使社会生产和生活方式得到了相应的改变，而这一改变必然伴随着各种矛盾的出现与加剧。其中引发关注和热议的"药家鑫案""复旦大学投毒案"及"中国传媒大学学生强奸未遂杀人案"等大学生犯罪事件，桩桩件件，无不牵动着社会对于此类案件的疑惑与对大学生的关切之心，这些案件的背后反映的不仅仅是当前大学生法治观念的薄弱，更是影射了在当前大背景下高校关于大学生法治观培育过程中的缺失与不足。

  党的十八大报告中提出了新十六字方针："科学立法、严格执法、公正司法、全民守法"。在此方针的指导下，大学生法治观念的强弱程度自然被赋予了更高的期待。作为大学生，不仅应熟知基本的法律法规和法治要求，更应该具备良好的法治观念和严密的法治思维能力。在遇到法律问题时，能准确判断、妥善解决。然而，在国家和社会的殷切希望下，大学生所掌握的法律知识、所具备的法治思维能力及所实施的法治行为方式，都与所期待的存在差距。大学生犯罪事件频发，对法律规定一知半解、法律实践运用不足，等等，都体现了其自身的法治能力并未达到国家的法治要求。其原因固然是多方面的，但其中高校对于大学生的法治观念培养则是重中之重，高等教育是国民教育体系的最高层次，大学生法治观念培养也是高校学生素质教育的重要内容，高校应将对大学生法治观念培养的新要求具体落实。大学生的法治观和法治能力都影响着国家的法治建设进程和依法治国的软实力建设。因此，从大学生法治观念培养过程中发现问题所在，探究其培育路径是当下亟需解决的问题。

基于此，本书以全面依法治国为视角，探究大学生法治观念培养问题，有着重要的理论意义和现实意义。理论意义在于：本书的研究为后续学者开展大学生法治观念培养提供案例参考。现实意义在于：自党的十五大明确提出依法治国以来，我国在法治这条道路上不断前进、不断探索。本书基于全面推进依法治国的大背景，分析大学生法治观念培养存在的相关问题，旨在探索解决问题的最优路径，为党的十五大以来相继提出的全面依法治国的相关方针、政策等在大学生群体范围内得到贯彻实施提供实践参考。研究这一问题不仅有利于加强社会的法治建设，还能更好地开展法治观念培养工作，为以大学生法治观念培养为出发点的新时代青年素质教育提供实践参考的同时，也为当前高校大学生法治教育现状存在的问题查找原因，为进一步提升高校法治教育实效提供资料参考。

首先，从谋篇布局来看，本书从全面依法治国内涵阐释切入，阐述全面依法治国方略的理论渊源、发展历程及时代价值，进而对法治理论进行概述，并重点阐述马克思主义关于人的全面发展学说和我国优秀传统法律文化等理论基础，为全书的研究夯实了理论基础。剖析了全面依法治国视域下大学生法治观念培养的作用与价值，回顾了改革开放以来我国大学生法治观念培养的历史，并总结经验，为后文的研究提供理论参考。其次，通过问卷调查的方式了解当前大学生法治观念培养的现状，从实践中发现问题，找出目前培育过程中存在的弊端与不足，对所掌握的情况进行总结分析，将收集到的材料进行加工整合，多方面分析存在问题的原因，为寻求大学生法治观念培养的最优路径提供现实依据。通过对欧美部分发达国家和亚洲的日本、新加坡等国进行历史的、文化的比较和考量，借鉴这些国家在法治观念培养中的方式方法以促进我国大学生法治观念培养的发展。最后，创新性地总结和提炼出大学生法治思维培育的目标和原则，完善了大学生法治思维培养的体系、机制和路径。法治观念培养的目标就是使大学生具备自觉守法、遇事找法、解决问题靠法的理念，形成按照规则行事的思维习惯，遵循法治优先、良法之治、依法办事和程序公正的原则，并把这些原则内化为行为准则，从而形成独立的法治人格。大胆创新，完善了大学生法治观念培养的体系与机制，结合我国国情及全面推进依法治国的背景，有效地拓展了大学生法治观念培养的路径。

大学生是国家的未来和希望，他们的法律素养状况，直接关系到依法治国的实施和法治中国的建设前景。因此，加强大学生法治观念培养是建设社会主义法治国家的客观需求，是我国高等教育体系的重要组成部分。

由于笔者的能力和水平所限，本书有许多不足之处，列举两点如下：

第一，目前关于大学生法治观念培养的研究还没有形成系统化的理论体系，可借鉴的理论成果较少，因此，本书理论性分析有待进一步加强，这也是笔者在今后的研究工作中需要进一步深入学习和研究的地方。

第二，本书关于国外法治教育的相关研究有待进一步加强。在研究过程中借鉴国内专家学者翻译后的成果较多，对于国外一手资料的研究和翻译较少。

笔者将在今后的学习和研究中进一步扩大调研范围，认真总结国内外各类高校法治教育的不同经验和问题，获得更加翔实和全面的数据，为进一步提高大学生法治观念培养效果提供较为全面的支撑。

目录

第一章 全面依法治国方略概述 … 1
一、相关概念界定及内涵阐释 … 1
二、全面依法治国方略的理论渊源及发展历程 … 7
三、全面依法治国方略的时代价值 … 16

第二章 全面依法治国视域下大学生法治观念培养的理论基础 … 21
一、法治理论概述 … 21
二、大学生法治观念培养概述 … 30
三、全面依法治国视域下大学生法治观念培养的理论基础 … 35

第三章 全面依法治国视域下大学生法治观念培养的重要意义 … 48
一、全面依法治国方略与大学生法治观念培养的内在关联性 … 48
二、全面依法治国视域下大学生法治观念培养的必要性 … 50
三、全面依法治国视域下大学生法治观念培养的作用与价值 … 54

第四章 改革开放以来我国大学生法治观念培养的历史进程 … 70
一、改革开放以来我国大学生法治观念培养的历史回顾 … 70
二、改革开放以来我国大学生法治观念培养的经验总结 … 95

第五章 全面依法治国视域下大学生法治观念培养现实审视 … 101
一、大学生法治观念培养的现状分析 … 101
二、全面依法治国视域下大学生法治观念培养存在问题的原因 … 115

第六章 国外大学生法治观念培养的经验与启示 …… 127
 一、国外大学生法治观念培养的经验 …… 128
 二、国外大学生法治观念培养的启示 …… 135

第七章 全面依法治国视域下大学生法治观念培养的体系与机制 …… 145
 一、全面依法治国视域下大学生法治观念培养的体系 …… 145
 二、全面依法治国视域下大学生法治观念培养的机制 …… 153

第八章 全面依法治国视域下大学生法治观念培养的创新路径 …… 170
 一、全面依法治国视域下大学生法治观念培养的目标与原则 …… 170
 二、全面依法治国视域下大学生法治观念培养的创新路径 …… 185

参 考 文 献 …… 202

第一章 全面依法治国方略概述

全面依法治国是党的十八大以来的重大战略部署之一，是实现党和国家两个一百年奋斗目标、建成社会主义现代化强国的必由之路。在建党百年之际，我们实现了全面建成小康社会的目标，步入了全面建设社会主义现代化国家的伟大征程。在新的发展阶段，党和国家所面临的压力与考验愈加严峻，既有来自国内自身的风险，又有国际局势动荡因素的干扰。在这样复杂的环境中，中国该如何发展？如何能够实现党的长期执政？如何实现国家长治久安？面对时代之问，以习近平同志为核心的党中央给出了系统回答，其中"坚持全面依法治国"是重要内容之一。全面依法治国是党在长期执政过程中对社会主义发展规律的深刻认识和总结，是保障社会长期稳定的根本基石，对于完善中国特色社会主义制度，实现国家治理体系与治理能力现代化具有重大意义。

一、相关概念界定及内涵阐释

（一）依法治国

依法治国，从字面上理解就是依据法律法规来管理和治理国家事务，也就是说国家事务必须要按照法律的标准进行管理、依法办事。促使法律法规深入人心，树立宪法权威，维护社会公平正义。从宏观上看，依法治国是将法治化、规范化、制度化融入国家的日常管理中来，并以法治为前提，以各项工作的顺利开展为基础，在中国共产党的领导下实现社会主义法治道路、实现人的全面发展、保障稳定的社会秩序和社会主义和谐的构建。

依法治国的概念不是一个教条的规定，也不是一个不可改变的方式方法，它是一个动态的概念，随着社会的发展，其概念蕴含着不同的意义。

在不同事务上依法治国的内容也不尽相同，在经济领域上其有应对经济的法治内容，在政治领域上其也有政策法规上的内容。因此，新时期依法治国是良法之治，不局限在特定的体制内，也不逾越宪法之外。

法治从理解上可以分为两种形式，一种是表面之治、一种是实质之治。表面之治在于形式，实质之治在于实际。形式就是流于法律表面，不论法律好坏，照本宣科走过场。实质是良治，在依照宪法的基础上，不流于法律形式表面，具体问题具体分析，以解决实质问题为目的良法之治。相比较而言，古代的法治是表面之治，近代以来由外转内逐渐形成良法之治。从实际操作来说，古代的法治更直接，按照条例规定办事简单明了，相比人治有所进步。但近现代的法治更多的是在法的基础上考虑到人的层面，如法律面前人人平等、民主法治、人权保障和权力制约等问题，相比一成不变的规则更先进。在表面和实质的理解上很多人认为"表面之治"比"实质之治"要好。从国外法治的角度来看，形式更加大于法律中人的本身，走过场的法治形式比实质的法治更重要。这是一种错误的角度，这是两个完全不同的问题，不能相互混淆概念，在国外学者眼中实质之治就是在否定法律过程的价值，这是错误的观念，依法治国的核心是依宪治国。首先，要尊重宪法的地位和性质，依法治国的根本就是宪法所决定的，法律程序要走但也要尊重人的权利，不能将固有的法律程序凌驾于人权、民主之上，只有将法和人有机地统一起来才是良法，才是依法治国的实质。其次，实质之治应与当前国家发展的阶段相匹配，依法治国最终的执行还是要靠人，社会飞速发展，人的精神思想要得到极大的进步就需要在实际操作上不断地灵活运用，一味地照搬程序，权力腐败现象必然发生。所以在此，依法法治不仅包含治理国家，也包含治理国家官员。最后，法治的方式方法可以借鉴但不能照抄照搬，国外的法治体系、理念可以中国化，却不能拿来就用。

依法治国作为党领导人民治理国家的基本方略具有以下四个特点：一是全局性。宪法是我国的根本大法，是一切法律法规的基础，是治国安邦的总章程，各个方面的方针政策都必须纳入法治的章程中来，法律是宪法的实际工具，法治是治国理政的基本方式。二是根本性。依法治国除了考量方针和战略，法治还要对国家发展的政治、经济、文化等基本制度做明确规定，否则治理将出现偏颇，国家将脱离法治。三是规范性。依法治国具有法律的强制约束性，以宪法为理论基础，这使依法治国在理论上占领至高地位，在实际上更是强制武器。具备这种规范性是不多见的，这是其他政策、战略所不具有的。四是持续性。对于法治，国家在任何时期都会出台相应的法规政策，但都是具有时限性的，只有法治伴随着人类社会的发展而不断进步。"治国基本方略"主要是为实现"法治国家"而提出和实施的。法治国家要具有完整的法治体系、法律体系、制度体系等，这也是法治国家所应具备的基本条件，同时也是我们追求的价值所在。

（二）全面依法治国

党的十五大将依法治国确认为党治国理政的基本方略，有学者对其内涵做了一个完整的表述：为保障国家各项工作依法有序运行、实现社会主义民主的制度化、法律化和规范化，在中国共产党的领导下，人民群众可以依照宪法和法律规定，以各种形式管理国家事务、社会事务和经济文化事业，运用规范的法律制度治理国家是符合人民根本利益的战略决策。[1]党的十八届四中全会使得"依法治国"从原来的一个单一的"概念"发展成为内容丰富、结构严密、覆盖面广的表述，同时衍生出更多具体可行的举措。习近平总书记在党的十九大报告中将"坚持全面依法治国"作为新时代坚持和发展中国特色社会主义的十四条基本方略之一，并做出成立中央全面依法治国领导小组等一系列重大部署。在这场有关国家治理的广泛而深刻的革命中，深入推进全面依法治国使得我党对社会主义发展规律的认识上升到了一个新高度。全面依法治国的总目标是建设中国特色社会主义法治体系、建设社会主义法治国家，总目标不仅强调了今后全面依法治国的工作重点，也为中国今后该走什么样的法治道路指引方向。全面依法治国中"全面"的意义体现在：实现党的领导、人民当家作主和依法治国的具体的历史的统一，"必须坚持厉行法治，推进科学立法、严格执法、公正司法、全民守法。"[2]让德治和法治能够相互结合、协调发展，使得"全面"两个字更加凸显，为保持我国各项经济、政治、文化制度的有效运行，更需要

---

[1] 孙明杰，范正生. 坚持依法治国和以德治国相结合方略 做好大学生思想政治教育工作 [J]. 山东省青年管理干部学院学报，2005（05）：52.

[2] 李林. 成立中央全面依法治国领导小组意义重大 [N]. 中国社会科学报，2017-11-07.

把全面依法治国落到实处。[①]

作为习近平中国特色社会主义新思想的重要内容之一，全面依法治国意味着政府职能部门管理体系的不断完善、意味着中国特色社会主义制度的继续深入发展。全国上下必须要在全面依法治国的视域下厉行法治、树立全民的法治观念。在全面依法治国战略下，党员和领导干部要充分发挥其示范作用，带头在日常生活和工作中严格遵守法律法规，不徇私枉法、不搞特殊化。通过加大全社会法治宣传力度，树立全民守法、全民懂法的良好氛围，以完善各项法律法规为前提，真正实现"法律面前人人平等"，让人民从根本上提升对法治建设的信心，从而获得广大人民群众的支持，保障国家各项工作在法律的框架下有效运行。

第一，科学立法是全面依法治国的前提。有法可依是执法和守法的前提保障，实现党和国家、社会和人民可能涉及的问题都有一定的立法依据是关键。[②]实现立法科学需要党中央、各级政府、各级人大和人民的共同参与，做好自己的本职工作。科学立法需要党中央、人大、政府相互配合，各司其职，通过完善科学的机制保障立法的质量和效率，保证立法过程中各个部门都划分好权力的界限，防止在立法过程中出现争权诿责、地方保护等情况，保障法律制定过程中的科学性。首先，在立法过程中，要通过党的领导解决和完善立法决策过程中存在的主要问题；其次，要发挥人大及其常委会的主导作用，保障立法的质量，在立法这项系统的工程中努力维护法律的统一；最后，政府实现各项行政法规的完善，推进政府相关政策的科学化。民主立法则需要广大人民群众的共同参与，监督立法的全过程。"一切为了人民、一切依靠人民"也是民主立法的集中体现，民主立法能够在法律中充分体现人民的意愿，表达自身的利益诉求，防止立法部门中以权谋私等现象的发生，符合人民的根本利益。民众在参与立法的过程中需要将自身的权利和义务相统一，平衡各种利益关系。只有实现科学立法，国家机关职能部门以及全体人民才能真正地崇尚法律、信仰法律，在法治的框架下活动，推进全面依法治国的顺利实施。

第二，严格执法是全面依法治国的关键。《中共中央关于全面推进依

[①] 周晓燕. 走进新时代的全面依法治国[J]. 大庆社会科学，2018（01）：18.
[②] 宋丽. 我国大学生法律意识培养研究[D]. 南京：南京信息工程大学，2015：15.

法治国若干重大问题的决定》明确提出，要依法全面履行政府职能、健全依法决策机制、深化行政执法体制改革、坚持严格规范公正文明执法、强化对行政权力的制约和监督、全面推进全国政务公开，以切实加强严格执法的力度。保证在全面依法治国的决策下，相关部门能够按照法律标准严格执法，广大人民群众可以在执法部门执法的过程中维护自身的合法权益。

习近平总书记在党的十八届四中全会第二次全体会议上用一句话体现了严格执法在推进全面依法治国进程中是必不可少的，那就是"天下之事，不难于立法，而难于法之必行"。面对当前我国执法过程中存在的执法不严、徇私枉法、权钱色交易等亟待解决的问题，我们必须保证"以法制权"，把执法权关进制度的"笼子"，通过法律的强制性，保证这些权力不被滥用，保证人民在监督执法时有法可依，有效提升政府的公信力，为坚定人民的法治信仰、塑造良好的社会法治氛围奠定基础。

第三，公正司法是全面依法治国的防线。培根说过："一次不公正的审判，甚至比十次犯罪还要严重。"[①]要想推进全面依法治国、建成法治国家，就必须保障司法机关依法独立行使职权，防止领导干部等利用职权进行司法干预，体现了司法工作的公平性。作为维护社会公平正义、深入推进依法治国的最后防线，司法工作必须要依法进行，严格按照法律标准处理案件，使人民切实感受到社会的公平和正义。深化司法体制改革、维护公平正义、保障人民的合法权益是符合全面依法治国制度化的几点要求。法治的实现要以公正为准绳，脱离公平公正，实现全面依法治国就无从谈起，促进全民守法就更是难上加难。

习近平指出："我们提出要努力让人民群众在每一个司法案件中都感受到公平正义，所有司法机关都要紧紧围绕这个目标来改进工作，重点解决影响司法公正和制约司法能力的深层次问题。要坚持司法为民，改进司法工作作风，通过热情服务，切实解决好老百姓打官司难问题，特别是要加大对困难群众维护合法权益的法律援助。司法工作者要密切联系群众，规范司法行为，加大司法公开力度，回应人民群众对司法公正公开的关注和期待。"[②]具体来说，为贯彻落实全面依法治国的伟大实践，必须通过加

---

① 弗朗西斯·培根. 培根随笔集·论司法[M]. 蒲隆，译. 北京：光明日报出版社，2009.
② 习近平. 习近平谈治国理政（第一卷）[M]. 北京：外文出版社，2018：145.

强司法队伍建设来实现，做好司法体制改革工作。司法机关要时刻以"人民满意"为工作标准，提升人民群众对司法工作的信心。在司法的过程中，既要在全面依法治国的前提下保证公平公正，又要严格按照规章制度办事，深刻落实责任监督制度，建立起"防止腐败、防止执法不公、防止独断专权"的配套队伍，严防司法队伍内部出现问题。

第四，全民守法是全面依法治国的重点。实现全体人民对法律发自内心的信仰、实现全体人民脚踏实地地践行法律是法治实施的真谛。习近平总书记在党的十九大报告中明确指出，加大全民普法力度，建设社会主义法治文化，树立宪法法律至上、法律面前人人平等的法治理念。韩非子曾说："国无常强，无常弱。奉法者强，则国强；奉法者弱，则国弱。"这句话深刻体现出树立全民法治观念对于一个国家建设发展的重要性。全面依法治国是响应时代的召唤、符合人民的期盼的伟大治国理念，对于助力实现人人守法的目标具有重要的、里程碑式的意义。只有全国人民都真正地将法治作为崇尚的目标时，建成法治中国的战略布局才能深深地根植于社会主义现代化建设的过程中，才能由内而外依法保障国家、社会和公民的利益不受侵犯。"身正为范"是我国的传统，领导干部是引领社会风气的关键力量，他们法治素养的高低是建设法治国家的重要组成部分。[①]因而，实现全民守法首先要由领导干部带头，形成自上而下的守法格局，这样全民守法才有其实现的现实意义。

全民守法作为全面依法治国的重点和难点，必须站在新的历史起点加以重视和解读。法治所揭示的重要指示精神就是实现全面依法治国、最终建成法治国家。我们要注重法治文化的传播，加大国家以及各企事业单位的法治宣传力度，让人民在遇到困难时，首先想到寻求法律帮助，依法维护自己的权益；当遇到违法事件时，做到及时向执法部门进行举报，行使作为公民的义务，维护社会的和谐与稳定。当全国上下都自觉树立起正确的守法意识时，我国建成法治国家将指日可待。

---

① 秦平. 普遍提高领导干部法治素养[N]. 法制日报，2018-03-12.

二、全面依法治国方略的理论渊源及发展历程

（一）全面依法治国方略的理论渊源

1. 马克思主义经典作家法治思想

（1）马克思、恩格斯的法治思想

马克思、恩格斯的法治思想有一个从不成熟走向成熟的过程，而转向历史唯物主义代表着他们法治思想的成熟。马克思、恩格斯的法治思想中关于法的起源、本质、发展规律等问题的论述对于我国实施依法治国战略具有深远意义。

在初期由于受到黑格尔理性现实主义的影响，马克思、恩格斯形成了新理性批判主义的法治思想。在这一时期，马克思认为法律的调整对象不应是人的思想和言论的自由，人的外在行为才是应该受到约束的主体。他在《评普鲁士最近的书报检查令》中严厉批评了普鲁士剥夺了人的自由的权利，更破坏了法律面前人人平等的原则。法律的目的应是维护和保障人民的权利，而不是成为统治阶级控制人民的工具。法律保障了人民的权利，人民享有自由的权利，但是这种自由还是要受到法律的约束的，不是根据个人的想法意志为所欲为，即在法律允许的范围内。他还认为阶级利益体现在法之中。英国实施《谷物法》是为了维护土地贵族的利益，资产阶级和工人要求废除则是因为《谷物法》损害了他们的利益。《关于林木盗窃法的辩论》是马克思向历史唯物主义转变的开端。这是马克思第一次论述社会现实生活问题，在其中他揭露了地主阶级和省议会维护林木占有者利益而漠视甚至剥夺普通民众利益的丑恶嘴脸，他发现法律不仅维护剥削阶级的合法权益，也维护他们不合理的过分的欲望，却无法维护普通民主合理的要求与权益，这也促使了马克思转向历史唯物主义。

关于法治的起源，指出现实社会的物质关系发展到一定阶段，法就必然会产生。这是唯物主义对法的解释，在此之前的法学家们都是以唯心主义为基础阐释法的。在《共产党宣言》中马克思也指出："你们的观念本身是资产阶级的生产关系和所有制关系的产物，正像你们的法不过是被奉为法律的你们这个阶级的意志一样，而这种意志的内容是由你们这个阶级

的物质生活条件来决定的。"①从法的发展规律来说，法并不是从来就有的也不是恒久不变的、不会消亡。国家产生时法也随之产生了，国家保证法的实施。法作为上层建筑的体现，必然会受经济基础的影响。生产力的不断发展导致生产力与生产关系之间不相适应，都必然会导致作为上层建筑的法的改变。随着生产力的不断发展，阶级和国家都逃脱不了消亡的命运，而法也就随之而消亡了。在资本主义社会中法走向消亡还有很长一段路要走，而必经之路就是走向无产阶级专政，建立无产阶级法制。1871年为期仅72天的短暂的无产阶级专政的巴黎公社为马克思和恩格斯提供了方向。在无产阶级专政期间公社颁布了许多法令，废除了旧的常备军、旧的行政制度、司法机关，以人民为主体重新组建了军队与其他国家机关。虽然后来巴黎公社失败了，但共产主义的萌芽已经破土而出了，这次革命也促进马克思、恩格斯法治思想的进一步发展。他们指出建立无产阶级法治，首要就是要无产阶级掌握国家政权。如果不能掌握国家政权，很有可能会重蹈巴黎公社的覆辙。建立无产阶级法治要以法律的形式保障和维护人民的权利，通过法律把人民享有的权利规定下来。最后无产阶级法治也具有促进生产力发展的作用。

巴黎公社前马克思、恩格斯更多的是对资本主义的批评，自巴黎公社后马克思、恩格斯二人更加注重探索未来无产阶级如何实现无产阶级专政，建设无产阶级的法治了。纵览二人法治思想的发展历程，可以看出他们对共产主义的不懈追求，了解他们的法治思想既有利于我们更好地把握其法治思想的核心与精髓，也坚定了我们为人民服务的初心，将其运用到中国的法治建设的过程中，能让我们的法治建设的征程走得更远。

（2）列宁社会主义法制建设思想

人类的最崇高的理想虽然被马克思与恩格斯明确指出了，但由于其他条件的限制，他们不可能指出无产阶级执政后应该如何做才能向最崇高的社会理想过渡。随着第一个社会主义国家的出现，列宁在建设苏维埃联邦社会主义共和国的过程中对什么是社会主义法制、为什么要建设社会主义法制、如何建设社会主义法制做出了一系列回答，完成了马克思、恩格斯

---

① 中共中央马克思恩格斯列宁斯大林著作编译局编译. 马克思恩格斯选集（第一卷）[M]. 北京：人民出版社，2012：417.

二人因局限未能回答的问题。

到底什么是社会主义法制呢？列宁认为社会主义法制首先必然是无产阶级专政的。掌握政权后无产阶级才能按照自己的意志去管理国家，而社会主义法制体现的正是无产阶级的意志，社会主义法制是以维护人民群众的利益为己任的。建设社会主义法制的核心是坚持无产阶级政党的领导，无产阶级政党代表的是广大人民的根本利益，坚持无产阶级政党的领导就是坚持走群众路线，法制建设就不会走偏。

关于为什么要建设社会主义法制，从整体上看，十月革命后新建立的苏维埃政权受到国内国外两方面的攻击，为了已经成功的革命不被破坏，列宁针对国内国外分别颁布了不同的法令，目的是维护新生的政权。因此，建设社会主义法制是维护无产阶级政权的必要手段。从经济上看，当时的苏维埃还没有消除资本主义经济的残留，沙俄和资本家还在垂死挣扎妄图破坏苏维埃政权，在此情况下，列宁颁布了国有化法令从而清除了资本主义的残留，稳定了社会主义经济。由此可知，社会主义法制可以稳定社会主义经济关系。法律是国家意志的体现，唯有制定真正体现人民群众意志的法律，人民群众的权利才真正得以保障。因此，社会主义法制的建设可以保障人民群众的权利，是民主的体现。

关于如何建设社会主义法制，列宁认为首先要完善法律体系，统一法制的实施。在苏维埃政权诞生后国内的法律还存在不小的差异，一些法律不能在全国内通用，在《论"双重"领导和法制》中他指出："法制不能有卡卢加省的法制，喀山省的法制，而应是全俄统一的法制，甚至是全苏维埃共和国联邦统一的法制。"[①] 为此列宁起草了一系列的法律，包括《和平法令》《检察机关条例》《苏俄民法典》等等，基本上涵盖了各个方面并且通用于全国各地，社会主义法律体系初步形成了。而在制定法律的过程中，他认为必须要坚持党对立法的指导原则、民主原则、法随形势发展的需要不断变化与发展原则。只有坚持上述原则，法律条文的制定才能体现人民意志，维护人民参与、讨论法律制定的权利，才能与时俱进，根据社会的变化不断发展。法律制定出来了，如若实施与执行不到位，无异于

---

① 中共中央马克思恩格斯列宁斯大林著作编译局编译. 列宁全集（第43卷）[M]. 北京：人民出版社，1987：195.

一纸空文，故此列宁提出必须要认真执行法律。在法律的执行过程中，不分党员与群众，在法律面前人人平等。除此之外，执行法律的人员和机关是法律能否被认真执行的重要因素。列宁指出司法要独立，司法机关和执法人员要不断提高自己的素质，不受外界的各种干扰与影响，严格地根据法律办事。为了确保社会主义法制建设的成效，监督必不可少。一方面建立了专门的法律监督机关来监督法律的运转实施；另一方面他认为执政党也要更加重视法律工作的实施，要加强党的领导与监督。最后，要善于利用人民群众的力量，加强人民监督。对执政党、国家机关、执法人员进行监督是人民应有的权利。人民群众的眼睛是雪亮的，人民群众的监督无处不在，加强人民群众的监督有利于社会主义法制的建设。

列宁在苏维埃俄国进行的社会主义社会的关于法制的建设，是世界上首次。社会主义社会的国家如何进行法制建设从此有迹可循。他的法制思想对苏联后来的建设和新中国的法制建设意义深远，直到今天仍对我国实施依法治国战略具有深远意义。

2. 毛泽东关于法治的相关论述

（1）毛泽东关于立法的相关论述

毛泽东同志说过："搞宪法是搞科学。"[①]制定法律应像研究科学那样既要系统又要严谨。科学的法律制定必须坚持以下几点原则：一是要坚持民主原则和社会主义原则。制定法律应该采取民主的方式，听取多方的意见，而不是搞一言堂，这样才确保法律的科学性。二是要坚持实事求是原则，这一原则贯穿毛泽东思想的始终，在立法工作中也有体现。在立法工作中坚持实事求是就是要根据中国的实际国情制定符合现阶段的法律。他所主持起草的《苏维埃暂行选举法》《土地改革法》等都没有脱离当时的实际国情，脚踏实地地结合国情也不反对借鉴吸收先进经验。他主持制定我国的第一部宪法，他翻阅了世界各国的法律，不分资本主义还是什么其他别的主义，从其中借鉴吸收值得学习借鉴的地方，因此，这部宪法既总结了过去反封建反帝反资本主义的经验，又借鉴吸收了清末以来各个时期的相关法律和世界各国的法律，取其精华，去其糟粕，根据当时中国的现实情况制定了这部法律。在这期间他说"现在能实行的我们就写，不能实行的

---

① 毛泽东文集（第6卷）[M]. 北京：人民出版社，1999：326.

就不写"①，绝不能胡编乱造；还指出"我们的宪法有我们的民族特色"，针对少数民族地区的情况因地制宜，不要求少数民族地区的法律条文与其他地方完全一样，既坚持了原则又灵活结合了我国的现实情况。三是在立法中还要坚持群众路线，它是我党的根本工作路线，在制定法律的过程中要领导群众相结合，制定出的法律要得到人民的认可。1954年宪法的制定就完全体现了这一点，该宪法经历了全国人民代表大会、各级中央机关、各省市和自治区的共同讨论，又通过全国人民的讨论修改才最终成型。

（2）毛泽东关于执法的相关论述

在法律的执行方面，毛泽东同志认为执法首先要重证据与调查，反对轻信口供与刑讯逼供。早在抗日战争时期他就指出："对任何犯人，应坚决废止肉刑，重证据而不轻信口供。"②在肃反期间许多地方轻信几句谣言就抓人甚至动刑逼人认罪的事情时有发生，毛泽东同志批评了这种不调查不取证的行为。他还强调无论是针对不法分子，还是犯了错误的人员都不得动用肉刑逼供，他认为真正的社会主义是不会采取这种方法的，采用肉刑、屈打成招、随意诬陷好人的事情必须杜绝。其次还要坚持宽严相济的原则，也就是要将惩办和宽大相结合，重悔改。毛泽东指出："应该坚决地镇压那些坚决的汉奸分子和坚决的反共分子，非此不足以保卫抗日的革命势力。但是决不可多杀人，决不可牵涉到任何无辜的分子，对于反动派中的动摇分子和胁从分子，应有宽大的处理。"③在其后的"三反"和"五反"运动中他又提出了首恶者必办，胁从者不问，立功者受奖，坦白从宽、抗拒从严和利用矛盾分化，团结多数、孤立少数的原则，而上述这些原则都在相应的法律条文和报告中有所体现。毛泽东认为只要采取正确的方法，对于一些人是可以改造的，监狱也发挥了重新塑造人的作用，一方面进行劳动改造，一方面进行精神上的教育，犯罪分子是可以改造好的。再次要坚持少捕慎杀，严禁乱杀。1948年毛泽东曾经谈到过多杀乱杀会使我们党丧失同情。要少捉人少杀人，我们不是靠捉人杀人建设社会主义的，不是把那些不法分子和反革命分子统统捉起来和杀掉就能解决问题的，捉人、杀人

---

① 毛泽东文集（第5卷）[M]．北京：人民出版社，1977：128．
② 毛泽东文集（第6卷）[M]．北京：人民出版社，1999：199．
③ 毛泽东选集（第2卷）[M]．北京：人民出版社，1991：767．

的事情多了，只会使人民群众远离党。他认为如果杀错人就没有机会重来，因此不可轻易捉人和杀人。罪大恶极者可以被判处死刑但绝不能实行株连，实行株连就是错杀了无辜的群众，这与我们党的路线是相反的。由此毛泽东同志提出了著名的死刑缓期执行的政策。最后要坚持有错必纠。毛泽东指出："发现了错误，一定要改正。无论公安部门、检察部门、司法部门、监狱、劳动改造的管理机关，都应该采取这个态度。"[①]假若在执法过程中办下了冤假错案，也要及时纠正，有错必纠，不管任何部门都要坚决实行这一点，不能顾及什么面子问题，否则群众就会对党失去信任。

（3）毛泽东关于守法的相关论述

对于领导干部，毛泽东要求领导干部要在遵纪守法方面起到榜样作用，领导干部必须带头守法。"遵法守法，全国人民每一个人都要实行，特别是国家机关工作人员要带头实行，否则就是违背宪法。"[②]光是提出要求，培养领导干部守法的主动性和自觉性还不够，对于领导干部的违法行为做出相应的处罚，才能使其更好地守法。毛泽东对于贪污腐败的官员给予严厉的惩罚，使领导干部想腐也不敢腐。毛泽东之所以对领导干部提出要求，是因为他认为领导干部起到一个标杆性的作用，如果党员领导干部都不能守法，人民群众又怎么能做到遵纪守法呢。只有党员干部做好了自己，约束规范了自己，人民群众才会相信法律的权威，才会敬畏法律，真正守法。

毛泽东提出法律面前人人平等，无论是谁，都应该在法律允许的范围内依法办事。早在延安革命时期就曾规定不分民族、阶层、党派、男女、职业，等等，在法律面前一律平等。在《中华苏维埃共和国宪法大纲》和1954年制定的宪法中都曾明确指出这一点。毛泽东更是以身作则，带头遵守法律，不搞特权。他强调在中国的社会主义法治建设中，广大人民群众都要遵纪守法，这是每个公民应尽的义务。这不仅是每一个公民应有的属性，也是进行社会主义法治建设的必然要求。

毛泽东同志在革命和建设中形成的法制思想是符合我国当时实际情况的，推动了当时社会主义改造和经济发展的进程，而他的这些原则做法直到今天对我们仍有其借鉴意义。

---

① 毛泽东文集（第6卷）[M].北京：人民出版社，1999：121.
② 薛剑符.毛泽东法治思想的时代特征[J].毛泽东思想研究，2015（05）：24-30.

（二）全面依法治国方略的发展历程

中国共产党对法治建设的认识是随着时代变化与社会发展实践而不断丰富与完善的，中国共产党对法治建设的探索一以贯之。党在长期领导中国人民进行革命、建设、改革与复兴的伟大征程中形成了一系列关于法治建设的相关论述与思想，对当代实施全面依法治国战略具有重要指导意义。下面主要探讨中华人民共和国成立之后的依法治国方略发展历程。

1. 社会主义革命和建设时期

党在社会主义革命和建设时期对法制建设探索不断深化，结合社会主义制度的确立与国内实际情况对法制建设有突出贡献，为党和国家萌发依法治国理念积累了弥足珍贵的经验，主要体现在确立立法体制、建立司法机构、提出守法要求、严惩违法思想、凸显法制建设基本原则等方面，为之后党和国家正式提出依法治国基本方略奠定了思想基础，创造了民主法制的基本条件。

党在社会主义革命和建设时期的法制建设思路主要体现为废除旧法统、创建新法制，巩固政权镇压反革命，通过法制建设服务社会经济建设与人民生活。新中国建立后，党和国家高度重视政权组织建设，镇压反革命巩固新生政权，颁布各界人民代表会议组织通则、全国人大和地方人大选举法、惩治反革命条例等规范性文件；通过"三反""五反"运动增产节约，服务经济发展；同时还制定了一批服务于社会生活的法律，最为突出的就是婚姻法，它剔除了旧中国婚姻关系中的糟粕，树立了男女平等的思想观念，调整了社会主要关系，促进社会平稳发展。

1954年，第一届全国人民代表大会全票通过了《中华人民共和国宪法》，这是新中国第一部宪法，在我国民主法制建设史上具有划时代意义。此外，会议还通过了《中华人民共和国人民代表大会组织法》《中华人民共和国国务院组织法》《中华人民共和国法院组织法》《中华人民共和国检察院组织法》等法律，我国立法体制逐步建立、立法权归属明确。这一时期，我国司法机构逐步建立、司法制度不断完善，司法工作开始走向正轨。我国人民法院、人民检察院、法制委员会（于1954年11月撤销）自上而下逐步建立起来，组织体系不断健全。同时采取了建立相关专门法庭、巡回法院等举措，至今对我国新时代法治建设仍有重要影响。这一时期，守法要求明确提出。在八大会议上,邓小平在作《关于修改党的章程的报告》中明确指出"每一位党员严格遵守党章及国家的法律。"[①]董必武在会议中也明确强调了培养群众守法思想的重要性。不论是党员干部还是普通群众都要严格遵守法律法规,这与依法治国全民守法思想几乎毫无二致。这一时期,严惩违法思想突出,新中国成立初期就出现了刘青山、张子善严重贪污盗窃国家资财案件,党中央高度重视要求人民法院依法审理判决,严惩刘青山、张子善事件深刻教育了党员干部及人民群众,严惩违法思想不断深入人心。这一时期,法制建设原则不断凸显,如法律面前人人平等原则、宪法规定人民主权原则、依法办事原则等。董必武深刻指出"依法办事是我们加强人民民主法制的中心环节。"[②]这一论述深刻阐明了依法办事与人民民主法制的关系,强调了依法办事的重要地位,这些法制建设原则为今后我国依法治国方针的提出奠定了良好思想基础。

遗憾的是,在社会主义革命和建设探索后期我国法制建设遭受严重冲击,出现法律虚无主义盛行、人治思想严重泛滥、司法建设受到削弱、重政策轻法律等问题,这也对今后党和国家进行中国特色社会主义法治建设汲取经验教训具有重大意义。

2. 改革开放和社会主义现代化建设新时期

经历社会主义建设时期与十年"文革"内乱后,党中央深刻反思历史教训,召开了十一届三中全会进行解放思想、拨乱反正,提出了社会主义法制建设的具体目标与任务。伴随着改革开放的深入发展,我国法制建设也取得了重大进展,主要体现在立法与司法方面。一方面,立法工作恢复发展,党和国家深刻总结经验教训、结合改革开放步伐,我国法制建设史上出现"一日七法"的景象,1979年五届全国人大二次会议通过了《刑法》《刑事诉讼法》《中外合资经营企业法》等七部法律法规,创造了新中国成立以来全国人大一次会议通过法律最多的纪录,也结束了新中国长期没有刑法的历史,法律法规建设呈现井喷式发展的繁荣景象;同时,1982年全国人大对宪法进行制定修改,彻底摒弃了1975年宪法与1978年宪法中的错误思想,1982年所制定修改的宪法至今仍然适用,是我国的现行宪法,

---

① 邓小平文选(第一卷)[M]. 北京:人民出版社,1994:243.
② 董必武选集[M]. 北京:人民出版社,1985:418.

对国家和社会发展奠定了基础。另一方面，司法建设得到恢复并获得突破性发展，这一时期平反了大量冤假错案、处理了历史遗留问题、公开审理了林彪、江青等反革命集团的罪行，重新树立司法权威。

这一时期，党和国家对法制建设的认识不断深化，初步产生了依法治国思想的萌芽，着重厘清了法制建设过程中的重大思想性问题，对法治与人治关系、党和政府关系、民主与法制关系等进行详细论述。邓小平深刻提出，要通过改革，处理好法治和人治的关系，处理好党和政府的关系。党的领导是不能动摇的，但党要善于领导，党政需要分开。① 邓小平不仅阐释了人治与法治、党与政府的关系，还鲜明提出了坚持党的领导不动摇原则，深化了党对法制建设的理论观点。以邓小平同志为主要代表的领导集体对法制建设目标、地位以及发展路径进行明确阐述，深刻指出发展社会主义民主，健全社会主义法制是根本性、全局性的问题，社会主义民主和法制是不可分的，民主必须由法制来保证，坚持"两手抓"。② 这些论述表明，党和国家不断深化对法制建设的认识并对依法治国战略的提出奠定了良好的理论基础与社会基础。

基于改革开放和社会主义现代化建设初期党对法制建设的认识，依法治国方略的提出水到渠成。1996年，江泽民发表《坚持和实行依法治国，保证国家长治久安》重要讲话，提出了依法治国基本概念。③ 1997年，党的十五大将依法治国确立为我国治国理政的基本方略，在我国法治建设史上具有里程碑意义；1999年宪法修正案将依法治国写入国家根本大法当中，依法治国基本方略上升为国家意志。此外，以江泽民同志为主要代表的领导集体指出了党的领导、发扬民主、依法办事关系论述，颁布《国务院关于全面推进依法行政的决定》标志着依法行政工作全面推进，阐明依法治国与以德治国紧密结合等思想对深入认识法治规律具有重大意义。江泽民对社会主义民主政治建设的认识愈加深刻，提出必须处理好党的领导、发扬民主、依法办事的关系，指出党的领导是关键、发扬民主是基础、依法办事是保证，绝不能把三者割裂开来、对立起来。④

---

① 邓小平文选（第三卷）[M]. 北京：人民出版社，1993：177.
② 彭真. 论新时期的社会主义民主与法制建设[M]. 北京：中央文献出版社，1989：326.
③ 江泽民文选（第一卷）[M]. 北京：人民出版社，2006：511.
④ 江泽民论党的建设[M]. 北京：中央文献出版社，2001：293.

以胡锦涛同志为主要代表的领导集体继续加强社会主义法治建设，对法治建设提出了一系列新论述，对全面推进依法治国有了新认识。如：2004年，国务院公布了我国首个有关法治政府建设的纲领性文件——《全面推进依法行政实施纲要》，确立了建设法治政府目标。同年，胡锦涛提出了"依宪治国""依宪执政"思想。[①] 党的十七大部署建设社会主义法治国家，2011年，中国特色社会主义法律体系如期完成，我国法治建设架构基本形成。

3. 中国特色社会主义新时代

中国特色社会主义进入新时代，党对全面依法治国基本方略、法治建设规律认识愈加深刻，这一时期逐渐形成了习近平法治思想这一理论成果，其形成过程是随着新时代国内外形势的变化而不断丰富的。党的十八大以来，党对全面依法治国的认识主要体现在领导人讲话及重大会议当中，如党的十八届四中全会的召开，掀开了全面依法治国新篇章。随着全面深化改革与国内外社会局势的变化，党对全面依法治国的认识更加深刻，对法治建设提出了一系列原创性思想与论述，如：建立宪法宣誓制度、指出全面依法治国工作总抓手、以全面从严治党引领全面依法治国、提出法治中国建设、确立法治建设工作布局、明确党法关系及权法关系、阐释德法兼治理念、将法治纳入核心价值观、指明中国特色社会主体法治道路等法治思想，为之后习近平法治思想的诞生奠定了思想基础。2018年，习近平在中央全面依法治国委员会第一次会议中对法治建设提出"十个坚持"的要求，习近平法治思想基本形成；2020年11月，党中央正式提出习近平法治思想，其思想内容更加丰富立体，从"十个坚持"发展为"十一个坚持"，党和国家对法治建设的认识深度与广度不断拓展，我国法治建设步入新台阶。

三、全面依法治国方略的时代价值

党的十八大以来，全面依法治国工作得到高度重视与有效推进，我国法治建设在理论与实践方面获得实质性发展。在理论层面上，从法治角度剖析出马克思主义为什么行，我国在推进全面依法治国实践过程中逐步形成了习近平法治思想，并在习近平法治思想的指导之下，我国法治建设取

---

① 胡锦涛文选（第二卷）[M]. 北京：人民出版社，2016：232.

得了举世瞩目的成就，法律法规体系不断完善、执法司法能力不断提升、法治意识深入人心、经济发展与社会稳定协调推进、中国特色社会主义法治价值不断提升、话语体系不断建构，这充分说明了马克思主义仍然是颠扑不破的理论，从法治层面回答了马克思主义为什么行的问题。

在实践层面上，党领导全面依法治国在各方面、各环节得到深入推进，并在实践过程当中不断完善发展，通过实践经验总结继续推进法治理论水平提升，形成实践、理论、再实践的螺旋式上升，对我国法治建设以及扩大国际影响力具有重大作用；同时，党领导全面依法治国工作系统性开展获得一系列成就，党对法治规律的认识更加深刻、执政本领更加优异、依规治党深入推进、法治国家效果显著，从法治领域体现了中国共产党能够领导并做好全面依法治国工作，能够切实推进社会主义现代化助力中国步入更高发展台阶，在法治领域突出回答了中国共产党为什么能的问题。

（一）理论价值

全面依法治国为我国在法治轨道上推进国家治理体系和治理能力现代化发挥重要作用。在我国法治实践过程中，法治理论也不断完善，形成了习近平法治思想，丰富了马克思主义法治理论，发展了中国特色社会主义理论体系，推动构建中国特色社会主义法治价值体系与话语体系。

1. 马克思主义法学思想得到丰富

依法治国方略的诞生与发展是中国共产党几代领导人共同努力的结果，中国特色社会主义理论体系与马克思主义思想一脉相承，中国特色社会主义法治体系与马克思主义法学思想一脉相承。依法治国方略的诞生继承了马克思主义法学思想的精华，但依法治国方略又以中国的实际国情为基准，根据中国特有的历史文化、政治经济制度、发展前途做出了新的突破，并且随着时代的发展不断与时俱进。依法治国方略继承了马克思主义法学的相关原理，比如关于法的历史性的原理、关于法是以国家为中介的原理、关于法的本质的原理，等等。依法治国方略在改革开放后的几十年里一直在根据社会、经济、政治的变迁不断发展，是与时俱进的。因此，依法治国方略也对马克思主义法学思想做了丰富和发展。在全面依法治国中，应加强建设党内法规，并将其纳入中国特色社会主义法治体系。中国特色社会主义法治体系得到了发展，这种发展又丰富了马克思主义法学思想。

2. 中国特色社会主义法治理论得到发展

通过总结和汲取过去几十年法治建设的教训与经验，形成了中国特色社会主义法治理论，它的诞生符合中国的具体实际，它的发展符合中国发展的规律，它的身上深深烙印着中国特色。在1978年依法治国方略刚刚诞生的时候，还很不完善，还有许多不足与空白之处。在这之后党的几代领导人在中国的土壤上科学运用马克思主义，领导人民不断摸索和探索在中国这样一个社会主义国家如何依据法律治国理政，在实践的过程中总结失败与教训，得出了一条条关于依法治国的经验，比如，提出要将依法治国与党的领导、人民当家作主结合起来，坚持中国特色社会主义道路这个正确方向等论述，一条条经验逐渐汇总成了中国特色社会主义法治理论，使中国特色社会主义法治理论逐渐丰富和完善起来。随着时代的不断发展，中国的实际国情也不断发生新的变化，治国理政的法治体系也必将随之不断更新，中国特色社会主义法治理论会随着时代的进步不断丰盈充实。

3. 推动构建中国特色社会主义法治价值体系与话语体系

我国法治思想底蕴深厚，自原始社会末期到近代社会以来，逐步形成了独树一帜的中华法系，其融合了我国传统优秀文化及儒、法、道、阴阳家学说精华，对古代中国以及周边国家形成了深远影响。全面依法治国相关思想也对中华法系当中的优秀法治思想成果进行了继承与发展，并在实践发展过程中逐步形成了中国特色社会主义法治思想。一方面，中华法系是世界五大法系之一，其历史地位与世界影响力仍在发挥作用，继承和发扬中华法系的优秀成果有利于凝聚共同价值，彰显我国文化自信与历史自信；另一方面，中国特色社会主义法治思想的不断完善与发展有利于提高我国文化软实力与国际影响力，特别是涉外法律法规不断完善与人才队伍建设，促进了我国在处理国际事务中能力不断提升，提高了我国在国际法律体系当中的话语权，有利于构建中国特色社会主义法治价值体系与话语体系。

（二）实践价值

全面依法治国是马克思主义法治理论与中国实际相结合的产物，其思想既源于全面依法治国的现实实践，反映党的领导与治国理政基本方略，又能够引领、指导、规范实践发展，指引全面依法治国实践方向，确保在法治轨道上推进国家治理体系和治理能力现代化，推动"法治"这一社会主义核心价值观的重要内容在我国全面树立，并为世界后发国家提供了可资借鉴的法治现代化中国方案。

1. 确保在法治轨道上推进国家治理体系和治理能力现代化

全面依法治国基本方略的实施，有力推进了国家治理体系和治理能力现代化，有力保障了中国经济快速发展奇迹和社会长期稳定奇迹，有力提升了中国法治在全球治理中的影响力。[1]从国际层面来看，全面依法治国为应对国际挑战、防范化解国际风险、反制打压提供法治保障，也为其他发展中国家治国理政提供了可供借鉴的法治经验；从国家层面来看，全面依法治国是提高国家治理能力和治理体系现代化、实现中华民族伟大复兴的必由之路；从社会层面来看，全面依法治国战略是构建法治社会的重要方式，也是平衡社会利益、协调社会关系、规范社会行为的重要方式，能够保障社会呈现出河清海晏的局面；从个人层面来看，全面依法治国战略的实施巩固了人民群众在国家社会中的主体地位，让人民感受到了公平与正义，维护了人民合法权益不受侵害，提升人民的幸福感、获得感与成就感。全面依法治国战略实施至今，无论是立法、执法、司法及守法的各环节、各层面均有了显著提升，中国共产党依法执政、政府依法行政、司法部门严格司法、公民用法守法能力均获得发展，社会生活各方面法治思维不断巩固提升，国家治理体系更加完善、治理能力更加科学有效。

2. 推动"法治"这一社会主义核心价值观的重要内容在我国全面树立

社会主义核心价值观是社会主义法治建设的灵魂。[2]社会主义核心价值观是中华民族优秀传统文化与当代中国精神的集中体现，将法治融于社会主义核心价值观，表明了党和国家对法治功能及其作用的高度重视。将法治纳入社会主义核心价值观具有深刻意义，一方面社会主义核心价值观是社会主义意识形态的集中体现，将法治融于社会主义核心价值观表明了我国十分重视意识形态安全，在社会层面防范西方意识形态对我国的侵蚀；另一方面，法治为社会发展注入新的活力。法治作为社会主义核心价值观

---

[1] 王晨. 坚持以习近平法治思想为指导 谱写新时代全面依法治国新篇章[J]. 中国法学，2021（01）：5-10.

[2] 中办国办印发《关于进一步把社会主义核心价值观融入法治建设的指导意见》[N]. 2016-12-26.

的重要组成部分，其重要作用在于通过法治来调整国家、社会、公民之间的关系，保障国家安定有序、倡导社会自由平等、维护公民合法权益，法治为国家实现高质量发展奠定了良好的社会基础。同时，将法治融入社会主义核心价值观也有利于我国坚持依法治国与以德治国相结合，既能够通过法治规范社会行为，也能够发挥价值观的引领作用，促进法治思想在全社会广泛传播，对推进法治政府、法治社会、法治国家一体建设具有重要作用。

3. 为世界后发国家提供了可资借鉴的法治现代化中国方案

党的十八大以来，全面依法治国战略得到党中央高度重视并进行扎实推进，从国家战略布局高度来重新审视依法治国。全面依法治国在实践中得到全面贯彻落实，取得了重大发展成就也积累了经验教训，其中尤为突出的就是形成了习近平法治思想这一理论成果。习近平法治思想来源于实践又高于实践，通过对依法治国中实践经验的深刻总结以及对国内国际发展问题的反思，形成了独树一帜的法治思想，这既是我国法治领域的重大理论成果之一，也是引领未来社会发展的理论遵循。我国正处于世界百年未有之大变局，全面建成小康社会如期完成，现如今步入了全面建设社会主义现代化国家新征程，但发展不平衡不充分问题依旧突出，疫情冲击影响巨大，国际环境更加严峻复杂，局部地区战争频发……因此，我们既要保证经济长效发展也要维护社会及国际环境的安全稳定，实施全面依法治国战略是必由之路，在此过程当中就必须坚持习近平法治思想的指导，它既是对过去经验的总结，也是对现实实践的指导，更是对未来发展的指引。全面依法治国战略实施对于我国发展的影响不仅仅只是停留在现阶段的社会生活各方面，更重要的在于它能够为未来社会发展保驾护航，通过科学的理论指引并在实践当中不断完善发展，全面依法治国将助力我国未来发展走向更高台阶，对世界发展也将作出突出贡献。

第二章　全面依法治国视域下大学生法治观念培养的理论基础

党的十八大以来，法治中国建设的顶层设计更加完善，社会主义法治建设发生了历史性变革、取得了历史性成就，全面依法治国从进入"快车道"到按下"快进键"，为国家长治久安、市场经济发展、增进人民福祉、迈向"中国之治"提供了坚实保障。当代大学生是推动国家发展进步的重要力量，是党的未来和希望。培养大学生的法治观念不仅是贯彻依法治国方略的战略要求，也是高校实现立德树人根本任务的客观需要，更是加强家风建设和实现大学生全面成才的现实需求。如何在全面依法治国视域下有效推动大学生法治观念培养，如何通过培养大学生法治观念发挥青年群体在全面依法治国中的积极作用成为新的社会议题。

一、法治理论概述

（一）法治的内涵

法治的概念并非现在独创，而是在古代就存在的概念，无论是在西方还是东方都有其自身的定义和认知。在西方其概念最早产生于古希腊，苏格拉底、柏拉图、亚里士多德等多位思想家都曾对法治进行论述。苏格拉底提出守法就是正义的观点。柏拉图提出了法律的权威和必要性，认为国家必须要将法律置于地位之上，不然将导致国家的灭亡。认为只有制定法律规定的国家才能持续发展，否则人性将无法与兽类有所区分。亚里士多德是最早将法治理性化、概念化的思想家。他从法律本身的优劣和人民是否遵守的角度对法治进行了定义。认为能够得到普遍服从和人民尊重的良好法律就是法治。他明确地将良法之治和法治的内涵进行了定义，并否定了工具化的法治观念。同时，他认为法治的模式要比一个人统治的模式要好得多，并应将法治与奴役区别开。古罗马的思想家西塞罗将亚里士多德的法治观念进行了继承和发展，并更注重法律的权威。指出，统治者可以更换，但法治却不能改变的跨时代理论。阿奎那认为，法能够合理安排公共事务带给人民幸福，并进一步强化了亚里士多德的良法的概念。这些对法的观点，至今仍有其现实意义。

随着社会发展进步，资本主义的商品经济逐渐成熟，对法的定义和认知逐渐扩大到自由、民主、平等各个领域，其法治理论也更加地系统、完整。洛克《政府论》中提出法的统治性和地位，要求统治者公告法律内容、接受法律监督，并依照法律治理人民。[①]康德提出应以法律为中心建立法治国家，法治的关键就是要守法，只有所有人都在法律的制约下，法律才会被遵守。卢梭提出了主权在民的法治思想，认为法律是人民的公共意志，立法者应以人民的公共意志建立法律。孟德斯鸠（法语：Charles-Louis de Secondat, Baron de La Brè de et de Montesquieu）提出了"三权分立"的法治理论。其认为掌控权力越大滥用职权的可能性就越大。指出只有将权力划分到法律的范围内才能有效地遏制这种现象。也因此提出了形式法治与实质法治的法治分类。英国法学家戴雪从法治应与霸权相对、法律应平等、宪法地位最高这三个方面阐释了法治的实际内涵，这三点一直被奉为经典。

发展到现代社会，法治被很多国家看作是治国基本方略，并在实践中进行了丰富和发展。美国法学家富勒提出了"道德使法律成为可能"的命题，并以此总结出法治的八项原则或者说是法治的优越性。如普遍性、公开性、明确性、一致性、稳定性等。牛津大学约瑟夫·拉兹教授依据法律是对人的理性指引，也提出了八点原则。如法律必须是明确的、公开的和相对稳定的，坚持司法独立和自然正义原则等。

在中国古代也对法治有过相应的论述。儒家、道家、法家等都对法治有过相应的论断或定义，但法家对法的定义和治理的模式对现代更具指导意义。春秋时法家的管仲提出以法治天下的说法。战国时期法家又提出了以法来规范人民的行为。法家认为在人与法之间的关系上，法应作为判别

---

① 约翰·洛克. 政府论[M]. 叶启芳, 瞿菊农, 译. 北京：商务印书馆, 1964.

第二章　全面依法治国视域下大学生法治观念培养的理论基础

事物的基本准则。在君臣关系上，君主应治理好手下的官吏，而不是人民。在君民关系上，君主应依法而治，避免人情偏颇。这种对法的认识构成了我国古代的法治思想，古代的法还是为君主服务的，但法家的这种思想实际上保护了人民。明末清初思想家黄宗羲在《明夷待访录·原臣》中对君主立宪制进行了严厉的抨击，并指出治理天下不应以一人的兴亡而论，应以天下百姓的喜忧为准。虽然这些思想还不够系统和明确，但却是开启了法治思想的萌芽。

随着我国被西方国家入侵，西方的法治思想也传入我国。这时西方的法治思想成为我国先进思想家的武器，并开启了对人治的抨击和批判。如严复、梁启超、孙中山等人都是西方法治思想的支持者。梁启超将儒家和法家学说认定为人治和法治，认为法治是救国的唯一理念。罗隆基发表的《什么是法治》一文明确说出了政府存在的实际意义和作用，认定政府应以法为准则，不应以政府领导的意气为行动准则。在这里法治政府、以法执政的含义凸显。新中国成立后我国逐步建立自己的法律制度，改革开放以后，在中国共产党的领导下，我国的法制建设快速发展，并借鉴了中外法制建设的经验和我国传统法治的思想理念，提出了依法治国方略，法制建设也逐渐走向世界前列。

在学术界而言，对于法治的认识还没有完全统一，但其内涵主要包括以下几方面：第一，法治是治国理政的基本方式。法治区别于人治，法治以人民的意志为中心，不以个人的意志为转移，主张人服从法。第二，法治是一种理性的行为准则。依法办事是现代人民生活的基本行为准则和基本要求。法律制度的制定代表着全民的普遍性和平等性，任何人和组织都要遵守法律制度，确保法治从形式到实质的合理性。第三，法治是民主的法律化。法治是公平正义、民主和谐的集中体现。人治也有法律制度，但法律制度存在的意义是服务于统治者，而法治则是民主化的法律制度，赋予全体人民民主、平等的权利。第四，法治是理想的社会状态。法治社会以法律为主导，将法律积极地运用到社会的实践中，合理地规范人民的行为准则，维护社会秩序的稳定，确保人民平等的权利和利益，从而实现社会的理想化状态。第五，法治是法律精神和价值的体现。法治之所以存在首先要保证能够被人民所接受，能够得到人民的信仰和尊崇。如若人民心中法治有特权、私利，那么再好的法律也无法将其精神和价值体现在人民的生活实际之中。

（二）法治相关概念解析

对"法"和"法治"这两个法治本体里最核心的概念做较为系统的梳理和研究，是从内涵的确定做的分析。将法治与人治、法治与德治、法治与法制这些密切相关的概念做出界别，确定它们之间的联系，更多的是为了明确它们之间的区别，借以为从内涵和外延、分析和比较等不同的领域和方法加强对与本研究至关重要的基础概念的深度剖析。

1. 法治与人治

人治是我国封建社会一直沿用的治理方式，古代的君王用这种方式统治国家、治理国家事务和人民，这是一种以个人权威和贤能为基准的治理模式，且这种治理方式的传承多数是以继承或争夺而来。我国最早的这种人治思想来源于儒家，儒家的文化思想提出了人民服从君王统治，君王依靠权威统治国家。《礼记·中庸》记载："文武之政，布在方策。其人存，则其政举；其人亡，则其政息"。这充分说明儒家思想过分地强调了人的统治作用。同时牢牢地将国家的未来发展、兴亡寄托于个人手中，这严重地阻碍了国家长期持续地发展。但在人治的背景下，统治者并不反对法治对国家和社会的作用，法家韩非子也提出用法律制度来维护君王的权力，统治者对这一学说十分认可。所以，法治在当时是统治者管理国家辅助的工具，这不仅能保障国家的发展、昌盛，更能有效地维护统治者的权力。而当时的文化教育以德育教育为主，缺乏法治教育，所以贤者德治天下，一旦误入歧途则铸成大错。儒家的这种人治思想其实是想寻找或培养出圣贤明德、顺应民心、百姓爱戴的统治者，但在我国的历史中，虽然会有一个时期或一位这样的圣贤出现，但无法延续。因此，人治思想是理想化的，现实中其影响了社会的良性发展，从治理模式上拉大了与西方的距离，从而导致近现代社会发展落后的现状。

西方在早期也曾出现过人治的思想。古希腊柏拉图就提出过圣贤专制的说法。其主要思想是要么让哲学家当国王，要么让国王成为哲学家，这种哲学家统治国家的说法被后来人认定为西方最早的人治思想。其实人治与法治之间有联系，但人们更关注的是其存在的区别，主要体现在：

第一，统治者的地位不同。人治社会，统治者的权力和威严高于法律制度，统治者可以根据个人意愿或情绪来判定事务的正确与否。统治者被誉为与天齐平，统治者便是国家的法律，统治者便是天下帝王。统治者也经常因自己的一言立法、一言废法，从而注定要灭亡的下场。法治社会，法律至高无上，个人的权力不能藐视法律的存在，不得将自身权力居于其上，即便是法律存在问题，但也要在与人民达成共识之后才可将之废除或修改，其过程还要在法律规定的范围之内完成。

第二，法律的地位不同。人治社会，统治者的地位在法律之上，拥有至高的权力，法律在统治者面前是工具。所以，法律在这样的背景下无法发挥其作用。法律在与统治者权力相冲突时，法律则失去其本身的作用。所以只有在法治社会，法律才会享有至高的地位。法治社会将国家的兴亡、社会的发展、人民的利益寄托于法律制度。在治理国家政事上，法律不会因为领导人或个人的意愿违背法律的职责，个人和组织应遵从与宪法和法律。法律在法治社会既是手段也是目的。法律规范个人和社会的行为，法律具有普遍性、平等性，无论是人民还是领导者都要遵守。法治社会彻底地剔除了强权，将宪法和法律奉为治国之本。

第三，政治理念不同。人治社会，统治者将专权、专制作为政治的根本，并没有自由、平等、公平、正义的理念。法治社会，则将这些作为政治实现的基础。只有在民主的制度下政治才能被人民和法律所认可，政治的地位才能稳固，发展才能长远。宪法和法律在政治中起到积极作用，它能将国家的政治行为规范在法律允许的框架内实施。法治的背景促成了社会的自由民主，自由民主与政治、法治社会密不可分。所以依法治国才能成为安国定邦之道。

综上所述，法治的确优于人治。其一，法治是规则之治，法治将法律制度运用于人民生活的每一个角落，这比个人意志要更加稳定、权威、连续。其二，法治是众人之治，法治之所以存在并不是因为一个人或几个人制定而来，它的形成依托于法律，并征求全体人民的同意。所以，在此民主得到了充分的体现，民主的政治制度使法治更能保障人民的权益、使人民实现自身价值、使国家的公信力得以实现。其三，法治的关键是约束治理掌权者和权力执行者。人治的主要内容是治民，法治的主要内容是治权，监督约束权力的使用。虽然无论在人治还是在法治面前，人对权力的执行是无可替代的，但如何用人，如何使权力不以个人意志改变是法治的重要环节。能够有效执行法律的人，需要行之有效的法律与其配套，反之也是如此。所以，只有当完备的法律、有效的执行者和法治的社会共同存在时，依法治国才能真正实现。

2. 法治与德治

德治就是以德治国。它是借助道德的作用来对社会和个人进行调节和控制的治理方式，也可以说这是理想化的治理模式。道德，简单来说就是正义、光荣、善良、公正等良性的观念，这也是一种自发的原则和规范。道德的存在需要一定的社会环境，如人民素质低，人文环境差等，道德是无法在这种环境下存活。利用道德来治理社会，其主要在于个人对他人、个人对社会等的影响，这种行为不能以某种权力、制度等进行制约。所以说利用道德调节社会环境需要建立在具有道德评价、伦理认同的社会环境之下，而这种模式主要依托于社会舆论、评价和人的内在信念。孔子曾有过这样的表达：道之以政，齐之以刑，民免而无耻。道之以德，齐之以礼，有耻且格。这种表达足以体现中国传统文化的魅力，儒家对道德教化十分看重，以至于儒家主张的人治在一定程度上有德治的内涵。孔子大力提倡统治者和官吏的贤德，希望通过这种统治阶级的道德引导促使天下人效仿，提升自我修养进行自我约束，从而实现人治的目的。德治的宗旨还是强调自律，使人民提升自我修养，确保自律的社会环境。不得不说德治是一种成本最低的治理方式，但德治在实际生活中需要强大的社会环境和较高的人民素质为背景。只有将道德作为社会最基本的认可和习惯，德治才比法律约束更加有效。

德治在西方同样有过相应的表述。柏拉图在《理想国》中曾表达过德治的思想。但德治在西方并没有得到认可。柏拉图在《法律篇》中对德治有了进一步解读：人本性贪婪，追求自我快乐排在首位，之后才会想到正义、道德。如果一个国家的人民都抱有这样的想法，那么整个国家将是黑暗的。如果有的人有道德的荣光，那么就不需要法律对其约束，但是这样的人很少，无法影响整体社会环境。所以德治无法在社会中成为主流的治理方式。这说明柏拉图对德治的分析很透彻，德治被社会所需要，但却不能成为社会唯一的治理方式。其根源于自身的局限性：首先，德治需要外在的载体，并不能独立存活。将法律作为道德的载体，通过法律的形式将道德进行全面表达，才能使道德开花结果。这也是道德实现的最直接、最有效的方式。其次，德治需要法律引导。道德的形成和发展需要法律的保障，法律的规范作用可以有效地改善道德的环境，通过法律的普及和宣传，促使道德风尚得以存活并得到发扬。再次，德治缺乏稳定性，德治没有一个明确的规范、要求和制度等，缺乏科学性、稳定性和理性的判定。最后，德治缺乏保障。德治的主要手段是道德束缚、自我约束。相比之下德治缺乏保障，没有法律作为保障，一旦道德被打破，那么将对社会造成严重后果。

我国对德治的应用取得了不小的成果，但德治与法治有着明显的不同。

第一，德治与法治的形成不同。德治是经过漫长的历史演变，通过人们日常生活的不断总结、提炼、归纳而形成。法治是学者根据社会产生的矛盾、冲突，通过国家机关制定的各种法律制度，从而解决问题的治国方略。

第二，德治与法治的角度和范围不同。法治总的来说是对错误的事进行惩罚，起到维护秩序警示他人的作用。德治是宣扬优秀的品德，得到人们内在的认可，从而抑制罪恶的发生。法治建立在法律的基础上，以惩恶为基础，而道德则是宣扬自律防止罪恶行为的发生。所以说法治是治标，德治治本。

第三，德治与法治的治理方式不同。法治的治理手段偏向于强制实施，而且有国家强制力作为保障。在法律制度的规范下，明确规定人们的行为规范、对与错以及后果，因此在一定程度上看，无法对人们内心的问题进行梳理、解答。德治的实施主要依托于道德修养、自我约束、正义是非、道德舆论等。德治在治理手段上更注重对人民品质的塑造，并希望这种道德修养能为社会带来良好的社会风尚和正能量，从而使人们树立正确的世界观、价值观、人生观。

第四，德治与法治的内容不同。德治是以道德为根基，其主要内容包含对个人自尊、自爱、自强，对内心的善、诚、孝，对国家和社会的忠和义等。法治则是以保障人民的权利为主要内容，以人民为出发点，确保社会的发展与人民的利益保持平衡，既要保证人民的义务又要确保人民的权益。

3. 法治与法制

法制一词在我国最早出现在儒家著名典籍《礼记》之中，在《礼记》中早就有了"修法制"一说，但这里的法制主要指的是刑罚、刑律。1949年以后我国逐渐制定了一些法律法规和1954年的宪法。随着社会的发展，我国对于法制的研究逐渐深入，至今法制的研究已经比较完善。对其内涵和意义阐释已经比较充分、全面。众多思想家和法学家大致将法制归为以下几类：第一，它是具体的法律规定。第二，它是宏观意义上的法，且与法的一切范畴相关联。第三，从静态角度看，它就是法律和制度。第四，从动态角度看，它是包含法律和制度的一个完整的体系。第五，从广义上来看，法制是一切法律制度的总和，是一切法规制度体系的统称，是国家领导集体建立起来的法律和制度的体系，是确保国家和社会活动法律化、制度化的保障。第六，从狭义上来看，法制更是一种人民民主的体现，法制为人民提供了政治保障、制度保障和法律保障，同时民主也是法制实现的基础和前提。从以上分析来看，法制还有资本主义和社会主义之分，其主要是根据国家性质和社会需要而定。但无论从哪个角度来分析、研究，法制都是以法律和制度为根基进行展开的。

从实际运用的角度来说，法制在逐渐向法治发展，这里也可以认定为法制的另一种含义。如果将法制中的法律和制度分离出去，那么法制中还蕴含的一层意义就应归之于法治。剖离后的法制剩下的就是一种治理和约束，也可以看成是自觉和规范。这也是法治的固有之意。所以法制与法治之间存在着必然联系，也存在着差异。

在法制与法治的必然联系上，它们都是以经济基础为根本建立起来的上层建筑。同时，它们又服务于经济基础。法治的体现形式是依法治国，是依据法律和制度来管理国家和社会活动，法治需要完备的法律和制度来体现。所以，法制是法治的前提和基础，法治是法制的目的和实际应用。

在法制与法治的区别上，主要可分为以下几点：

第一，含义和内容不同。法制我们可以理解为统治阶级为了实现自身意志或政权建立起来的法律制度和体系。法治体现的是国家意志，为了国家向更好的方向发展，为了对国家进行管理、对掌权者权力进行约束，其主要体现为依法治国。在内容上，法制主要体现为法律制度，如宪法、刑法、民法等，以及各类国家机关制定的法规制度，如司法机关、立法机关等制定的规章制度。法治则体现在立法、司法、执法、守法这类具有动态意义的过程上。

第二，与人治的关系不同。在人治社会，统治者并不排斥法制，甚至在我国封建社会法制被统治者广泛引用，并使之成为一种管理人民和获得专权的手段。但法治与人治则是对立、排斥的。法治是以法律为中心，人治以统治者为中心。在管理实践中，法治更为客观理性，能够有效地管理国家事务且使人民信服；人治则是主观感性，完全凭借统治者个人的意愿治理国家、管理人民，且变化较大难以获得人民认可。所以法治优于人治，与法制之间的关系也有所不同。

第三，价值体现不同。法制存在于各种社会环境，如奴隶社会、封建社会一直到发达社会。法制属于一种比较中性的概念，它本身就是对某一个社会环境需要的法律和制度的陈述，并没有任何价值取向。但法治不同，法治的存在就在于其有价值，与人治有优劣之分，其主要的部分是在表达法律和制度的价值和应用。无论在哪种社会环境，只要有法治，都代表着人民对其的认可，对其价值的肯定。

第四，文化底蕴不同。法制在最早期说到底就是统治者的一种手段，一切法制的应用与建立都是在维护统治者的利益和权威。而法治则不同，法治在古希腊时期就被提出，并主张法律至上、法律平等、法律制约等，即便时隔千年，但仍有其价值和意义。这种价值观念也融入到很多国家的法治文化之中，并得到普遍认可。

第五，面临的问题不同。法制面临的问题主要是如何正确理解法律和制度，如何将问题进行准确的定位和对法律制度进行解读。法治面临的问题是治理和管理问题。在法治的过程中会遇到很多这样的问题，如何去管理、如何去规范、如何治理的效果更好、更符合人民的意志和要求。法治要解决的是如何去平衡、妥善处理人民与法制之间的关系，如何去管理执法者的行为和法治的过程中是否依照法律实施。二者在这一问题上的出发点和角度有所不同。

总之，法制与法治之间既有联系又有区别，二者相互影响、促进、制约。正确地认识和把握二者之间的辩证关系，是我们将依法治国用在实处的根本，是建设法治体系和法治中国的重要保证。

二、大学生法治观念培养概述

（一）大学生法治观念的内涵

1. 法治观念的内涵

观念是人的大脑对客观环境的反映，它是概念性的知识经过人的大脑的判断和推理从而形成的体系。它属于文化的范畴，是对文化的理解、认知和信仰，通过人的行为方式向外界表现出来。法治观念是人们关于法律思想、观点、知识和心理的总称。它属于法律意识的范畴，法律意识是法治观念的上位概念。法律意识是人们在认识法律的过程中，对法的思维、观点、学问和思想感情的总的解释，是对合理性与合法性的分析与评判过程中所形成的一系列观点的总和，它是社会意识体系当中的重要一环。法治观念会随着法律意识形态的变革而不断更新，它的基本内涵一直在完善和进步，法治观念是一种实质性的、历史性的法治观念。

法治观念中应当包括人们对法律本身的性质、地位、作用等问题的认识和看法。法律是上层建筑中的重要构成部分，是规范人们行为和社会秩序的重要方法。法治观念不仅是人们对于法律的认识程度、运用和掌握的能力，还是对法律的要求以及自身的守法自觉性，包括对人们行为是否合法的评价，以及会不会按照法律严格规范自身的言行并养成良好的法律素养，使法律成为内心自觉信仰。法治观念是人们在参与有关法律的社会实践过程中，对法律的性质、地位、作用等问题的内证实践和对法律认知的积累、沉淀。它是建立在人们已经积累的阅历和法律常识基础上，经过自身能动性地加工加以组合而形成的结果。

社会主义下的法治观念应当是对社会主义法治的信仰，法律代表着公平和正义，体现着人们的共同利益和意志，更是民主法治社会建设的基础。社会主义的法治观念应当包括：依法治国、人民民主、党的领导、宪法和法律的权威至上性、公平正义，等等。法治观念是在人们的阅历、经验、法律知识水平、法律经历等基础上，对于社会法律问题经过内心的评价所形成的带有强烈主观色彩的看法。法治观念的培养就是人们对于法律的接纳、理解过程并最终形成内心信仰，在日常行为习惯和思维习惯上会表现出来。法治观念是依法治国的重要基础，依法治国不仅需要在体制层面上进行宏观构建，还需要在人们的观念、意识层面上进行提升。只有增强全民法治观念，让公民人人形成学法、知法、守法、懂法、用法、尊法并且严格依法办事的观念，才能从根源上消除社会矛盾。

2. 大学生法治观念的内涵

实现依法治国的宏伟蓝图，需要增强社会各个群体的法治观念，而大学生的法治观念对实现依法治国这一目标起着至关重要的作用。大学生法治观念就是指在大学生这一群体内心形成的对于法权观、本位观、权利义务观等观念的综合价值表现，确立宪法法律至上、以人为本、权利本位的观念。大学生法治观念的形成离不开社会的进步，也离不开自身的主体效力，因为法治观念的形成离不开主体的客观存在，它无法单独存在和传承。大学生不仅要懂得马克思主义法学的基本观点，了解我国宪法和相关法律制度的主要精神和内容，更要充分认识我国民主法治建设的重要性、必要性、艰巨性和长期性，还要增强自身的法治观念和社会责任感，以培养自身的社会主义法律意识为核心。大学生法治观念不仅要适应社会的进步和时代的发展，还要适应社会主义市场经济体制对人才队伍提出的新要求。

研究大学生法治观念，我们需要考虑到大学生这一特殊群体的特性。由于大学生受年龄阅历和学习成长环境的制约，不能与其他社会群体一样参与社会物质生产实践活动；他们只能在寒暑假参与短期的实践活动，将课堂上学习到的理论知识与社会实践结合；另外由于大学生受生活经验的限制，他们参与的社会实践活动的价值深度尚有待商榷。大学生法治观念的形成主要来源于学校、家庭和社会中所接受到的社会主义法治观念的教育，社会主义法治观念教育是针对大学生普及他们的法律知识、增强他们的法律意识的教育活动。大学生法治观念的内涵如下：

第一，大学生法治观念是大学生法律意识的重要体现。大学生的法治观念与他们所拥有的法律意识是相契合的，都是在法律意识的参与和主导下完成的，是法律意识的重要外在体现。法律意识是建设法治国家的重要条件，是大学生守法自律的精神动力和不竭源泉，它可以说是大学生养成良好的法律综合素养的控制器。

第二，大学生法治观念是大学生对法律认知的内化。法律认知是法律意识的首要表现，它的培养和提高需要内在和外在的条件。既包括认识主体对法律的认同感和归属感，也需要良好的法律认知环境和提高法律认知的方式方法，从而把认识转化成思维方式和行为方式，做到在法治的范畴里想问题、办事情，可以说大学生的法治观念是他们在对法律认知的内化过程中形成的。

第三，大学生法治观念是大学生法治精神的彰显。法治精神是法律意识、素质、信仰所构成的统一体，它是人们对民主、自由、公正等法治价值的自我认识。它包含了诸多价值方面的因素，法治精神是法律意识和思想情感等在法治的影响下形成的合乎客观规律的精神，它集中体现了法治价值观的内涵。大学生需要将法治作为自己的意识崇拜和思想形式，这样法治观念才能规范大学生的行为。

第四，大学生法治观念是大学生法治信仰的基础。法治信仰是通过人们的自我主观认识从而对法治属性的掌握，它是人们对法律认识、法律感情和法律评判等各种思想感情因素的有机联合体。法治信仰是法治的灵魂，大学生的法治信仰是他们对法律现象通过自己的理性认识而产生的一种对法的认同感。大学生对法治的践行必须从法治信仰中获得精神支撑，只有拥有法治信仰，大学生的法治价值才有可靠的着落点，法治观念才能获得普遍心理认同，才会内化为内心自觉。

第五，大学生法治观念是大学生遵法守法的支撑。尊法守法追求的是把法律铭刻在内心的境界，它是一种美好的法治社会愿景，尊法守法应成为大学生的共同追求和自觉行动。"风成于上，俗化于下"，法律的权威源自人的内心拥护和真诚信仰。大学生尊法守法的前提来源于他们的法律自觉性，来源于社会上良好的法治风俗和风气的影响，需要他们对法律的尊重和敬畏，这是他们尊法守法的支撑和力量源泉。可以说，大学生法治观念的内涵对于促进其自身的全面进步以及推动中国法治事业的前进、贯彻落实依法治国的基本方针都具有重要的作用。

（二）大学生法治观念的特征

大学生处在人生当中的青年时期，正是个人接触社会的开始，他们热情、乐观、朝气蓬勃，他们的法治观念也处于形成的重要阶段。正确认识和把握大学生法治观念的特征，对于大学生法治观念的培养有着重要的意义。

1. 大学生法治观念是对法治的理性认知

中国法治建设的进程，有赖于新一代继承人的法律认知水平。法律认知是法律在个体的内化中形成的心理过程，包括法律实体性认知、法律程序性认知和法律本性认知三个层次，法律认知的水平是由低级到高级发展的，所认知的法律范畴也是由具体到抽象展开的，提高大学生的法律认知水平对于促进全体公民以主人翁的态度有效参与社会主义法制建设是十分必要的。大学生对法治的认识是一个从感性认识到理性认识的飞跃过程，大学生法治观念属于社会意识的范畴。

大学生对法治的理性认知是他们对社会法律现象形成的理性认识，是对法治认知之后在内心对法治观念的升华。大学生树立正确的、完备的、系统的马克思主义法治观，与他们所拥有的法律认知是相契合的，都是在法律认知的参与和主导下完成的，是法律认知的重要外在体现。大学生对社会法律现象思考的越多，他们对法治观念就会越认同，法治观念就会越完备。只有拥有这种自觉认知意识，才会更加坚定自身的法治观念，从而对法治观念的培养和践行产生动力。只有大学生的内心形成了对于法治的认识和信仰自觉时，法治才会打下牢固的社会思想情感基础，大学生的主体性精神才会体现出来。

总之，大学生法治观念是对法治的理性认知，他们的法治观念是在对法律现象由低层面到高层面的循序渐进的理解中形成的。法治的认知是从开始带有主观色彩的认识到最后能够理性客观的认识，认知的过程是由表及里、由现象到本质地反映法治的本质和特征的。所以大学生在对法治的认知过程中要注意对社会法律现象以及知识的加工和处理，对法治的认识结果要注重交流，接受来自实践的检验。

2. 大学生法治观念是对价值观的能动反映

大学生法治观念是大学生价值观的重要组成部分，是大学生对价值观的认同和主动践行的意识，是在马克思主义指导下的社会主义意识形态。价值观与法治观念同属意识形态范畴，用价值观来引领大学生法治观念的培养是十分有效的。它不仅能够促进社会的公正，还能够促进社会的融洽与安定，保障社会的有条不紊，它是大学生构筑人生梦想和信仰以及成为社会所需要的具有法治精神高素质人才的基础和先导。价值观的传播与施行需要法治的保驾护航，它的实现需要法治意识的培养。可以说，二者是相辅相成和相互作用的。

大学生的法治观念是同他们的价值观紧密关联着的，包含着他们对法律规章制度以及社会法律问题的看法，它涵盖了职权责任等意识。"法律法规是推广社会主流价值的重要保证。要把社会主义核心价值观贯彻到依法治国、依法执政、依法行政实践中，落实到立法、执法、司法、普法和依法治理各个方面，用法律权威来增强人们培育和践行社会主义核心价值观的自觉性。"[①] 因为它是我国优秀文化道德的集中体现，决定了人们志向的高度以及价值的尺度，规范和引领着人们的法治观念的发展方向。它是推进依法治国方略实施和提高全民法治观念的保证，是大学生法治观念是否完备和系统的基础，大学生法治观念就是对核心价值观的能动反映。

总之，大学生是实现中华民族伟大复兴中国梦的中流砥柱，是否拥有良好的价值观和法治观念决定着大学生能否成才。社会的价值意向是建立在他们的价值意向基础上的，大学生应该严格要求自身，使自己的心理遵从以核心价值观为基础。大学生要将个人的价值与社会的价值紧密契合起来，用法治观念来体现自身的价值追求和取向，其实这就是对大学生正确价值观的能动反映。

3. 大学生法治观念具有鲜明的时代特性

大学生的品质和素养决定着我国未来的进步与发展，拥有长远的将来是建立在拥有他们的基础上的。他们是进行社会主义现代化建设的后备主力军，是核心的人才资源，是我国高素质人才的后备组成力量，是决定中国法治发展的重要年轻群体。作为中国社会的一个重要年青群体，他们法治观念水平的高低决定着社会整体法治观念的水平。他们处于时代发展的前沿，他们是接受高等教育的青年群体，具有强烈的公民法治意识；他们追求平等自由，注重公民权利意识的培养，但受年龄阅历和社会实践等影响又有其幼稚一面；他们法治观念培养的途径多元，拥有广阔的法治眼界，对法律现象热情关注，并且积极培养自己的法治观念。

党的十八大报告明确指出，要全面推进依法治国。党的十八届四中全会决定了全面推进依法治国建设，中国的法治得到了全面发展。大学生作

---

① 社会主义核心价值观培训教材 [M]. 北京：新华出版社，2014：15.

第二章　全面依法治国视域下大学生法治观念培养的理论基础

为社会主义法治事业的主要践行者，不仅要做到四模范、四带头，还要把"把对法治的尊崇、对法律的敬畏转化成思维方式和行为方式，做到在法治之下、而不是法治之外、更不是法治之上想问题、作决策、办事情"[①]。当代青年大学生对中国的法治建设发挥着决定性的力量，他们肩负着重要的使命，他们的法治观念被烙上了鲜明的时代特征，加强对学生法治观念的培养是时代的要求，具有特殊的意义。

总之，大学生法治观念是随着社会和时代的发展而不断充实和完善的，它不是一成不变的。每个时代的主题都是变化着的，不管时代的主题如何要求，大学生法治观念作为社会意识形态的一种也是随着社会的进步和需要不断被大学生认知和发展的。

三、全面依法治国视域下大学生法治观念培养的理论基础

在我国革命、建设和发展的过程中，始终坚持以马克思主义为指导，这是我们党和国家不断发展和壮大的思想保证。同样，进行社会主义法治建设，还要以马克思主义为指导，这是我国法治建设的根本。马克思曾说："法的关系正像国家形式一样，既不能从它们本身来理解，也不能从所谓人类一般精神来理解，相反，它们源于物质生活条件。"[②]这表明了法的物质属性，指明了法学研究和法治建设的起点。同时，"依法治国"战略方针的确立，推进了我国法治建设的发展进程，为国家治理提供了科学的方法，推动了法治现代化的发展，也为法治观念培养提供了理论基础。另外，大学生法治观念培养是思想政治教育的重要内容，也与我国的法制传统文化有着深刻的历史渊源。

由于本书第一章已阐述马克思主义法学思想和全面依法治国方略的发展历程和战略部署，本章不再赘述。主要阐述马克思主义关于人的全面发展学说和我国法制传统文化。

---

① 习近平在省部级主要领导干部学习贯彻十八届四中全会精神　全面推进依法治国专题研讨班开班式上发表重要讲话[EB/OL]. http://military.people.com.cn/n/2015/0203/c172467-26495348.html.

② 中共中央马克思恩格斯列宁斯大林著作编译局编译. 马克思恩格斯全集(第13卷)[M]. 北京：人民出版社，1962：8.

（一）马克思主义关于人的全面发展的学说

关于"人的全面发展"学说是马克思主义哲学体系的核心内容，也是科学社会主义的理论起点和逻辑终点。"全面发展的个人——他们的社会关系作为他们自己的共同的关系，也是服从于他们自己的共同的控制的——不是自然的产物，而是历史的产物。"① 这表明，人的全面发展是一种社会生产关系的体现，是在生产劳动中产生的。人的全面发展学说是马克思主义的重要理论，在哲学思想领域发挥着核心性的理论支撑作用，更是科学社会主义和共产主义的终极目标。在马克思的论述中，共产主义始终和人的全面发展联系在一起。马克思在《共产党宣言》中指出共产主义"是这样一个联合体，在那里，每个人的自由发展是一切人的自由发展的条件。"② 在《资本论》中进一步指出共产主义是"以每个人的全面而自由的发展为基本原则的社会形式。"③ 在《给"祖国纪事"杂志编辑部的信》中马克思则将共产主义理解为"在保证社会劳动生产力高度发展的同时又保证人类最全面的发展的这样一种经济形态。"④ 进行社会主义法治国家建设，是为了营造法治环境，保障人民的幸福生活；对大学生进行法治观念培养，可以提高个人的综合素质，最终目的都是实现个人的全面发展。这不仅是党和国家建设的目标，也是法治国家建设的理论基础，需要在理论和实践中不断地丰富和发展，也是党不断完善自身建设和推动社会发展的理论支撑。

根据马克思主义关于人的本质的论述，"人的全面发展"体现在"人"作为"社会关系"的总和，是人的社会活动、生活需要和劳动创造能力的全面发展。郑永廷等将马克思主义关于人的全面发展理论概括为六个方面：人的全面发展是人民群众根本利益的内在要求和实现基础，是建设中国特色社会主义的本质要求，是人的素质提高与人力资源开发的统一，是人的发展与社会发展的统一，是物质生活发展与精神生活发展的统一，人的全

---

① 中共中央马克思恩格斯列宁斯大林著作编译局编译. 马克思恩格斯全集（第30卷）[M]. 北京：人民出版社，1995：112.
② 中共中央马克思恩格斯列宁斯大林著作编译局编译. 马克思恩格斯选集（第一卷）[M]. 北京：人民出版社，1995：294.
③ 中共中央马克思恩格斯列宁斯大林著作编译局编译. 马克思恩格斯全集（第23卷）[M]. 北京：人民出版社，1972：649.
④ 中共中央马克思恩格斯列宁斯大林著作编译局编译. 马克思恩格斯全集（第19卷）[M]. 北京：人民出版社，1963：130.

第二章 全面依法治国视域下大学生法治观念培养的理论基础

面发展是人与自然协调发展的统一。[①] 实现人的全面发展,是马克思主义价值观的根本归旨,也是中国特色社会主义实践的指导思想,党提出"四个全面"的战略发展布局,其根本目的还在于让每个社会个体都能有用武之地,能实现个人价值,实现个人的全面发展。

全面实现依法治国对法治观念在意识形态领域的传播起到了推动作用,在高等教育领域也概莫能外。在实现国家治理现代化的过程中,培养大学生的法治观念是新的历史时期的时代需求。尤其在面对涉及大学生发展的利益问题时,更要依法行事、遵守法律原则。法治观念作为个人意识形态的一部分,对人的行为起到"支配着个人,使个人顺从"[②]的作用,给人们的行为树立了规则意识和道德底线,是个人道德品行的基础和保障。目前,在我国的高等教育中,法治教育普及工作涵盖在思想政治教育工作中,是个人道德修养、政治素质的一部分。法治观念培养要求思想政治教育工作者将对法治的认同与信仰根植于大学生的内心,认同法律是规范社会行为的尺度和价值标准,自觉将法律作为行动准则,维护宪法和法律的尊严,始终对法律心存敬畏,树立法律的红线意识和底线意识。

从另一方面来说,法治观念的形成有利于营造使大学生实现个人自由全面发展的外部环境。在新的历史条件下,法治成为国家最主要的治理方式,结合新形势,用法治观念武装人们的头脑,对丰富和完善马克思关于人的全面发展的学说具有重要意义。"人的自由而全面发展"是科学社会主义和共产主义发展的根本目的,中国特色社会主义法治国家建设能为实现"人的自由而全面发展"创造必要的环境和条件。社会主义应当从自己的基本国情出发,坚持马克思人的全面展思想的指导,依靠先进的社会制度和高科技成果,自觉创造条件,积极推进人的全面发展进程。[③]对大学生进行法治观念的培养,体现了社会和时代的需求,与我国的政治文明、精神文明和物质文明发展相一致。法治观念确立有利于提升社会个体的道德素质和

---

① 郑永廷,石书臣. 马克思主义人的全面发展理论的丰富与发展[J]. 马克思主义研究,2002(01):18-22.
② [法]埃米尔·涂尔干. 社会分工论[M]. 梁敬东,译. 北京:生活·读书·新知三联书店,2000:17.
③ 杨兆山. 关于人的全面发展的几点认识——兼论马克思人的全面发展思想的时代价值[J]. 东北师大学报(哲学社会科学版),2003(03):112-118.

政治素养,而公民素质提升亦有利于现代化国家的建设。同时,良好的社会法治环境,为实现人的全面发展提供了物质保障。黑格尔曾说:"社会和国家的目的在于使一切人类的潜能以及一切个人的能力在一切方面和一切方向都可以得到发展和表现。"[①]也就是说,国家和社会发展的目的是让一切人的一切发展成为可能。

(二)我国法制传统文化

大学生法治观念培养可以说是一个崭新的时代课题,但却与我国的法制传统文化有深刻的历史渊源,法治思想在我国有悠久的历史,早在夏商时期就出现了成文的法典——《禹刑》,《左转·昭公六年》中有记载:"夏有乱政,而作《禹刑》"。先秦法家的代表人物管子则最早提出了"依法治国"的主张。法律和道德一直是统治阶级统治和教育民众的两种并行手段,在不同的历史时期发挥不同的作用。因此,我国当代大学生的法治观念培养蕴含着丰富的传统法制文化基因,厘清传统文化对大学法治教育的影响,取其精华,去其糟粕,有利于找寻法治教育发展的理论进路。

先秦时期,礼法并行,相互交织,共同发挥法治的作用。管子是先秦法家思想的代表人物,他的法学思想主张"重法不轻礼"。《管子》曰:"登降揖让、贵贱有等、亲疏之体谓之礼"(《管子·心术上》);又曰:"仓廪实而知礼节,衣食足而知荣辱"(《管子·牧民》)。《管子》所说的"礼"含义丰富,既包含尊卑礼仪、等级秩序和亲疏体统,也包含人们日常交往中约定俗成的习惯和规矩。子产则提出了:"夫礼,天之经也,地之义也,民之行也"(《左转·昭公二十五年》)的主张。儒家创始人孔子则云:"君子之行也,度于礼,……若不度于礼,而贪冒无厌,则虽以田赋,将又不足。且子季孙若欲行而法,则周公之典在"(《左传·哀公十一年》)。孔子认为"礼"乃贵人之法,体现了封建等级的礼仪、秩序。先秦法家的代表人物管子认为"礼"在很大程度上与儒家的"德"有契合之处。"礼"对于个人而言,可以修身养性,让人懂得进退揖让的礼仪规矩;对于国家而言,可以治国理政,包罗政治、文化、宗教等制度规范,是治国之术的一部分。

先秦礼法并行,以法家和儒家思想家的论述最为充分。法家认为"礼"的作用和功能是为维护统治阶级的政权服务。"凡民之生也,必以正平。

---

① [德]黑格尔. 美学(第1卷)[M]. 王造明,译. 北京:商务印书馆,1979:59.

第二章 全面依法治国视域下大学生法治观念培养的理论基础

所以失之者，必以喜乐哀怒。节怒莫若乐，节乐莫若礼，守礼莫若敬。外敬而内静者，必反其性"（《管子·心术下》）。"礼"不但能够维护封建长幼尊卑的等级秩序，还能够节制人的七情六欲，以此来教化民众，使之成为统治阶级所需要的人。"礼"同样作用于统治阶级，遵礼者方能得天下，是掌握政权的重要因素。"先王取天下，远者以礼，近者以体。体、礼者，所以取天下"（《管子·枢言》）。"礼"也是统治者取得天下的重要工具，这一观点也与儒家"得民心者得天下"的论断高度吻合。因此，"礼"代代相传，虽然各有损益，却兼具了修身、齐家、治国、平天下的伦理、宗教、文化、政治的内涵，实为治国之鼎器。

法家之"礼"与儒家之"礼"既有相通之处又有相异之别。《荀子》在性恶论的前提下也注重"礼"，"问者曰：'人之性恶，则礼义恶生？'应之曰：'凡礼义者，是生于圣人之伪，非故生于人之性也'"（《荀子》）。荀子认为礼义是为了限制人性之恶，由圣人制定出来的规则，强调了"礼"的约束性，与管子的"先法后礼"的观点相合。孔子曰："道之以政，齐之以礼，民免而无耻；道之以德，齐之以礼，有耻且格"（《论语·为政》），突出了"礼"的教化作用，如果人民只是因为畏惧刑罚而不做坏事，并不具备羞耻之心，只有懂得"礼"之后，才能因为具备羞耻之心而从根本上拒绝做坏事。同为说"礼"，儒家之"礼"与法家之"礼"在规范人的行为时发挥作用的重要程度却是相异的。

先秦诸子对于"法"的论述。《管子》被誉为齐法家的扛鼎之作，管子的法治思想在《管子》一书中得到非常翔实的论述。商鞅是法家强硬派的代表，他提出了"礼法以时而定，制令各顺其宜"（《商君书·更法》）的主张，还提出了"以法相治"（《商君书·慎法》）"垂法而治"（《商君书·壹言》）"缘法而治"（《商君书·君臣》）等观点，对其法制主张进行了详尽的阐述。慎到与商鞅同样主张依"法"治理和管理国家，"官不私亲，法不遗爱，上下无事，唯法所在"（《慎子·君臣》），强调了"法"的重要性。慎到的"法礼"观与管子相似，重法不避礼，"明君动事分功必由慧，定赏分财必由法，行德制中必由礼"（《慎子·威德》），是说圣明的君主根据人的才能智慧论功行赏，根据制度法令确定赏赐分配财务，根据礼仪规范施行德政，凸显了立法的重要性，有别于商鞅、韩非等人重法"弃"礼的思想。管子的法学思想体现了东方法学的特点,具有柔性的特征,体现了人文关怀。

儒家思想家认为"礼"乃法之根本。孔子曰:"其身正,不令而行;其身不正,虽令不从"(《论语·子路篇》),强调了"人治"的重要性,统治者应率先垂范,遵守礼法,老百姓也会效仿;否则,即使有法令,老百姓也不会遵守。孟子强调"礼"和"法"的重要性,认为"徒善不足以为政,徒法不足以自行"(《孟子·离娄章句上》),统治者只有仁德的品质不足以把国家治理好,国家只有法令也不能自行发生效力,还需要仁德的君主推行法治才能治理好国家。但孟子更注重"礼",主张实行"仁政"。荀子注重"人治",主张"有治人,无治法"(《荀子·君道》),有善于治国的人,没有善于治国的法,治理国家还是人重要;他还认为"礼"是"法"的基础,"礼者,法之大分,类之纲纪也"(《荀子·礼经》)。

礼法的辩证关系。在先秦诸子的著作中并未将"礼""法""德"区别开来,而是你中有我,我中有你,相互杂糅,总体来说注重"礼法"的辩证结合。古人观念中,此规范、秩序、法式亦可以"法"名之,惟此"法"辄与德、教相连,故又谓之"德法"或"先王德教",而有别与单纯的暴力性规范如刑。[①]先秦"礼""法""德"的含义有重合、有差异,联系非常紧密。考诸字源,礼、刑、法三字,法字出现最晚。春秋以前,通行的观念曰礼,曰刑,且礼之观念无所不包,无所不在。后世之为法者,乃出于礼,是礼的一个相面。[②] 这个考证阐明了"法"实出于"礼",实为一部分道德观念的规范化。春秋时期管仲非常重视法,在《管子》一书中,直接对法进行阐述的篇目就有九篇,还有许多阐述法的观点夹杂在其他篇目中,但他并不因此而轻视"礼",而是认为礼法并重。管子的过人之处在于将"礼""法"区别开来,用"礼"来维持社会等级秩序,用"法"来规范人们的社会行为,把"礼"摆在与"法"一样的高度,同为治国之道。他还认为教化民众是"礼"的重要作用,与儒家"德教"的作用实属一脉,"刑罚不足以畏其意,杀戮不足以服其心。故刑罚繁而意不恐,则令不行矣;杀戮众而心不服,则上位危矣"(《管

[①] 道德有多重要? 中国古代刑律的礼教化与去礼教化[EB/OL].(2020-8-18).https://www.bjnews.com.cn/culture/2020/08/18/760032.html.

[②] 俞可平. 礼法合治与中国人的行为方式——制度与习惯的中国式解读[J]. 中国治理评论,2021(01):3-23.

子·牧民》)。因此在维护国家统治的过程中,离开"礼"单靠"法",不是长久的治世之道。"礼"是"法"的基础,从思想上教育民众,"法"是"礼"的保障,从制度上规范民众的行为。"君臣不用礼义教训,则不详;百官服事者离法而治,则不详"(《管子·任法》)。君主和大臣不用社会的礼仪规范自己的行为,就不是好事;百官做事如果离开了法治的规范,也不是好事。脱离礼仪和法治做事,就可能引起社会不安和动荡。由此可见,早在先秦时期,法制的观点就已出现,其含义与当今的"法治"不尽相同,但法制的思想、传统已然形成。

(二)"德主刑辅"的影响

秦朝商鞅变法将法治的严苛推向极致,严刑峻法一方面推进了国家管理的制度化和规范化,促使秦国走向强大,最终一统天下;反之,残酷地镇压和剥削,激起了人民的强烈反抗,强大的秦朝仅存了十四年便土崩瓦解。继起的王朝都吸取了秦王朝的教训,不再推行严法重典,注重休养生息,"法"在国家统治中的地位急转直下。儒家思想温和中正,以"仁德"教化为本,符合秦朝覆灭后国家百废待兴的政治需要,西汉以后"德主刑辅"的国家治理方式占据了决定地位,"贤主德政、礼法结合"的思想成为主导。

董仲舒是汉代儒学大师,公羊派代表,他的思想奠定了后世封建统治的基础。董仲舒不但提出了"罢黜百家,独尊儒术"的主张,还将儒家的德治主张确立为封建统治阶级的主导思想,提出了"君权神授""三纲五常""德主刑辅""春秋决狱"等思想主张,影响了此后历代王朝的治世之道。董仲舒的"阳德阴刑"理论,即"德"为"阳",是主要的,"刑"即"法"为"阴",处于辅助地位,也就是"德主刑辅",这种思想成为汉代以后封建统治的主导思想。董仲舒的"阳德阴刑"思想体系对中华法系影响深远,是中国法律思想史上的一个标志性里程碑。"[1]对中国社会法治体系的建构影响深远。他还主张:"教,政之本也;狱,政之末也"(《春秋繁露》),认为道德的教化作用是国家施政的根本,"狱"也即法治,是不重要的,处于辅助的末位。

汉代以后,以至隋唐时期,"三纲五常"等理论经过不断发展完善,逐渐被制度化、法律化,成为封建统治的纲领。儒家思想的正统地位越来

---

[1] 张文显. 治国理政的法治理念和法治思维[J]. 中国社会科学, 2017 (04): 40-66.

越稳固,"德主刑辅"作为中华法治体系的重要特征也逐渐固定下来。唐朝吸取隋亡的教训,推行休养生息的仁政,德治主张进一步加强。唐初年,诤臣魏征反复告诫李世民:"臣又闻古语云:'君,舟也;人,水也。水能载舟,亦能覆舟。'陛下以为可畏,诚如圣旨"(《贞观政要·论政体》)。要李世民牢记教训,实施仁德之政。这一时期,法治虽处于次位,也得到了充分发展,李世民曾说:"法者,非朕一人之法,乃天下之法"(《贞观政要·公平》)。法律,不是由我一个人制定的法律,而是由天下人共同制定的法律,体现了李世民重视民意的民本主义思想。他还说:"法者,人君所受于天,不可以私而失信"(《资治通鉴·唐纪》)。法律,是君王受上天之意而制定的,不能因个人的原因而失信于天下。李世民的主张体现了重视百姓、重视民意的思想在立法过程中的重要性。《唐律疏议》这部传世法典的诞生,体现了唐代法治思想的进步与发展,是唐朝法治思想的集中体现。

  唐朝后期,经过了安史之乱和五代十国,中国政治的主导方式并没有中断,"德主刑辅"的政治模式已然固化。北宋时期的政治家王安石注重法治,推崇改革,实行了一系列的变法政策。他认为:"今朝廷法严令具,无所不有,而臣以谓无法度者,何哉?方今之法度,多不合乎先王之政故也"(《临川文集·上仁宗皇帝言事书》)。王安石认为:现在朝廷的法律制度非常完备,什么都有,而我还认为没有法度是什么原因呢?是因为现在的法律制度,大多都已经不符合先王时期的政治形势了。要实现国富民强、社会安定,取决于法制是否符合"先王之政",体现了"尊古"的思想,实为借"古"论"今",当今的法律已不适应社会现实的需要。民不聊生、社会动荡,源于法治的落后和禁锢,因此他积极主张变法改革。王安石认为良法、善法是国家治理的关键:"盖君子之为政,立善法与天下,则天下治;立善法与一国,则一国治"(《临川文集·周公》)。这和亚里士多德"良法之治"的观点是一致的,法治的好坏直接关系国家治理的好坏。不仅如此,王安石还非常重视法治人才的选拔和任用,认为立法和执法的人才对法治的实施也至关重要,"守天下之法者吏也,吏不良则有法而莫守"(《临川文集·度支副使厅壁提名记》)。把法律教育与官吏选拔结合起来,培养法律人才和提高官吏法律素养,这是今天仍在提倡的事情,足见王安石的远见卓识。由此可见，从我国古代开始，就非常重视法治教育，法治人才的培育、选拔和任用事关国家兴衰成败。

与王安石同时代的思想家朱熹是程朱理学的代表人物，他从理学角度对"三纲五常"进行了深入阐释，使"三纲五常"的理论更加系统化、哲理化，最终发展为封建礼教制度，成为统治阶级维护其统治的最高准则，其地位在封建统治中几至不可撼动。程朱理学也注重法治，注重人情、法治与理学的结合，更加注重法治的理学价值。程朱理学对法治的理解体现在"以法为公"的理念上，"法者，天下大公之本""法者，天下之至公也"，都体现了公正是法治的根本价值。法治靠人执行，法治的公正受到挑战时，就需要执法者用情感和理性的原则去权衡利弊，最大限度地做到公正。宋代对于"以法为公"的理念，较之前朝有较大进步和发展。

（三）"明刑弼教"的推行

明初推行"明刑弼教"政策。"明刑弼教"一词源于"明于五刑，以弼五教"，出自《尚书·大禹谟》，意思是：让五刑来辅助五教，即让法律作为教育百姓的辅助手段，让百姓都知晓法律，人们因为知法、畏法而遵守法律，从而达到教育百姓尊法守法的目的。朱元璋建立明朝以后，整顿朝纲，注重法治，推行"重典治国"的政策。明朝的治国之道，相对于唐宋时期的"德主刑辅""大德小刑"和"先教后刑"等政策来说，更注重刑典的作用。

明朝的法制对前朝有很大的继承性。程朱理学在明朝依然有深远影响，朱熹对"明刑弼教"思想进行了充分的阐释，在"德主刑辅"思想占主导地位的情况下，提高了法制的地位，将"法制"提高到与"德教"同等重要的位置，对国家治理来说都同样不可或缺，法制的地位较之前朝有较大的提高。明初，朱元璋借助"明刑弼教"的主张，使"法"摆脱了从属地位，"德"对"法"不再有统领的作用，"法"也即"刑"，不必受"先教后刑"的约束，而是可以"先刑后教"，他主张用刑罚实例来教育人民，实际上是实行"严刑酷法"，与朱熹主张的"德法并行"的主张还是有所区别的。明初治国政策的变化意味着中国传统封建法治原则的变化，由"德主刑辅"到"礼法并重"再发展到"明刑弼教"的模式，进入了一个全新的阶段。汉代以来，重德轻刑，道德的教化作用备受历代统治者重视；礼法并重的观点提高了"刑""法"的地位，依然体现了儒家思想的延续；"明刑弼教"

本意也在于"礼法并重",只是在明初为朱元璋所用,借"弼教"之名,行"重刑"之实,为明初推行重典治国的政策寻找思想理论上的依据。

朱元璋在本质上认同"明刑弼教"的理论内涵,赞同儒家"三纲五常"的观点,只是在推行"明刑弼教"之时,加重了刑罚的作用。这是因为朱元璋作为明朝的开国皇帝,深受元末官吏腐败之痛,对贪官污吏深恶痛绝,因此下重刑惩治腐败,限制官吏豪强欺压百姓。朱元璋虽然认为"礼""法"同等重要,但"刑""法"在促进教化方面比单纯依靠"礼",即"德教"的实际效果要更好。他认为皇帝要教化民众,五教和五刑要并用,即"德教"和"刑罚"并用,不用五教和五刑而民众就被教化好,是不可能的。而且他还主张"法外用刑",实际上就是推行酷刑重典,"明刑弼教"的本质已经被篡改。此外,"明刑弼教"的观点还体现在立法上,朱元璋在位时修订的《大明律》传承了《唐律》的精髓,又有所发展,是我国古代法典的杰作。《大明律》中增加了许多严刑酷法,是"明刑弼教"重刑主义的体现。

明朝中期以后,统治者意识到严刑酷法的弊端,重新回归到"德主刑辅"的轨道上。至明末清初,资本主义工商业开始萌芽,市民阶层产生,出现了一批具有民主思想的启蒙思想家,他们的思想继承了我国优秀法制传统的精华,对封建法制的糟粕进行了批评,初显了反对封建专制,追求民主、平等的端倪,体现了历史的进步。

明末清初的启蒙思想家黄宗羲,猛烈抨击了封建专制制度,批判皇帝是以天下为家,为了满足一己私利,封建法制也是为了维护皇帝的"家天下"服务,是"一家之法而非天下之法"(《明夷待访录·原法》)。这样的法,不能为天下人谋福利,根本不能算法,而是"非法之法"(《明夷待访录·原法》)。因此,黄宗羲主张应当推翻封建君主专制,废除封建法治。黄宗羲还提倡民主思想,认为应当人人平等,反对人治,提倡法治,主张国家的生死存亡"系于法之存亡",只有实行法治才能保证国家长治久安。他还主张"有治法而后有治人",有治世之法才有治世之人,从而反对儒家"有治人无治法"的观点。黄宗羲的法治思想,体现了朴素的革命性和民主性,标志着我国古代的法治思想发展到一个新高度。王夫之与黄宗羲同时代,也提出了"天下为公"的观点:"以天下论者,必循天下之公,天下非一姓之私也"(《读鉴通论·卷末叙论一》)。认为天下当属于天下人，不是皇帝一人所有，这些思想都体现了对传统法治思想的突破和创新。

时至明朝，我国的封建法制思想历经千年的修正，已经发展到最完善的程度，法制思想的发展与封建制度的发展一致，在达到顶端后，逐渐开始走下坡路，这是历史发展的必然，法制思想发展也同样遵循历史唯物主义的发展规律。

（四）"西学东渐"的冲击

近代"西学东渐"，对国家产生强烈冲击的正是西方的法文化体系，特别是宪政思想对清朝政治产生了重大的影响。清朝中后期，我国的封建制度已经走向垂死挣扎的末路，封建宗法制度、自耕自足的小农经济、闭关自守的国家政策，使中国严重落后于世界发展的步伐。封建地主阶级利用儒家三纲五常的正统礼教、忠孝节义的伦理制度统治人们的思想，维护尊卑贵贱有别的封建等级制度，形成了清朝既稳固又封闭保守的封建法文化体制。这种建立在闭关自守的小农经济基础上的封建法文化体制与建立在机器大工业经济基础之上的近代西方资本主义法文化体制相比，无疑处于落后挨打的局面。鸦片战争以后，西方列强逼迫清政府签订了一系列不平等条约，这些不平等条约的根源一部分由于我们的无知，一部分由于我们的法制未到达近代文明的水准。正是这种落后挨打的局面激起了一些有识之士的愤慨，他们的视野越出国门，率先尝试"睁眼看世界"，积极向西方学习先进的文化和技术，寻求"借法自强""变法自强"的道路。特别是在看到与中国一衣带水的日本，通过变法维新走上国富民强的道路后，更使一部分思想先进的中国人看到了借助西方文明改变中国落后状况的希望，因此，西方的法治文明作为实现国富民强的"兴奋剂"被引入中国。从此，西方合法性理论中强调的法律精神、法律思维成为改造中国固有合法性观念的主流。从马克斯·韦伯所言说的传统型统治转向合法型统治，也在此成为中国历史的必然进路。

中国向西方寻求先进政治法治文化的道路异常曲折。首先，受到来自封建王朝最高统治集团内部的顽固抵制，顽固派竭力维护封建宗法制度的核心，坚持"大清皇帝统治大清帝国。万世一系，永永尊戴。"竭尽全力维护腐朽的封建专制法文化体制。而来自底层的劳动人民既痛恨封建统治又盲目排外，借助朴素的反抗情绪发动太平天国、义和团等农民起义，但不能从根本上动摇封建统治的根基。洋务派代表李鸿章、张之洞等人，积极学习西方的先进技术，开办军工厂，兴办近代工商业，推动资本主义的发展，但在政治制度和文化制度方面，却依旧顽固保守，还是竭力维护清王朝的封建统治。即使迫于外国侵略势力的严重打击，不得不"变法图存"之时，依然试图"中学为体，西学为用"，将封建"三纲五常"的教义借助西方的体系保留下来，希望能将封建法文化借壳重生，封建势力的顽固性可见一斑。

在知识分子中，一部分具有远见卓识的"先进中国人"，不为狭隘的民族主义所限制，积极向西方寻求强国富民的方法，学习西方先进的法文化体制，一方面揭露和批判封建法文化体制的弊端，另一方面积极要求变法图强，体现了不甘落后的民族精神和昂扬的革命斗志。严复翻译了赫胥黎的《天演论》，宣传了"物竞天择，适者生存"的进化论观点；魏源则提出了"师夷之长技以制夷"的观点……这些启蒙思想，使国人有了接触外界的机会，开始睁眼看世界。不但如此，中国近代的启蒙思想家们，还把西方的宪政制度、三权分立制度、君主立宪制等政法制度带到了中国，并公然宣扬"欲开民智，非西学不可"的主张，为变法维新做了理论和舆论上的准备。

经过先进知识分子的宣传和倡导，在封建统治阶级内部也开始接受西方的法文化思想，主张实行自上而下的"变法维新"改革，这是封建统治阶级为了维护自身利益，不得不采取的改良措施。19世纪后期，清政府统治阶级内部的有识之士也意识到清朝政权已经在风雨飘摇之中，如果不变法改革，亡国之日近在眼前。尤其是日本在日俄战争中以小胜大，打败俄国，被认为是日本实行君主立宪制的胜利，因此加速了维新派对于立宪的渴望。面对内忧外患，封建皇权内部有人提出了"立宪""君主制""三权分立"等主张，并将希望寄托在封建王朝的最高统治者身上。光绪皇帝接受维新派政治家谭嗣同、梁启超等人的建议，主张实行自上而下的变法，这是封建统治阶级最后扭转乾坤的机会，但最终还是被顽固派镇压下去。百日维新运动虽然因腐朽顽固势力的野蛮镇压失败，但他们积极学习西方先进法文化致力于振兴中华的心态及其行动顺应了历史前进的必然趋势，促进了中西法文化机制由冲突碰撞走向融合吸收的进程。

宪法思维经过变法之后如雨后春笋般涌现，这在中国的传统政治中是前无古人的。"立宪""宪法""宪政"等术语都是近代从西方引进、学习而来的，1901年，梁启超在《立宪法议》一文中曾说："宪法者何物也？立万世不易之宪典，而一国之人，无论为君主、为官吏、为人民，皆共守之者也，为国家一切法度之根源。此后无论出何令，更何法，百变而不许离其宗者也。梁启超将宪法和宪政在国家治理中的重要性进行了充分的论证，给国人进行了宪法的重要启蒙。维新变法虽然失败了，后来的立宪运动、辛亥革命制定的《临时约法》直至护法运动都失败了，但宪法、立宪的观念却已深入人心。此后的政权想要取得合法地位，都要通过宪法来确认其合法性的理念已正式形成。

可以说，近代西学东渐，冲击了中国传统的法文化体系，促进了中国封建法文化体系向近代法文化体系的转变，起到了石破天惊的作用，打破了我国封建社会顽固保守的政治状态，吸取了西方先进法文化的部分优点，一定程度上促进了我国政治文化的发展。西方法文化有精华有糟粕，对我国法文化的影响也有利有弊，要客观辩证的对待，既不可盲目排外，更不可崇洋媚外。但可以肯定的是，如果没有西方文化的冲击，我国由封建社会向现代社会演变的进程将会更加漫长。这也说明，社会文明的进步、自主权力的强化，使我国的法制建设有了新的起色。

第三章　全面依法治国视域下大学生法治观念培养的重要意义

大学生是新时代社会主义事业的建设者和接班人。大学生的法治素质关系着未来中国依法治国的进程，关系着中国梦的实现。大学生是未来法治中国建设的主力军，是未来国家各行业的骨干，他们不仅应该懂专业知识，而且也必须掌握与专业相关的法律知识。在全面依法治国战略的实施下，加强大学生法治观念培养，提升大学生法治思维水平，具有重要意义。

一、全面依法治国方略与大学生法治观念培养的内在关联性

大学生作为中国建设社会主义政治文明中的重要力量，在我国的国家建设中起着非常重要的作用，全面依法治国的顺利实现需要大学生的努力。法治观念是大学生获取法律知识、应用法律知识的前提和必要的思想基础。大学生没有相应的法律知识和依法办事的能力就不可能适应科学技术突飞猛进、国家竞争日益激烈的时代发展的需要。作为未来社会的主力军，大学生的法治观念应当与社会文明相一致，并能持续推进社会法治水平的提高。因此，增强大学生的法治观念，培养他们对法律的忠诚和法律的信仰，意义极其重要。

（一）增强大学生法治观念是全面依法治国的必然要求

依法治国是党领导人民治理国家的基本方略，大学生是法治建设的重要参与者，大学生法治观念的培养和提高是关系依法治国成败的关键因素。把全面依法治国纳入国民教育体系中，这对中国的法治教育提出了更高的

第三章　全面依法治国视域下大学生法治观念培养的重要意义

要求，这就要求大学生成为法治精神的守护者和维护者。增强大学生法治观念也是实现社会主义法治国家的需要。民主的法治思想不能自发地在人的头脑中产生，只有通过教育才能改变，要摒弃人们的传统思想观念，树立现代的民主法治观念，这就表明了，增强大学生法治观念是我国建成社会主义法治国家的必然要求。增强大学生法治观念也可以弥补目前高校法治建设教育的不足，使得高校法治教育可以最大限度地发挥它的积极性。

（二）全面依法治国为增强大学生法治观念提供方向指引

随着我国经济和社会发展水平的不断提高，我国新时期的法治建设在依法治国方略下有了总体的规划。全面依法治国的实施，要求政府在国家治理的每个层面都严格按照法治的原则进行，引导法治社会的建设和发展。国家应该在全面依法治国的原则下增强大学生的法治观念，在思想性和方向性的角度给予大学生正确的指引。

增强大学生的法治观念，还依赖社会、政府和高校的参与，仅靠高校的努力是不够的。全面依法治国的方略在总体布局上进行指引。依托社会主义核心价值观等主流价值观对大学生的法治意识进行引导，让大学生树立正确的法治观念。依法治国是党治理国家的主要形势，符合我国民主化进程和公民法治意识提高等重要要求，大学生作为社会发展的中坚力量更需要努力自觉地提高自身的法治意识。高校大学生处于人生观、价值观的重要养成时期，在面对矛盾冲突等问题的处理上容易受到外界不良事物的影响，也容易缺乏理性冷静客观的处理方式。全面依法治国作为我国政治治理的重要方式，同时这也要求社会成员严格遵守法治精神，这些会对大学生形成积极的影响。这样就能够慢慢地改变大学生对待法治的态度，运用法治的观念来处理自己在生活和学习中遇见的思维困惑，在面对社会热点事件时能有自己明确的态度，能够谨慎地看待涉及国家和民族命运的社会敏感话题。

通过增强大学生的法治观念，营造出和谐、健康、友善的校园法治文化，带动其他的社会成员形成崇尚法治精神的良好社会氛围。大学生法治观念的强弱影响着高校法治教育的成效，通过高校、社会、家庭等形式的法治教育，使其融为一体，在这个过程中不断挖掘社会主义法治建设的潜力，促进法治建设效率的增高。这就有利于大学生法治观念的养成。

二、全面依法治国视域下大学生法治观念培养的必要性

（一）培养新时代中国特色社会主义事业的建设者和接班人的需要

有学者指出："高等学校的培养目标是培养社会主义事业的建设者和接班人。大学生现在是高校的莘莘学子，他们毕业后走向社会，是各行各业的骨干和精英，在社会中发挥着重要的作用。如果说，过去的干部大多数都接受过高等教育，那么如今高等教育已经大众化，几乎所有的社会精英和干部都要接受高等教育。换句话说，虽然今天我们强调领导干部要具备法治思维，但今天的大学生就很可能是明天的领导干部和社会精英。"[①] 大学生是国家的栋梁，是未来国家各行各业建设的精英和骨干，他们是否拥有较高的法律意识，直接影响到社会整体法律意识能否较快提高，对依法治国目标的实现具有深远影响。大学生法治教育直接关系到我国全面依法治国的进程。大学生是推进中国法治进程的骨干力量，完善大学生法治教育，有利于培养符合时代要求的社会主义的建设者和接班人。

大学生在全社会法治意识培育中有着引领的作用，相对于一般社会成员，大学生是高素质群体，他们自主性强、思想活跃，学习新知识的能力强。如果首先对他们培育出较高的法治意识，可以发挥带头引领作用。大学生群体处于一定的社会关系，他们可以将自己所学的法律知识，传授给身边亲人和朋友，发挥媒介传播作用。大学生是国家的未来，民族的希望，他们拥有较高的专业水平和丰富的知识，在推动社会文明进步过程中发挥着不可忽视的作用，他们更是建设法治国家的主力军。加大对大学生法治教育的重视，有利于国家法治建设的持续性发展。大学生作为国家的栋梁，不仅肩负着建设国家的任务，更承载着实现中华民族伟大复兴的历史重任。所以，要实现中华民族伟大复兴的中国梦，首先必然要加强大学生的法治教育。大学生作为实现中国梦的践行者，通过教育的方式提高他们的法治素养，是贯彻全面依法治国理念的重要方式，是建设社会主义法治国家的必要条件。

---

① 陈大文，孔鹏皓. 论大学生社会主义法治思维的培养[J]. 思想理论教育导刊，2015（01）：31.

（二）充分发挥高校立德树人重要功能的需要

当今世界综合国力的竞争，很大程度上归结为人才的竞争，而高等院校作为培养人才的重要阵地，必须担当起立德树人的重大使命，培养更多优秀的人才。《中共中央关于全面推进依法治国若干重大问题的决定》中指出，要"坚持用马克思主义法学思想和中国特色社会主义法治理论全方位占领高校、科研机构法学教育和法学研究阵地"[①]，对大学生进行法治教育提出了要求。实现中华民族伟大复兴的中国梦，要求高校担当好培养接班人的重任。高校的法治教育是培养大学生思想道德水平与法律意识的重要环节，在整个国民素质教育中占据重要地位。高校法治教育能够丰富学生们的法律知识，对于整体提升大学生各个方面的能力发挥着重要作用，是提高新时期大学生综合素质的有效方式。

高校法治教育为全面依法治国提供人才保障。根据中国现阶段的基本国情，中国必须全面开展法治建设，即在中国共产党的领导下，指引国家朝着法治化的方向努力。法治中国的建设还需要有来自社会各方面的支持。只有社会成员法治素养普遍提升，才能为不断推进的法治建设提供动力支持。高校通过对一批批大学生进行教育，培育其法治素养，为法治中国的建设提供高素质的人才支持，也为社会主义法治国家的建设提供人才保障。社会主义法治国家的实现离不开高校法治教育。

依法治校，是提高管理水平、建设一流大学的重要保障，也是高校实现教育现代化，提升人才培养质量，适应全面依法治国的需求。依法治校要求高校首先要建立完整的制度体系，让学校的管理行为和师生教学行为有规可依。只有高校发挥好教书育人的功能，法治教育到位了，大学生法治素养提升了，才能保证法治校园的建立。也只有依法治校真正落实，才会有效开展大学生法治教育，切实提升大学生的法治素养。要各个高校认识到提升大学生法治素养的重要性，鼓励和带领学生积极主动地参与到法治校园的建设中，使学生能够积极参与制定学校的各项规章制度，并带领学生积极宣传、践行，通过学习教会学生如何用法律武器维护自身合法权益，这样才能更好地保障大学生法治教育在高校顺利开展。

---

① 中共中央关于全面推进依法治国若干重大问题的决定[EB/OL].（2014-10-28）. http：//www.gov.cn/zhengce/2014-10/28/content_2771946.htm.

高校是法治教育的主阵地,同时高校也是法治教育的主体。高校拥有专门的教育部门,把法治教育列入到大学生综合素质培养计划中,通过在校的教育培养学生们的法治素质是很重要的。高校具有强大的师资力量,部分专职教师具备法学专业背景或者丰富的法治实践经验,并且大多数教师拥有心理学等多方面的知识,他们能够根据教育规律和学生自身需要等,结合多样的教育方式,让法治观念在大学生心目中更加牢固地树立起来。在全面依法治国背景下加强大学生法治教育,要让高校充分发挥立德树人的作用。

(三)培养高素质的优秀公民的需要

加强大学生法治教育,使大学生树立正确的法治观念,是建设社会主义法治国家的内在要求,也是培养我国社会主义合格公民的客观需求。在当代社会,法治素养是个人素养的重要内容,也是作为一位合格公民不可缺少的内容。张文显教授在《法理学》一书中提出,法学教育除了要把学生培养成为高素质的法律职业工作者之外,把学生培养成为高素质的优秀公民也是法学教育的目标和功能之一。高层次的法治人才首先应该是高素质的优秀公民,同时也是具有娴熟法律技能的法律职业人才。[①]法治教育不仅仅培养专业的法治人才,如法官、检察官、律师等,普通公民也需要接受法治教育。新时期全面推进依法治国要重视法治的全民参与。

近年来,我国法治建设深入发展。提高公民法治意识,对于实现全面依法治国的目标意义重大。作为社会主义法治国家的公民每一位都应当是懂得法律的人。社会进步实际上是人的进步,重要方面就是人的思想的进步,各方面综合素质的提高。大学生法治教育的目的是培养合格公民。大学生法治意识一旦养成,便能够潜移默化地塑造大学生特定的行为模式,使其能够在日常生活中维护法律,信任法治,守法用法,促进全民法治素养的提高。

当代大学生是一个人数众多的群体,增强大学生法治教育的实效性也是培养高素质公民的重要方式。大学生法治教育并不是要把大学生培养成检察官、法官、律师这样精通法律的专业人才,与此不同,它是在全面依法治国的背景下,培育具有较高法律素养的大学生,培育新时代具有法治

---

① 张文显. 法理学(第4版)[M]. 北京:高等教育出版社,2011:12.

思维的优秀公民。一个现代化的社会必将是一个法治社会，一个法治社会一定是全体公民法律素养普遍提高，人人懂法，人人尊法，运用法律思维思考问题，运用法治方式参与社会实践，让法治基因渗透在社会大众的骨髓里，使法治成为一种全民信仰，让每一名社会大众都心怀法治理念。

（四）亟待提升的大学生法治素养的需要

近些年来，经过广大教育工作者的辛勤劳动和各方努力，大学生法治意识有了很大的改善和提高，成为社会中法治思维意识较高的群体，法治教育起到了至关重要的作用。法治相关的课程逐步完善，相关教材不断推陈出新，与时俱进，法治氛围日趋浓厚。大学生也逐步参与到法治建设中，体会到其重要性，感受到法治魅力。但不可否认，大学生的法治思维还存在不少问题，比如，大多数大学生能够意识到法律的重要性，但法律至上的观念尚未形成，仍然有部分大学生不认为法律至上，这些人认为金钱、权利等比法律有权威，在国家倡导全面依法治国的背景下，作为未来法治建设的主力军，这部分学生并没有全部树立法律至上的观念，法律意识亟须提高。对一些与自身利益息息相关的法律知识，大部分学生却不是很了解。非法学专业大学生法律意识薄弱，也是由于部分大学生社会责任感不强，他们没有意识到，建设法治社会不仅与政府和法律职业群体有关，更需要每一个公民的参与和努力。由于缺乏必要的使命感和责任感，就导致学生缺乏学习法律的动力。

大学生法律意识淡薄还体现在大学生犯罪时有发生。尤其随着互联网的普及，也催生了新型网络犯罪，如2018年的一起网络赌博案，涉案金额数千万元，其中17名犯罪嫌疑人多为在校大学生。除了一些大学生犯罪，还会有一些大学生由于缺乏法律意识卷入到校园贷，在兼职时受到诈骗遭受损失等。所有的违法犯罪行为，以及权利遭到侵害的情况都与大学生法律意识不强有关。因此，我们要在已有的成绩基础上查漏补缺，与时俱进，不断完善法治观念培养工作，争取在依法治国的背景下做到全民守法，营造健康良好的法治氛围。

三、全面依法治国视域下大学生法治观念培养的作用与价值

（一）促进大学生自由全面发展的本质要求

人的全面发展是马克思主义的最高价值追求和崇高理想，追求人的全面发展是我们党在马克思主义理论指导下一直坚持的最高理想目标。在社会不断进步发展中，人的综合素质变得越来越重要，也决定着他是不是一个对社会有用的人。没有人的发展，社会也就不会发展，社会也将失去发展的根据、主体和本质，甚至也失去了手段、内容和意义。具备新知识、新思想的大学生是推动中国社会的科学发展的关键人才。人的全面发展是马克思主义的根本命题，坚持以人的全面发展为纲就要从人整体发展和长久发展的立场出发，把全体人民整体素质的提高作为未来工作的第一要务，坚持以人的综合素质提高为根本，使人的综合素质得到充分发展，以人的综合素质的优先、充分发展引领、统摄经济社会发展，努力建立一个以人的全面发展为中心的社会。坚持以人的全面发展为纲，要求我们要把重点和着眼点放在大学生的全面发展上，放在大学生的综合素质的提高上，确立以综合素质提升为根本的人的全面优先发展战略，优先促进人的全面发展，必须优先保障人的全面发展，也要优先投资于人的全面发展。

1. 有利于完善大学生全面素质结构

人的全面发展的问题是当今人类及社会发展所追求的终极目标，始终贯穿着人类及社会的发展。在新时代建设中国特色社会主义的决胜阶段，以提高全民素质尤其是提高我国社会主义接班人——当代大学生的综合素质为目标的素质教育是我国现阶段教育的根本目标。习近平在全国高校思想政治工作会议上指出让学生成为德才兼备、全面发展的人才。人的全面发展包括每个人都能得到平等发展、完整发展、和谐发展和自由发展这四个方面。全面是指人作为一个集合体，其中蕴涵的知识、活动、能力、社会交往等各个方面都能得到充分的发展。大学生的全面发展必须以大学生综合素质的提高为前提基础。个人综合素质的提高主要指，个体在社会化和个性化过程中不断地发展和提高自身的素质和综合能力。法治观念培养在促进大学生全面素质发展方面具有不可替代的重要意义，这具体体现在

两个方面。

第一，法律素质是人的全面素质的构成部分。人的全面素质可以划分为三个维度，即生理素质、心理素质、社会素质。生理素质可以简单理解为日常生活中经常提到的"身体健康素质"，是由个体先天遗传，以及后天发展共同形成的，囊括了个人的知觉器官和运动器官以及神经系统等多个方面。在生理素质的基础上会产生并发展出心理素质，以生理素质为载体，在教育和社会环境等多重因素的影响下，通过主体接受与内化形成特征各异的心理素质。心理素质还可以具体划分为智力素质和非智力素质，智力素质包括思维力、想象力、观察力等能力，非智力素质包括性格、爱好、意志等方面。社会素质是在个体具备一定的生理素质和心理素质的基础上，在个体社会化的发展过程中逐渐产生的，其中又具体包括科学素质、政治素质、道德素质等。值得注意的是，法律素质就蕴含于个体社会素质的内部结构中。目前，学界对于法律本质的理解（除无本质论外）都是从阶级或是社会的角度出发的。阶级本质论的理论依据可以追溯到马克思、恩格斯在《共产党宣言》中所指出的："你们的观念本身是资产阶级的生产关系和所有制关系的产物，正像你们的法不过是被奉为法律的你们这个阶级的意志一样，而这种意志的内容是由你们这个阶级的物质生活条件决定的"[①]。社会本质论的主要观点认为：回顾法的历史发展过程，法律的职能发生了巨大的转变，从最开始的社会公共职能为主转变到阶级统治职能为主，再转变到阶级统治职能为主，再转变到社会公共职能为主。[②]从法律的本质中可以看到，法律是阶级社会下的产物，因此，法律素质也必然应隶属于个人社会素质。

第二，法律素质在个人素质结构中发挥着重要作用。一方面，法律素质的形成是对个人其他社会素质形成发展的有效促进。法律素质的形成对个人的多种意识与能力都提出了较高的要求，例如，对法律条例的理解与运用将会促进个体判断推理能力的增强，运用法律条例来约束自己的行为将会磨炼个人的意志，这些优秀的能力与品质都将为其他素质的形成奠定

---

① 中共中央马克思恩格斯列宁斯大林著作编译局编译. 马克思恩格斯选集（第1卷）[M]. 北京：人民出版社，2012：200-201.
② 杨显滨. 论当代中国法律本质的应然归属[J]. 法学论坛，2014（01）：63-70.

良好的基础。另一方面，"木桶理论"认为，一个木桶的盛水能力取决于最短板子的长度。法律素质是组成个人素质木桶的一块木板，这块木板不能成为制约整体发展的障碍，为此拥有高水平法律素质的个人将会更自主自由地完成全面发展。

2. 有利于培育社会主义核心价值观

"法治"作为社会主义核心价值观的重要构成，是对大学生进行社会主义核心价值观培育的重要纬度。而大学生法律法规教育恰好能够满足社会主义核心价值观培育在"法治"观念教育的需要。大学生是祖国的未来、更是中华民族的希望。加强大学生法治教育，能够使广大大学生在价值观形成的初期就树立法治观念，进而养成自觉守法、遇事找法、解决问题靠法的思维习惯和行为方式。这是我们党实现全面依法治国、加快建设社会主义法治国家的基础工程；是在大学生群体中不断深入开展社会主义核心价值观教育的重要途径；是全面贯彻党的教育方针，促进大学生健康成长、全面发展，培养社会主义合格公民的客观要求。为此，对大学生群体进行法治观念培养将有利于促使其接受并自觉践行社会主义核心价值观，这将会促进大学生自身形成高尚的道德情操、为其树立远大的理想追求。

社会主义核心价值观是新时代我们国家在社会主义法治建设中的重中之重，甚至是灵魂部分。大学生更是践行社会主义核心价值观的主力军。邓小平同志认为，学校是为社会主义建设培养人才的地方。而培养人才的标准就是是否将受教育者培养成为具有社会主义觉悟的有文化的劳动者。[1]用现在的语言来解释社会主义觉悟就可以理解为社会主义核心价值观。所以，目前培养人才的标准就是是否将受教育者培养成为具有社会主义核心价值观的有文化的劳动者。把社会主义核心价值观融入法治建设，是坚持依法治国和以德治国相结合的必然要求，是加强社会主义核心价值观建设的重要途径。"社会主义和谐社会应该是民主法治、公平正义、诚信友爱、充满活力、安定有序、人与自然和谐相处的社会。"[2]中办国办印发的《关于进一步把社会主义核心价值观融入法治建设的指导意见》中指出了社会

---

[1] 邓小平文选（第2卷）[M]. 北京：人民出版社，1994：103.
[2] 胡锦涛. 省部级主要领导干部提高构建社会主义和谐社会能力的会议上的讲话[N]. 光明日报，2005-02-19.

主义核心价值观的重要性和重要作用，我们将积极培育和践行社会主义核心价值观、弘扬社会主义核心价值观，使之在推进依法治国和推进宪法实施等方面更好地彰显道德建设的保驾护航作用。一方面，在培育过程中强化道德对法治的支撑作用，在践行中以道德来滋养法治精神，夯实法律实施的社会基础。德法兼治的作用充分发挥。另一方面，在实践中积极推动社会主义核心价值观入法入规，将社会主义核心价值观融入法治国家、法治政府、法治社会建设全部过程，贯穿科学立法、严格执法、公正司法、全民守法各个环节和方面，努力使道德体系同社会主义法律规范相衔接、相协调、相促进。[1]党的十八大以来，在以习近平同志为核心的党中央坚强领导下，各地区各部门积极运用法治思维和法治方式，推动以富强、民主、文明、和谐，自由、平等、公正、法治，爱国、敬业、诚信、友善为主要内容的社会主义核心价值观建设，各方面工作呈现向上向好的发展态势。要从巩固全体人民团结奋斗的共同思想道德基础的战略高度，充分认识把社会主义核心价值观融入法治建设的重要性紧迫性，切实发挥法治的规范和保障作用，推动社会主义核心价值观内化于心、外化于行。[2]

总而言之，通过法律教育对大学生进行社会主义核心价值观培育，大学生也在提升自我法律素质的过程中更加理解社会主义核心价值观的深层次内涵，有利于促进大学生不断成长为社会主义事业的合格建设者和可靠接班人。

（二）维护高校安全稳定的现实需要

1. 有利于养成遵纪守法的行为方式

《普通高等学校学生管理规定》中提出学生应当遵守宪法、法律、法规，遵守公民道德规范，遵守学校管理制度，具有良好的道德品质和行为习惯。曾任教育部长周济在讲话中曾指出，素质教育中内容和纬度不仅要包括法治教育，还应该抓住重点。应对大学生加强遵守校规校纪、遵守法律法规的教育。在教育中培养学生养成自觉遵守法律法规、遵守社会公德和社会秩序的主动意识和良好习惯。人的行为是受意识支配的，习惯是相对稳定

---

[1] 蒋建国. 加大全民普法力度 建设社会主义法治文化[N]. 光明日报, 2017-12-05.
[2] 中共中央办公厅, 国务院办公厅. 关于进一步把社会主义核心价值观融入法治建设的指导意见[N]. 人民日报, 2016-12-26.

的意识,按照这种意识行动就是一种自觉,自觉地做某件事情是不会觉得不畅快的。守纪律、讲规矩也是如此。古人讲,"凡人之性成于习"。遵规守纪的良好习惯,需要在点滴中养成。大学生应该自觉做到懂规矩知行止,切实熟知校规校纪,搞清楚哪些事能做,哪些事不能做,不能懵懵懂懂犯错误;明荣耻知敬畏,敬畏法律法规,敬畏校规校纪,敬畏文明公约,敬畏道德准则。一个人良好习惯的形成,也离不开外部的约束力。一个人良好的遵纪守法的作风养成,需要不断加强教育,思想引领,主动学习。增强大学生遵纪守法的积极性和主动性,形成守法光荣、违法可耻的校园氛围,引导大学生自觉遵循法律,承担社会责任和家庭责任,理性表达诉求和依法办事,使大学生成为社会主义法治的忠实拥护者、崇尚者、遵守者和捍卫者。

2. 有利于营造遵法守法的校园环境

营造校园遵法守法的良好氛围具有重要的现实意义。通过环境影响,促使大学生对法律话题更加敏感、更加感兴趣。一方面通过环境营造,帮助大学生形成主动探索法律世界的浓厚学习热情;另一方面也可以引导高校师生尊重法律效力,知法懂法进而形成崇高的法律信仰,这将会对维护高校安全稳定起到非常积极的意义。综合来看,大学生法律法规教育与遵法守法的校园氛围是相互促进、相辅相成的。一方面,大学生法律法规教育的过程中会通过课堂、活动等方式来进行宣传,会主动营造一种遵法守法的校园氛围;另一方面,这种良好的校园氛围又会客观作用于高校中的学生群体以及教师群体,进而形成一种良性循环。例如,大学生法治观念培养的一项重要的实践活动,利用大学英语四六级考试的契机,为学生宣传《民法典》的相关内容,并提高学生的法律意识与诚信意识。这一活动开展期间,校园内随处可见的条幅、学生亲笔签字的承诺书都是校园文化的一种积极营造,在这种氛围的影响下学生不断接触法律、学习法律,能够逐渐提高其法律素质水平。总而言之,大学生法治观念培养之于营造遵法守法良好的校园氛围起到了十分积极作用。

3. 有利于推进依法治校的发展进程

党的十八大以来,党和国家高度重视各高等学校"依法治校"的发展进程。推进依法治校的过程,就是探索办学趋势和梳理办学规律的过程,

第三章 全面依法治国视域下大学生法治观念培养的重要意义

就是规范学校的教育教学、科学研究和社会服务活动的过程,就是保障师生员工的合法权益的过程,就是实现学校办学、管理与运行的制度化、规范化、程序化和科学化的过程,就是建立大学自治、学术自由、民主管理、政府监督、社会参与、依法办学的现代大学制度的过程。高校要将依法治校作为管理学校、管理学生的突破口,争取在学生的不良行为处于萌芽状态时将其消除,避免各种不必要的损失。《高等学校章程制定暂行办法》规定:"章程是高等学校依法自主办学、实施管理和履行公共职能的基本准则。高等学校应当以章程为依据,制定内部管理制度及规范性文件、实施办学和管理活动、开展社会合作。"[1] 依法办校、依法治校是新时代高校办校理念的一个重大转变,依法管理高校和高校依法自主办学被提上前所未有的高度。这是新的时代高校贯彻和践行科学发展观的重要内容,也是学校学生工作实现科学化管理、制度化建设、法制化培养的必然要求。加强大学生法律法规教育,在办学过程中自觉依照相关法律去培养合格的大学生,承担培养具备法律素质的时代新人,应成为高等教育的重要历史使命和价值所向。可以这么说,依法办学、依法治校,是我们实现社会主义现代化大学建设的必由之路,是我们建设高等教育强国伟大目标的必由之路。此外,要进一步加强对我国高校治安工作的组织与领导。严格遵守《高等学校内部保卫工作规定(试行)》,将该规定作为治安和保卫工作的行动指南,进一步落实高校的治安工作,并在《规定》的基础上,编制具体的实施细则。

大力加强大学生法治观念培养将有利于推进学校依法治校的发展进程,能产生这种积极作用的原因有两个方面。首先,加强大学生法治观念培养有利于促进学生主动了解学校校规校纪。通过对大学生进行法律教育,可以很大程度上提高其法律敏感性,进而增强法律意识。带动学生主动学习《普通高等学校学生管理规定》、各学校内部管理规定等多种规范性文件。从一定意义上讲,学生了解学校的校规校纪是依法治校的前提,如果学生不了解相关规定,遵守校规校纪就更加无从谈起。其次,加强大学生法治观念培养有利于约束学生的校园行为规范。通过加强大学生法律教育,可

---

[1] 高等学校章程制定暂行办法(教育部令第 31 号)[EB/OL].http://www.gov.cn/flfg/2012-01/09/content_2040230.htm.

以提升大学生群体的法律能力,而法律能力中运用法律条例约束自身行为的能力将会帮助其提升自我约束力,进而自觉规范自身的校园行为。

(三)实现全面依法治国的客观必然

1. 有利于培养知法守法的合格公民

培养社会主义合格公民,是建设社会主义法治国家的基石。"法者,治之端也。"依法治国是党领导人民治理国家的基本方式。从每个人抓起,从每个细节抓起。加大全社会的普法力度,建设社会主义法治文化,使公民牢固树立法律至上、法律面前人人平等的法治观念。将法治观念落到实处,需要我们在坚持和巩固以往做法的基础上,不断思考,进一步创新方法思路、进一步加大改革推进的力度。在大学生宪法教育中,高度重视,打好基础,每个阶段和层面都要做到有人管、有人抓。各个环节都要坚决做到守土有责、守土负责、守土尽责。每个阶段的教育都要坚持把以宪法教育为核心的法治教育融入我们国民教育的整个过程,培养自觉尊法学法守法用法的社会主义建设者和接班人。[①] 培养具有高素质、文化底蕴、法律涵养的优秀大学生是社会主义法治建设的迫切需要。我国是法治和民主的国家,但法治和民主则需要更进一步的发展,大学生是未来社会主义现代化的建设者,他们必须具备扎实的法律知识以及较强的法律素养才能担此重任。

法律教育关注人民群众法律意识的提高。在法治观念培养过程中,要坚持以树立正确的依法守法意识为核心,并强调违法乱纪的后果,法律的判处强度必不可少,因为国家的强制手段是国民依法守法的必要保障。实际上,法律隐含着限制和约束的含义,但这两点并不是法律的全部本质。法律教育除了宣传,讲授法律的限制性和约束性外,更加注重培养公民的法治观念,在法律教育过程中,应将立法意图和法律法规的原理与我国公民的生活紧密联系起来,使人民群众真切地体会到法律法规与其生活是密不可分的,是为保障其合法权益和合法权利而制定的,从而形成自我约束力。与法律教育相比,法学教育是针对专业人才的法律素质培养。法学教育的培养对象是未来能够独立从事法律相关工作的人群,因此,法学教育能够在封闭的理论体系中得以实现,现实环境的不适切不能够成为影响目标实现的必然原因。但法律教育则不然,由于法律教育所面对的群体是人民群众,

---

① 朱之文. 把法治教育融入国民教育全过程[N]. 光明日报,2017-12-05.

如果剥离现实环境，尤其是在当下法治的大背景下，人民群众很难发自内心地产生共鸣，只能是将法治与公民生活紧密结合才能使公民做到知法、懂法、守法。

大学生是国家发展的栋梁，是国家未来发展的希望，他们是未来中国特色社会主义的合格建设者和可靠接班人，他们是未来代表中国与世界竞争的高端人才，如果缺乏法律知识，缺少法律信仰，没有形成较强的法治观念，就无法融入社会的发展，无法满足社会发展需求，从而被社会淘汰。因此，必须将法律教育作为我国高校大学生思想教育的主要课程，这对于培养大学生的法律知识、法律信仰、法治观念方面是不可或缺的。掌握必备的法律知识，树立必要的法律观念，拥有必要的用法护法能力，是法律素质的基本要素。人的最终属性是社会性，是在所有环境共同作用下的产物，年轻一代每个人的人格和品行等都与其所生长的家庭、接受的社会教育息息相关。从一个人接受教育的过程来看，家庭是接触最早，时间长、影响最深的教育。其次就是学校和社会环境对学生形成稳定性格、提高判断是非能力、思想观念极易受到外界事物影响的重要阶段产生积极的影响。近年，由于各种原因导致的犯罪案件数量不断上升，不仅是大学生的心理健康方面出了问题，更多的是法治相关教育上的失职和缺位。当前的世界形势不断变化，我国社会也在不断发展发生翻天覆地的变化，大学生的思想和行为也随之出现了很多新问题和新矛盾。大学生是高层次的人才，他们是否具备法治观念直接关系到我国的法治建设成功与否。作为大学生，必须有高度的责任感和使命感，在接受教育中学会知法、懂法、守法，主动培养自己的法治观念，是我们维护自身权益，提高参与当代社会生活能力的前提与基础。

当代大学生的法律素养还不是很高，甚至在某些方面还有所缺失。主要表现为法律相关知识欠缺、法律意识薄弱，法律思维方式尚没有形成。具有必要的法律素质、法治观念，是当代大学生立足社会的核心条件。如何培养自身的法治观念，提升自己的法律素养，是我们应该思考的。大学生的法律意识培养不到位，就会引起偏差行为大、违纪、违法、犯罪行为也会明显增多。这些情况促使我们不断反思问题，提高认识，进一步改革和提升法治教育存在的教育观念滞后、内容僵化、方法单一、不能适应形势发展等系列问题。勇于面对问题，才能解决问题。针对这些问题，各大高校不仅要及时进行心理疏导，更应该发现问题的本质，即大学生的法治意识薄弱，学校应进一步加大法治教育的力度，对高校大学生进行法治教育，树立正确的人生观、价值观，引导并帮助大学生寻找正确的人生方向。

2. 有利于为人民权益提供法律保护

人民的权益就是公民受法律保护的权利和利益，我们称之为公民的权益，或者称之为公民的合法权益。大学生是公民的一部分，也享有公民权益中相应的合法权利。按照公民权益的规定和边界范围，除了公民权益外，大学生还对比其他公民有着自己特有的权益。大学生权益就是指他们在接受高等教育过程中，即作为大学生的特有身份的条件下享有的合法权利以及因此而带来的合法利益。大学生具有双重身份，他们既是国家的公民又是高校中的受教育者，这就为大学生框定了他的基本权益是由两部分构成。其中包括：一是第一重身份，大学生作为我国公民享有《中华人民共和国宪法》规定的公民的八类基本权利，包括平等权、政治权利和自由、宗教信仰自由、人身权、社会经济权、文化教育权等相关权益；二是第二重身份也就是基于高校大学生的独特身份为其带来的大学生的受教育权。加强大学生的法律素质，增强大学生法治观念和维权意识，普及法律基础知识，加强对教育法规、高校法律纠纷案例的学习，能有效地维护大学生的合法权益。大学生法律法规教育将遵循由近及远、由浅入深的教育方式，是从宪法入手，然后是民法过渡到经济法、刑法，最后涉及其他法律的教学过程。

维护宪法就是保证大学生的自身利益。宪法是一个国家的根本大法，是特定社会政治经济和思想文化条件综合作用的产物，集中反映各种政治力量的实际对比关系，确认革命胜利成果和现实的民主政治，规定国家的根本任务和根本制度，即社会制度、国家制度的原则和国家政权的组织以及公民的基本权利义务等内容。作为一名大学生，首先应该懂得的宪法，要明白国家的根本制度和根本任务、公民的基本权利和义务。2018年3月17日上午，十三届全国人大一次会议举行宪法宣誓仪式，宪法宣誓制度实行以来，首次在全国人民代表大会上举行宪法宣誓仪式。当选中华人民共和国主席、中华人民共和国中央军事委员会主席的习近平总书记，抚按宪法、紧握右拳，庄严宣誓。这是中华人民共和国历史上国家主席首次进行的宪法宣誓，充分体现了习近平同志作为党的核心、人民的领袖、军队的统帅尊崇宪法、维护宪法、恪守宪法的高度政治自觉，深刻体现了党中央坚持依宪治国、依宪执政、维护宪法权威的坚定意志和坚强决心。[①] 习近平同志就职时依法进行宪法宣誓，对全党全国各族人民是最好的激励和教育，必将极大地增强广大国家工作人员履行职务的使命感和责任感，极大地鼓舞社会公众进一步弘扬宪法精神、培育宪法信仰。维护宪法权威，就是维护党和人民共同意志的权威；捍卫宪法尊严，就是捍卫党和人民共同意志的尊严；保证宪法实施，就是保证人民根本利益的实现。宪法是国家的根本法，是治国安邦的总章程，具有最高的法律地位、法律权威、法律效力。大学生应充分以宪法为根本活动准则，树立宪法意识，恪守宪法原则，弘扬宪法精神，履行宪法使命，这也是对新时代大学生的基本要求。

学习刑法能为提供大学生安全保障。刑法是我们国家规定犯罪、刑事责任和刑罚的法律。从本质上讲，是掌握政权的统治阶级为了维护本阶级政治上的统治和经济上的利益，根据自己的意志规定的法律。这不仅是约束，是明确规定何种行为犯罪并应当负何种刑事责任并给予犯罪人何种刑事处罚的法律规范的总称。作为一名大学生，懂得刑法是十分必要的，一旦触犯了刑法，必然遭到严惩。学习刑法之所以如此重要，是因为刑法关系的是最为严重的犯罪问题。大学时期作为我们人生观、世界观、价值观形成的重要时期。外界的一丝一毫都可能严重影响到我们的选择。所以在这一时期，我们必须保持高度警惕，稍加不慎就可能走上犯罪的深渊。学习刑法能够帮助大学生树立正确的人生观、世界观、价值观。大学生在了解和学习刑法的有关知识之后，自身的法律素质和辨别是非的能力都得到了质的提升。学习《中华人民共和国治安管理处罚条例》是为了加强治安管理，维护社会秩序和公共安全，保护公民的合法权益，保障社会主义建设的顺利进行所制定。而违反治安管理条例的将受到处罚，大学生也应该懂得此条例的规定。

掌握民法能够为大学生步入社会提供相应的法律保护。大学生步入社会，会涉及很多法律法规，其中最为基础的就是民法。民法是指为了保障

---

① 尊崇宪法的庄严宣示[N].人民日报，2018-03-18.

我国公民以及法人的合法的民事方面的权利和权益，正确处理民事问题，调整民事关系，解决民事纠纷，适应我国社会主义现代化发展建设的需要，根据我国宪法和当前的实际发展情况，总结过往各种民事活动发生的实践经验，在此基础上制定的法律。大学生这样一个特殊的群体，面临着从学校到社会的角色转型，难免或多或少会遇到人事上的一些纠纷和关系处理不明的问题，这时候适当的民法教育将会为大学生面对此类事件带来合适的处理办法，也为大学生自身避免了因无知而导致触犯民法典的事件发生。

熟知经济法能够为大学生职业生涯提供合理帮助。大学生在结束学业之后，面临着步入社会、融入社会，了解和掌握法律知识，对自己的职业生涯有着积极的作用。大学生与经济法之间的密切联系体现在消费者权益保护法和劳动合同保护法中。消费者权益保护法是保护消费者在消费过程当中应当享有的合法权益，也旨在调整公民消费过程中所产生的社会关系。其主要内容包括违约所负的责任，产品包含的责任的确认以及格式和条款的规定等。涉及的还有劳动合同法，在我国的劳动合同法中，就介绍了"无固定期限劳动合同"的情况。作为新时代的大学生，作为未来的社会主义市场经济的建设者和参与者，作为新时代背景下参与国际竞争的高层次、高素质人才，如果没有相应的经济法知识，没有较强的法治观念和较高的法律素质，就不能适应市场经济和社会发展的需要，不能适应经济全球化背景下的社会需要。

3. 有利于加速法治国家的建设进程

"立善法于天下，则天下治；立善法于一国，则一国治。"推进国家治理体系和治理能力现代化，必须高度重视法治问题，采取强而有力的措施，全面推进依法治国，建设社会主义法治国家，建设法治中国。[1]党的十八大以来，以习近平同志为核心的党中央在治国理政中高度重视法治，更加注重发挥法治的重要作用，把全面依法治国纳入"四个全面"战略布局，强调法治是国家治理体系和治理能力的重要依托。在"法治"的规范和引领下，我国社会在不断深化改革中能做到既生机勃勃又井然有序，中国特色社会主义制度优势不断凸显，"四个自信"中的制度自信不断提高，不断

---

[1] 习近平. 在省部级主要领导干部学习贯彻十八届三中全会精神全面深化改革专题研讨班上的讲话[N]. 人民日报. 2014-02-17.

第三章 全面依法治国视域下大学生法治观念培养的重要意义

转化为我们治理国家的实际效能。中国共产党十八届四中全会上,通过了《中共中央关于全面推进依法治国若干重大问题的决定》,会议上决定将全面推进依法治国、加快建设法治中国,推进国家治理体系和治理能力现代化作为一个今后重中之重的工作来做。一是在法治轨道上积极稳妥地深化各种体制改革,为全面建成小康社会、实现中华民族伟大复兴中国梦提供制度化、法治化的引领、规范、促进和保障,具有十分重要的战略意义,二是对我国社会加强中国特色社会主义法治体系建设,全面推进依法治国,加快建设社会主义法治国家,具有十分重要的现实意义。[①]"一民之轨,莫如法"。中国进入新时代,在新时代的背景下弘扬社会主义法治精神,树立社会主义法治理念,增强全社会学法、尊法、守法、用法的意识,必须从大学生的关键时期打下牢固基础。新时代的社会主义市场经济,就是法治经济、规则经济、诚信经济,这些理念最好从大学生开始树立。[②]大学生是新时代中国特色社会主义法治国家建设的重要力量,是社会主义事业的合格建设者和可靠接班人,必须牢牢加强社会主义法律修养。具体内容包括学习法律知识,掌握法律方法,参与法律实践,培养法律思维方式等,其中还需要树立法律信仰,宣传法律知识,敢于同违法犯罪行为作斗争,自觉维护社会主义法律权威等。新时代大学生不仅要努力提高自身法律素质,健康的成长为有理想、有道德、有文化、有纪律的社会主义"四有"新人,更要做表率、做榜样。

推进全面依法治国既要着眼长远、打好基础、建好制度,又要立足当前、突出重点、扎实工作。加强大学生法律法规教育,有利于为国家法制制度建设培养一股重要后备力量、一支法治的生力军。使大学生能够在未来建设法治国家、法治政府、法治社会,实现科学立法、严格执法、公正司法、全民守法,这些都离不开高素质的法治工作队伍。法治人才的培养是高校的时代任务,如果教学培养不到位,法治领域就会无人可用,全面依法治国没有后备力量就无从谈起。未来,主要由大学生担任的法治工作队伍将是中国特色社会主义法治体系与社会主义法治国家的重要建设者。这支队

---

① 中共中央关于全面推进依法治国若干重大问题的决定 [EB/OL].(2014-10-28). http://www.gov.cn/zhengce/2014-10/28/content_2771946.htm.

② 张力. 把法治教育融入国民教育体系 [N]. 中国教育报,2015-01-19.

伍的理想信念、职业伦理、专业知识与业务能力决定了我们国家、我们社会的命运。决定我们立法、执法、司法、法律服务、法学教育与研究等各项工作的质量与水平。全面推进依法治国，加强法治工作队伍建设，对于法治人才培养也提出了全新要求。十八届四中全会上《关于全面推进依法治国的决定》提出了建设法治专门队伍的要求。《决定》提出要建设法治专门队伍，首先要培养的就是高等法治人才。大学生在社会主义经济文化发展、民主与法制的进程中的重要作用不断显现出来，将是未来发展法治科学发展的中流砥柱，所以，进一步推进我国大学生的法治教育，整个社会方方面面都要高度重视，付诸行动，尽己所能，全力推进大学生的法治教育，功在当代，利在千秋。

当代大学生也要高度自觉，不断深刻认识自己的历史使命，要在建设中国特色社会主义法治体系、建设社会主义法治国家、建设社会主义法治文化中有所担当，发挥中国特色的法治智库作用。这要求大学生一要做法治思想的引领者，二要做法学理论的创新者，三要做法律制度的构建者，四要做法学教育的先行者，五要做法治生活方式的布道者。大学生应该在高校的学习中不断树立良好的法治理念，将对今后的人生发展乃至法治中国社会的健康发展极为重要；大学生应在高校养成对法律的信仰，对自己走向社会至关重要，大学生是社会的未来，是中国的未来。大学的法律素质的高低对于国家的长治久安、实现依法治国、建设社会主义法治国家具有特别重要的现实意义。还有，建设社会主义法治国家需要提高全民的法律素养，其中尤为关键的是大学生法律意识的培养。2017年5月3日，习近平在考察中国政法大学的讲话中指出，一个人的青年时期是培养和训练科学思维方法和思维能力的关键时期，无论在学校还是在社会，都要把学习同思考、观察同思考、实践同思考紧密结合起来，保持对新事物的敏锐，学会用正确的立场观点方法分析问题，善于把握历史和时代的发展方向，善于把握社会生活的主流和支流、现象和本质。高校和社会要充分发挥大学生的创造精神，勇于开拓实践，勇于探索真理，来不断养成大学生的历史思维、辩证思维、系统思维、创新思维。一个做法培养成一个行为，一个行为培养成为一个习惯，这对大学生来说将会终身受益。当代大学生要坚持以马克思主义理论中的法学思想和中国特色社会主义法治理论为指导,在高校的培养下立德树人,德法兼修,成为新时代的高素质法治人才。"自由、平等、公正、法治"是我们的社会主义核心价值观的社会层面的具体要求,作为社会的一分子,作为未来社会的主人,大学生要积极践行社会主义核心价值观,不断树立社会主义法治理念,学习、掌握和坚持形成中国特色社会主义法治体系,成为具备科学立法、严格执法、公正司法和提供高效高质量法律服务能力、勇于投身社会主义法治实践的高素质法治人才和后备力量。[1]法律素质的提高有赖于法治教育,特别是大学生这一特殊群体,法律素质的提高更为迫切。

加强大学生法治观念培养,有利于提升全体公民的法律素养。新时代,只有把全面依法治国摆在关键位置、突出位置,使党和国家工作依靠法治,建立法治化体系,纳入法制化进程,才能实现经济发展、政治清明、文化昌盛、社会公正、生态良好,才能为中华民族伟大复兴提供坚强的制度保障。习近平同志深刻指出,治理一个国家、一个社会,关键是要立规矩、讲规矩、守规矩。全面依法治国是新时代国家治理的一场深刻革命,必须坚持厉行法治,推进科学立法、保证严格执法、确保公正司法、达到全民守法。[2]全面依法治国是我们党和国家坚持和发展中国特色社会主义的本质要求,是建设新时代中国特色社会主义国家和社会的重要保障,事关我们党执政兴国和长治久安,事关人民幸福平安和美丽梦想,事关党和国家事业科学发展和进步。随着中国特色社会主义事业不断推进、不断发展,法治建设不仅是重要内容,还将承载更多时代使命。我们要认识到法治重要的作用,科学认知才能合理运用。党的十八届四中全会提出的全面依法治国是中国特色社会主义的本质要求和重要保障,是以习近平同志为总书记的党中央从坚持和发展中国特色社会主义全局出发,针对新时代的治国理政任务提出的重大战略部署。它既是解决我们党和国家事业发展面临的重大时代课题,也是确保党和国家长治久安的根本保障。围绕建设中国特色社会主义法治体系、建设社会主义法治国家的总目标,党的十八届四中全会通过了《中共中央关于全面推进依法治国若干重大问题的决定》,"必须弘扬社

---

[1] 张大良. 创新法治人才培养机制 提高法治人才培养质量[N]. 中国教育报, 2014-11-10.
[2] 中国共产党第十八届中央委员会第四次全体会议公报[N]. 人民日报, 2014-10-23.

会主义法治精神，建设社会主义法治文化，增强全社会厉行法治的积极性和主动性，形成守法光荣、违法可耻的社会氛围，使全体人民都成为社会主义法治的忠实崇尚者、自觉遵守者、坚定捍卫者"。党的十七大报告要求，"深入开展法治宣传教育，弘扬法治精神，形成自觉学法守法用法的社会氛围"。党的十八大报告提出，"深入开展法制宣传教育，弘扬社会主义法治精神，树立社会主义法治理念，增强全社会学法尊法守法用法意识"。党的十九大报告对依法治国实践提出明确要求，强调要加强宪法实施和监督，要加大全民普法力度，建设社会主义法治文化，树立宪法法律至上、法律面前人人平等的法治理念。党和国家的建设发展需要高层次、高素质人才，而法律素质是新时代公民素质中极为重要、也是必不可少的一种素质。中国特色社会主义进入了新的时代，我们的法治社会要求每个社会成员都应该尊重法律、热爱法律、学习法律、懂得法律、掌握法律、严守法律、维护法律和拥护法律，一切活动不仅要遵守法制的条款和框架，还要将事物的发展纳入法制的轨道中来。

新时代要求大学生具备相应的法律素质，在思想上和行为上都能够依法办事。加强大学生法律意识的培养，是提高全民法律意识的突破口和重点。在思想最活跃的时期通过学习树立正确的世界观、人生观和价值观。利用好这个阶段，通过教育使大学生形成正确的法治观念，能够使他们内化于心，外化于行。大学生是未来国家建设的中坚力量，从高校中步入社会，他们分布在祖国建设的各行各业中，担当中流砥柱。培养好大学生的法律意识，使他们走向社会能够自觉地尊法守法，在各行各业尊重法律规则的调整，对全面建设法治社会具有积极重要意义。大学生作为新一代青年知识分子，是未来社会的中坚力量，更是中国特色社会主义事业的建设者和接班人，他们是否具备法律意识可以影响到其他公民，给整个法治社会带来良好的风气。十一届三中全会以来，历史经验告诉了我们法治的重要性。我们党深刻总结我国社会主义法治建设的成功经验和深刻教训，做出依法治国的抉择，走出一条中国特色社会主义法治道路。实践充分证明，法治兴则国家兴，法治衰则国家衰。一个法治国家法律理想实现的重要衡量标准就是国家中公民整体的法律意识高低与否。大学生是国家和民族的未来，作为后备力量的他们会逐渐成长起来，担当社会主义事业和中华民族伟大复兴中国梦的建设重任。习近平同志还曾在讲话中多次提到，家风的重要性，家风的养成。大学生步入社会后，逐步成家立业，也会形成自己的家风。由此可见，他们的法律意识的提高不仅能为社会提供示范作用，还能影响整个国家、整个社会。更为重要的是，他们关系到下一代公民的法律意识养成，影响深远。

第四章 改革开放以来我国大学生法治观念培养的历史进程

考察我国高校大学生法治观念培养的发展历史,是我们研讨高校大学生法治观念培养更好发展的重要基础。由于我国的法治建设起步较晚、发展历程较为曲折,我国探索高校大学生法治观念培养的历程也并非一帆风顺,系统化的高校大学生法治观念培养始于改革开放之后。党的十一届三中全会以后,中国开始重视法治建设,法律在生活中逐步扮演起重要角色,高校大学生法治观念培养也随之取得了一定的发展。改革开放以来,中国高校大学生法治观念培养的发展历程可以划分为三个阶段:恢复发展时期、探索发展时期和创新发展时期。我国高校大学生法治观念培养在不同的发展阶段呈现不同的特点,充分体现了我国高校大学生法治观念培养对于国家实施依法治国战略、培育和践行社会主义核心价值观、加强大学生思想政治教育和促进大学生全面发展的重要作用。

一、改革开放以来我国大学生法治观念培养的历史回顾

(一)恢复发展时期(1978—1986年)

十年"文革"给党和国家的各项事业带来了严重的伤害,"文革"结束后人们开始反思国家和民族的发展问题。1978年党的十一届三中全会成功召开,总结了新中国成立以来的经验和教训,作出了把工作重点转移到社会主义现代化建设上来的重大决策,邓小平在著名的《解放思想,实事求是,团结一致向前看》中首次提出了"为了保障人民民主,必须加强法制建设。必须使民主制度化、法律化,使这种制度和法律不因领导人的改

第四章 改革开放以来我国大学生法治观念培养的历史进程

变而改变，不因领导人的看法和注意力的改变而改变"①，大会还提出了"有法可依、有法必依、执法必严、违法必究"的方针。十一届三中全会的召开标志着中国进入了改革开放和社会主义现代化建设的新时期，也开启了我国社会主义法治建设的新时代，十一届三中全会关于法治建设的决策和方针为今后中国法治建设的方向和原则奠定了基础，也为之后依法治国方略的形成提供了思想来源。

十一届三中全会召开后，国家高度重视发挥法律在国家和社会治理中的重要作用，开展宪法和各项法律法规的修订与完善工作，加强经济、政治、文化、社会生活各领域的立法工作，为法治建设提供较为完善的法律体系。在逐步完善立法的过程中，国家开始重视法治教育工作，认识到了提高人们的法律意识对于法律遵守和执行的重要作用，邓小平结合当时的法治建设情况和国情，提出了"在党政机关、军队、企业、学校和全体人民中，都必须加强纪律教育和法制教育"②的要求，当时的各级党政机关、各级各类学校、企事业单位等纷纷开展法治教育活动，号召人们学习宪法和法律知识。1979年9月9日，《中共中央关于坚决保证刑法、刑事诉讼法切实实施的指示》中提倡"要运用各种宣传工具，采用生动活泼的方式，广泛、深入地对广大党员、干部和群众宣传法律，加强法制教育"③，确保各个学校，无论是大中小学还是各个级别的党校，都要将法律课程纳入讲授范围。据此，一些高校开始尝试将法治教育内容融入思想政治理论课教学和政治学习活动中。可见，这一时期除了恢复和继续发展高校的专业法治教育外，旨在让更多人学习法律知识、树立法治观念、形成法治精神的大众化法治教育问题开始进入党和国家领导的视野，并在教育界受到重视。

1. 教育内容

（1）1978—1984年：依附于高校思想品德课程，以法律常识为主要内容

大学生法治观念培养伴随着高校思想政治教育发展而发展。20世纪80年代初，高校相继开设了马克思主义理论课程和思想品德课程，二者并举

---

① 邓小平文选（第二卷）[M]. 北京：人民出版社，1994：146.
② 邓小平文选（第二卷）[M]. 北京：人民出版社，1994：360.
③ 中共中央关于坚决保证刑法、刑事诉讼法切实实施的指示 [EB/OL]. (1979-09-09). www.reformdata.org/1979/0909/7597.shtml.

· 71 ·

共同构成了高校思想政治理论课程结构框架。最初的大学生法治观念培养内容则起始于思想品德课程中，1982年和1984年，教育部印发了《关于在高等学校逐步开设共产主义思想品德课的通知》和《关于高等学校开设共产主义思想品德课的若干规定》，明确鼓励高校进行道德教育，向学生教授法律、纪律与自由的相关内容。根据要求，有些高校把自由、秩序、道德、法律法规等教学内容纳入了思想品德教育范畴，并在思想品德教学中渗透法律知识。在《共产主义思想品德教育》一书中，共产主义思想品德基础教育内容部分包含了民主与法制的相关知识，其中法治观念培养内容涉及"做守纪律的模范"和"当奉公守法的公民"两章。[①] 这两章的内容从教育目的和教学目标出发介绍了有关纪律、法制、权利、义务、自由、违纪等概念性、法律常识性的知识，对学生日常生活行为进行了规范和引导，但极少涉及法治观念的引导。另外，《大学生共产主义思想品德概论》一书中的"加强法制教育，增强法制观念"一章对法的本质、起源、发展历程等基础知识做了简要概括，[②] 本书内容总体上以法律基础知识为主。这两本教材作为当时大学生法治教育内容的缩影，总体上反映了这样一种情况——同一时期的同一类型教材中的法律法规教育内容大部分都是与之类似的法律基础概念和法律常识，这是一种基础的、初级的、浅显的法治知识的拓荒和启蒙。这一阶段是大学生法治观念培养内容的奠基阶段，大学生法治观念培养依附于思想品德课，涉及极少的法制教育内容，主要由政治辅导员组织学生在统一规定的政治学习时间里学习与国家法治建设有关的期刊政治文章和相关新闻报道。

（2）1985—1986年：与国家民主法治建设同步，开始注重法治意识教育

大学生法治观念培养的内容随中国民主法治建设进程而发展。中共中央、国务院在1985年11月5日转发了中宣部、司法部《关于向全体公民基本普及法律常识的五年规划》（中发〔1985〕23号文件），表示对这一规划的通知；同年11月22日，《关于在公民中基本普及法律常识的决议》（以下简称《决议》）在第六届全国人大会常委会第十三次会议上正式通过。《决

[①] 邱伟光，等. 共产主义思想品德教育 [M]. 成都：四川人民出版社，1983.

[②] 沈忠俊，等. 大学生共产主义思想品德概论 [M]. 福州：福建教育出版社，1985.

议》指出，从1986年起，争取用五年左右的时间，有计划、有步骤地在一切有接受教育能力的公民中，普遍进行一次普及法律常识的教育，并逐步做到制度化、经常化。并明确作出指示，普及法律常识的重点对象，是各级干部和青少年。《决议》还规定，大学、中学、小学以及其他各级各类学校，都要设置法制教育的课程。同一时期颁发的《中共中央关于进一步加强青少年教育预防青少年违法犯罪的通知》明确要求，结合"一五"普法，对青少年进行理想、道德、纪律和法制教育。其中对大力普及法律常识，使青少年养成遵纪守法的良好习惯的相关内容进行了更明确具体的部署。为落实中发〔1985〕23号文件和人大常委会决议的精神、与"一五"普法规划相配合，增强大学生的法治意识、提升大学生的法治能力，当时的国家教委于1986年颁发了《关于在高等学校开设法律基础课的通知》（以下简称《通知》），《通知》规定了在思想政治理论课程中开设法治教育课的教育内容、途径、课时安排和教材选用等问题。《通知》指出，主要通过三种途径进行法治教育，一是在"中国社会主义建设"课中进行"社会主义民主与法制"教育，主要包括"人民民主专政的国家制度""法的本质，我国的国体、政体等基本问题""社会主义民主""健全的社会主义法制"等内容，教会学生有效区分社会主义民主与资本主义民主。二是从大学生的思想实际出发，以讲座的形式进行法律基础知识教育，讲座可围绕以下内容开展：学习法律知识与形成法律意识的意义；法的起源、本质和作用；公民权利与义务；民主与法制、民主与专政；犯罪与刑罚；民主的任务和作用；婚姻和继承问题等。三是"结合不同专业需要开设专门法的选修课。"[①]这一《通知》为当时我国的大学生法律法规教育指明了发展方向。随后，全国各大高校相继进行法律基础教学。这一举措是法治观念培养正式进入高校课堂并步入正轨的标志。

这一时期的大学生法治观念培养从作为思想品德课的一部分正式开启，但毕竟刚刚从"文化大革命"的社会环境走出来，百废待兴，改革开放虽然已经进行了几年，但社会主义法治建设才刚刚起步，大学生法律法规教育仍处在摸索时期，更多的是借鉴小众化的专业法学教育经验，并没有形

---

① 教育部思想政治工作司. 加强和改进大学生思想政治教育重要文献选编 [M]. 北京：知识产权出版社，2015：53.

成规模。因此，也没有形成全面、系统的内容结构体系。总体来看，这一时期的大学生法治教育内容以法律基础知识为主，突出部门实体法，而程序法涉及较少，教材编写注重收集最新立法成果，特别是宪法的最新修订成果。

2. 主要特点

1978年改革开放后，中国共产党做出树立法治权威和加强法治教育的决定。在中国法治建设中立法成果不断扩大的同时，高等教育提出以人的全面发展为教育目标，中国高校法治教育的模式逐步突破重政治素质、轻法律素养的苏联模式干扰，呈现出与以往不同的新的阶段特点，其主要标志是：第一，教育培养目标是德智体全面发展的专业人才。第二，教育培养方式是通过多种形式、多种途径培养法治建设人才。三，教育内容是新中国成立以来，尤其是改革开放以来国家颁布的最新法律法规条文、法学基础理论知识和有关社会科学的综合人文知识。第四，教育主要方法是基于以教师为主导的传统型课堂教学模式，教育者在教学活动中占据主导地位，受教育者处于从属地位。

（1）注重法律常识教育

《现代汉语词典》中关于"常识"的解释是"普通知识"，"普及"的意思是普遍推广。一般而言，普法教育向大众普及的应该就是普通知识，即法律常识。与全民"一五"普法教育的目标任务一致，高校法律法规教育以普及法律常识为主，其主要任务就是要普及宪法、刑法、刑事诉讼法和治安管理处罚条例等被称为"九法一条例"的法律常识。普及的内容有《宪法》《刑法》《刑事诉讼法》《民法通则》《民事诉讼法（试行）》《婚姻法》《经济合同法》《森林法》《兵役法》《治安管理处罚条例》等，简称"九法一例"。以法律常识为教育模式更多地沿袭了法学专业教育的模式和特点，更注重具体应用、法律规范的条文教育，更专注于解决问题的知识教育。以"九法一例"为主要内容，向大学生普及法律常识教育，使他们知法、懂法、守法，养成有法必依、依法办事的观念。要求学生要知道宪法和几个重要法律、法规的基本要点和基本法律精神。对于大学生法治教育的考核验收方式主要以闭卷考试为主，其中判断题、选择题、填空题等客观题目的考查知识点主要来源于"九法一条例"中的法律规范和法律条文。可以说，这一阶段的高校法律法规教育在知识传授和普及上比较扎实、系统，从教育者到受教育者都很专注于这一首创性的教育活动，参与民主法治实践意识较强，这为后来高校法治教育工作的进一步开展和深化奠定了牢固的知识储备和坚实的法律基础。

（2）突出实体法教育

高校法治教育的内容与中国民主法治建设进程息息相关，与中国的立法、司法进程依旧密不可分，教学内容应当包括哪些法律部门，教材编纂应当收录哪些最新的立法成果等，都与高校法治教育有着千丝万缕的联系。这一时期，国家制定了较多的实体法，尤以宪法的几次修改和颁布为特色。1978年3月5日，第五届全国人大一次会议通过了《中华人民共和国宪法》，对1975年通过的宪法做了较大幅度的重要修改。在1978年宪法制定后不到两年的短短时间内，我国宪法前后经历了两次重大修改，这在法治发展史上都是比较罕见的。1982年12月4日，五届全国人大五次会议又通过了新的宪法，在序言中确立了"四项基本原则"，同时重申了宪法的至高无上地位；规定了公民基本权利和国家机构的组成，确立了现行立法体制的框架。1982年宪法规定了我国的根本制度和根本任务，确定了四项基本原则，明确了改革开放的基本方针，对于这一系列重大战略问题的重要规定是其根本特点所在。这部宪法恢复并发展了1954年宪法的优点和长处，确认了法治原则，摒弃了1975年宪法和1978年宪法中所强调的"阶级斗争"话语。宪法的全面修订标志着法治时代逐渐到来，注重传播法治精神，引导全社会树立崇尚法治的理念，建立对宪法和法律的信仰。这种理念和氛围不但触及了普通民众的神经，更感染了全国高校的大学生，学习宪法、尊崇法治，"只向真理低头"，而不屈服于任何暴力和威胁的民主呼声激励着一代青年人热血沸腾、奉献青春、献身祖国。

与此同时，重实体法教育而程序法教育不足是这个阶段高校法治教育的一个突出现象。造成这一现象的原因有二：其一，中国法治建设处于起步阶段，对于程序法的立法和司法工作尚未跟上，在各个法律部门中，程序法本身就没有受到应有的重视和立法。其二，重实体法轻程序法是一个很普遍的现象，即使在法治化程度相对提高的现代社会，对程序法的应有作用和地位仍然存在着某些偏见和成见。因此，在那么一个承上启下的历史年代，重视实体法，尤其是根本大法宪法也是一种自然流露的法律情感和法律实践。然而，我们需要清醒地认识到对程序法教育的匮乏可能造成的两种结果：一是学生无法了解自己在相关程序中所应享受的权利和应受到的约束，即使自己的权利在相关程序中受到侵害，即使公权力机关滥用权力，学生也没有意识去保护自己的合法权益，更谈不上对公权力进行有效的监督。二是学生因对程序法缺乏足够了解和理解，因此，不可避免地陷入即使学习了很多法律知识，也无法转换为实际操作的"怪圈"之中，由此导致了"程序不正义"，最终无法实现真正的公平和公正。

（3）大学生积极参与民主实践活动

随着改革开放的推进，社会生活日益复杂，高等教育开始逐渐重视学生理论联系实际的能力。"1980年，清华大学学生率先提出'振兴中华，从我做起，从现在做起'的口号，在全国大学生中引起强烈反响。随后，北京、辽宁等地一些高校兴起了大学生社会调查和咨询服务的自发活动"[①]，使大学生走出校园、走向社会，大学生社会实践活动逐步发展起来，其中包括多种形式的民主实践活动。

1982年宪法在正式通过之前，其草案先行公布，交付全民讨论，大学生积极参与了这场伟大的民主实践活动。其中一些大学生的修改意见和建议还受到了立法机关的重视，极大地激发了大学生参与国家政治活动的热情。1982年12月4日，我国宪法颁布后，高校党委宣传部、学生工作部门和相关的教学机构，及时组织大学生认真学习并展开热烈讨论，许多大学生大胆踊跃发言，表达自己对国家根本大法及其地位和作用的见解和看法，畅谈学习心得和体会，从而受到了活生生的社会主义民主法治教育。为了满足大学生接受社会主义法治教育的愿望和需求，一些高校尝试在有关课程中渗透民主法治教育的相关内容，为大学生民主法治意识的增强奠定了一定的理论基础和知识储备。

1983年团中央、全国学联发出《关于纪念"一二九"运动四十八周年开展"社会实践周"活动的通知》，鼓励大学生要将理论学习和社会实践联系起来。继而1987年6月，国家教委、团中央又联合发出《关于广泛组

---

① 姜正国. 全球化背景下的高校思想政治教育创新研究[M]. 长沙：湖南人民出版社，2011：30.

织高等学校学生参加社会实践的意见》。在不到五年的时间内,关于大学生参与实践活动的文件连续下发,这种在时间上的频繁性可以理解为对该项工作的重视程度。显然,在团中央和全国学联的指导和支持下,大学生社会实践活动作为高校法律法规教育的一种重要形式和有效途径在全国范围内快速推广,社会实践的内容和形式也随之不断发展和丰富,形成社会调查、民主实践、法律咨询服务、义务劳动、勤工助学等内容丰富、形式多样的民主法治实践活动类型,成为大学校园外一道独特而亮丽的风景线,有力地推动了大学生贴近社会、了解民情、体验百态民生,使学生树立社会主义民主法治观念,积极参与各项民主实践活动。

(二)探索发展时期(1987—2004年)

随着改革开放的不断推进和中国民主法治进程的不断加快,中国法治建设取得了一定的发展。虽然在这个时期并未明确使用"法治建设"一词,但是从法治原理和法治发展的基本规律以及中国当时的法治实践情况看,这一阶段已经不再是简单的"法制建设",而是蕴含着"法治建设"的萌芽和初步发展。全民普法教育活动的深入开展、"依法治国,建设社会主义法治国家"治国方略的确立等,正因为有这样的时代背景,高校法治教育才能够在全民普法教育活动深入开展的进程中不断改革教育内容、革新教材、完善教育方法,才能在社会主义法治建设不断推进的过程中取得发展。

1. 教育内容

社会主义法治实践的不断深化和改革开放的进一步发展为大学生法治观念培养创造了良好的社会法治文化环境,使其顺利过渡到探索进取阶段,进入成长发育期。这一时期的教育内容结构体系初步形成并不断完善。

(1)1987—1997年:大学生法治教育内容体系初步形成

1987年国家教委颁布了《关于高等学校思想教育课程建设的意见》,该文件明确要求高校要开设思想教育课程,该课程体系包括马克思主义理论课程和思想品德课程。其中,思想品德课程包括两门必修的"形势政策"课与"法律基础"课和三门选修的"大学生思想修养"课、"人生哲理"课和"职业道德"课,[1]并规定"法律基础"课的指导思想是马克思列宁主义、

---

[1] 教育部思想政治工作司. 加强和改进大学生思想政治教育重要文献选编[M]. 北京:知识产权出版社,2015:88.

毛泽东思想和邓小平理论，课时为每学期 30 课时，课程教育目标与教学内容为：使学生掌握宪法和专门法的基本精神与规定、形成权利与义务观念。这一举措与"一五"普法规划相呼应，是大学生法治教育系统化发展的具体表现，也体现了国家在推进民主法治进程中更加注重对大学生进行法治观念的培育与法治素养的提升，指明了接下来一段时期的大学生法治教育内容的发展方向。1995 年 11 月 28 日，《中国普通高等学校德育大纲（试行）》对德育内容作出了规定，并指出"民主法制教育"属于德育范畴；1995 年 12 月 28 日，国家教委等多部门联合发出了《关于印发＜关于加强学校法制教育的意见＞的通知》，并强调各级各类学校都要把法制教育纳入教学计划，还规定了不同年龄段学生法律法规教育的内容；1998 年 6 月 10 日，中宣部、教育部联合印发的《关于普通高等学校"两课"课程设置的规定及其实施工作的意见》指出，本科生和专科生都应该必修"法律基础"课，并指明该课程要对学生进行马克思主义法治观教育、使学生了解宪法和其它法律的基本精神与运行的基本原则、适用范围等。

国家教委思想政治工作司与司法部宣传司分别在 1992 年、1996 年和 1998 年联合修订了《法律基础教学大纲》（1992 年为《法律基础课教学大纲》），为大学生法律法规教育内容的选择与确立作出了统一规定。之后，各大高校自行组织编写了教材。不同教材虽在体例、归类方面有所差异，但整体内容相差无几，基本上初步形成了由法学基础理论（法的本质与发展；社会主义法的创制与实施；社会主义法的本质和作用；社会主义道德）、基本法律知识（宪法及部门法）、法律意识和法制观念三部分构成的教育内容体系。值得说明的是，虽然教材涉及法制观念和法律意识相关内容，但所占比例很少，教学重点仍是从专业法学的角度向学生普及法律基础知识。

可以发现，这一时期及之前的大学生法治教育内容是"文本"式的，即重视法律知识传授，轻视法治观念培育；注重义务和服从，轻视权利保障与维护；注重实体法教学，轻视程序法教育，整个内容系统是法学专业教育教材的浓缩。

第四章　改革开放以来我国大学生法治观念培养的历史进程

（2）1998—2004 年：由偏重法律知识教育开始转向以法治意识教育为主

中宣部、教育部于 1998 年印发了《关于普通高等学校"两课"课程设置的规定及其实施工作的意见》（"98 方案"）。"98 方案"将原来的"形势与政策"必修课调整为"思想道德修养"课，并作为思想品德课的重要组成部分，"法律基础"课仍作为本专科生思想品德课程的必修课，这一举措进一步巩固了该课程作为高校思想政治理论课重要组成部分的地位。"98 方案"指出，"法律基础"课的主要内容包括社会主义法制观念和法律意识、马克思主义法学观点、宪法和其它部门法的基本精神和规定等。并规定，通过对宪法和部门法的基本精神和规定的学习，要达到"了解"的程度[①]，而 1987 年的文件对此项内容的规定是学生通过学习要达到"掌握"的程度。对比可见，对具体法律知识的学习要求有所降低，但"98 方案"中新增了"增强学生的社会主义法制观念和法律意识"的要求，这在一定程度上体现了大学生法治教育的内容开始由法律知识为主转向法制观念和法律意识为主。另外，通过对不同版本的"法律基础"课教学大纲的对比我们也可以发现这一转变。1998 年出版的第三版《法律基础教学大纲》明确指出，该课的主要内容包括法学基础部分、基本法律知识部分、法律意识和法制观念部分，以"培养大学生社会主义法律意识为核心。"[②] 相比 1992 年出版的《法律基础课教学大纲》的"法律基础课的主要内容是向学生讲授法律基础知识"的内容要求[③] 和 1996 年第二版《法律基础教学大纲》中的"法律基础课的任务是在向学生传授必要的法律基本知识的基础上，重点对大学生进行社会主义民主法制观念教育，帮助大学培养健全的法律意识"的内容要求，[④] 显然该版本的内容要求已经从注重法律基础知识传授转向注重培育大学生的法治意识。

1999 年，"依法治国，建设社会主义法治国家"被写入宪法，从"法制"走向"法治"，从"法制国家"走向"法治国家"，实现了从"刀"制走向"水"

---

① 教育部思想政治工作司. 加强和改进大学生思想政治教育重要文献选编[M]. 北京：知识产权出版社, 2015：181.
② 教育部思想政治工作司. 法律基础教学大纲[M]. 北京：高等教育出版社, 1998：2-3.
③ 教育部思想政治工作司. 法律基础课教学大纲[M]. 北京：高等教育出版社, 1998：1.
④ 教育部思想政治工作司. 法律基础课教学大纲[M]. 北京：高等教育出版社, 1998：1.

治的历史性飞跃，这一举措，体现了我国治理理念的转变。从此，法治具有了超越法律工具意义的深广内涵。这一背景下的法治教育也改变了一直以来将其教育目标定位于"普及法律常识"的现状，明确了法律法规教育之于人的价值意义。大学生法治教育内容也在新的法治理念的指导下进行了有益探索，寻求从"文本"式教育内容向"人本"式教育内容的转变。

从2001开始我国逐步实施第四个五年普法规划。"四五"普法工作的重点由提高全民的法律意识转向增强全民的法治素养。在"四五"普法规划精神的指导下，2002年教育部等多部门联合印发了《关于加强青少年学生法制教育工作的若干意见》，并指出大学法制教育要严格按照教育部中宣部和教育部有关"两课"设置中法律课的规定开展，要突出现代法学基础理论和依法治国理论与实践的学习，民事法律、市场经济法律与WTO规则基本知识的学习，牢固树立宪法意识、权利义务对等意识和依法办事意识。2003年，教育部印发的《关于加强依法治校工作的若干意见》明确规定，要"加强法制教育，提高法律素质"，这是高校对"四五"普法工作重点的积极回应。另外，部分高校自主编写的"法律基础"课教材中新增了国际贸易法和WTO规则等内容，这是对大学生法治观念培养内容的丰富与拓展，增强了法治观念培养内容的时代性与完整性。

2. 主要特点

这一时期的大学生法治观念培养进入正规化发展阶段，"法律基础"课独立开设并进入大学课堂，各大高校在国家统一大纲的指导下自行编写了"法律基础"课教材，初步形成了大学生法治教育内容体系。从初步形成的大学生法治教育内容体系可以看出其呈现如下特点：一是以法律知识为基础，但增加了具体法律条文条例；二是伴随着我国社会主义市场经济法律体系的逐步建立，在具体的法律条文条例中突出了市场主体法律制度、市场主体行为法律制度等内容；三是以我国加入WTO为背景，法治教育内容体系中补充了与整顿市场经济相关的法律法规及WTO的相关法律知识；四是更加注重大学生法治能力的培养，程序法律内容获得了与实体法律内容平等的地位；五是出现了由法律基础知识向法治意识转化的趋势。如，在第三版《法律基础教学大纲》中明确规定教育内容应包括"法制观念"和"法律意识"，还指出要把培养大学生的社会主义法律意识作为"法律基础"

课的核心。

（1）从法律常识教育到法律意识教育

高校法律法规教育，尤其是以法律基础课的演变为代表，在"85方案"之后到"98方案"之前严格来讲是独立于思想政治教育之外的教育，在"98方案"后逐渐被纳入到思想品德课程中，但仍然是和思想道德修养对称、并立的相对独立的科目。这两个时期的法制教育，逐步完成了向思想政治教育体系的转变，但在教育定位和侧重上，实则更接近于法学专业教育的特点。从师资队伍的变化也能看出法律法规教育的这一变化趋势，1986年独立开设法律基础课时，师资队伍主要依赖于法律专业教师。但当时全国只有三十多所高校设有法律专业，绝大多数高等学校没有讲授法律的专门师资，因此《关于在高等学校开设法律基础课的通知》指出："在全国各大学讲授法律基础知识，一方面，要请其他学校法律专业教师和政法部门的工作人员到各大学兼职讲课；另一方面，要抓紧时间对各高等学校自身的政治理论课教师和思想政治工作人员进行培训，使他们中间有一些人能逐步担当起讲授法律基础知识的任务。"[1]"98方案"前的法律法规教育更多地沿袭了法学专业教育的模式和特点，更注重具体条文、法律规范的教育，更专注于解决问题的知识教育。

在"98方案"后，"05方案"实施前，法律基础课虽然在教材、师资、课时等方面还保持着相对独立的地位，然而在一个学时的教学时间限制内，要想进行系统的知识讲授简直是天方夜谭。我国民主法治建设不断取得进步，立法数量和质量也在不断提升，进入到高校法律基础课程中的部门法也不断调整和更新，因此"98方案"后对法律基础课的定位由原来的知识教育上升到观念教育和理念教育，那么此时的高校法制教育更趋向于法律意识教育。这种转变不是突然的、强行的，而是顺理成章、水到渠成的，思想政治教育视域下的法律法规教育本身就应当是介于知识教育与观念教育之间的全新教育形式。必备的法律知识是法律法规教育的基础和切入点，但不是教育的目标和目的。法律法规教育的目的应当是提高大学生的法律意识。但是反过来说，知识教育和意识教育是相辅相成、相互促进的，没

---

[1] 教育部社会科学司. 普通高校思想政治理论课文献选编（1949—2006）[M]. 北京：中国人民大学出版社，2007：114.

有知识基础的意识教育是空中楼阁的，与此同时，没有意识先行的知识教育也是支离破碎的，没有向心力和指引力，达不到法律法规教育的根本目的。思想政治教育视域下的法治教育是以法律知识教育为基础，以法律意识教育为主导，最终培养大学生具有社会主义法治观念的系统教育过程。

（2）实体法与程序法教育并重

高校法治教育主要"进行社会主义法制教育，帮助学生掌握马克思主义法学的基本观点，了解宪法和有关法的基本精神和规定，增强学生的社会主义法制观念和法律意识"[1]。1998年的《法律基础教学大纲》规定了高校法制教育在课堂主渠道上，应该讲授哪些基本理论和部门法律。主要包括绪论和十章，分别是：我国社会主义法制的基本理论；邓小平民主与法制理论——依法治国；宪法法律制度；行政法律制度；民事法律制度；知识产权法律制度；社会主义市场经济法律制度；家庭婚姻财产继承法律制度；刑事法律制度；诉讼法律制度。2003年的《法律基础》教学要点主要包括9个方面："我国社会主义法的基本理论；邓小平民主法制理论、'三个代表'重要思想与我国的民主法制建设；宪法是治国安邦的总章程；行政法是依法行政的法律依据；民法是调整平等主体之间财产关系和人身关系的法律依据；经济法是国民经济运行的法律依据；刑法是惩治犯罪的法律武器；诉讼法是实现实体法的程序法律保障；国家法是我国对外开放和国际交往的基本准则"[2]。

改革开放以来，随着国家法治化程度的不断加强，我国法治建设在立法、司法、执法领域都取得了可喜的成绩，法治现代化的进程驶入了"快车道"。各种法律门类都已齐全，每一个法律部门都由相应的法律和相关的关系法构成，形成了实体法和程序法并驾齐驱的基本格局。这些法律、法规和规定基本涵盖了国家的政治、经济、文化、社会生活等各个方面，基本做到有法可依，基本能够满足社会发展的需要。此时的高校法律法规教育在保持稳定性和整体性的前提下，从教学内容、教学理念到教材教参也紧跟法制建设的快速发展步伐，发生着日新月异的变化，不断更新和充实最新、

---

[1] 教育部社会科学司. 普通高校思想政治理论课文献选编（1949—2006）[M]. 北京：中国人民大学出版社，2007：185.

[2] 骆郁廷. 高校思想政治理论课程论[M]. 武汉：武汉大学出版社，2006：109.

第四章　改革开放以来我国大学生法治观念培养的历史进程

最全、最准的法律规范，用中国法治建设的最新成果武装大学生的头脑，提升法律知识的新鲜度，增强学法用法的自信心，以推动高校法治教育与国家法治建设的无缝对接，为建设社会主义法治国家不断输送一批又一批具有社会主义法治理念的高素质复合型人才。

（3）重要会议和文件数量众多且密集

1987 年至 2004 年，是高校法治教育快马加鞭、迅猛发展的时期，在仅仅 17 年中，以中央宣传部、司法部、教育部、中央综治办、共青团中央的名义下发的文件和召开的会议就高达 15 项之多，且时间集中密集，不乏重量级的文件，其数量之多、时间之密、重要性之强均创造了新中国成立以来高校法治教育官方文件下发之最。在这些会议和文件中，有一些是对高校法治教育发展和走向具有标志性意义的或者是高校法治教育发展历史上不得不提及的，需要进行详细的阐述和说明。1987 年 11 月 20 日，国家教育委员会《关于高等学校思想教育课程建设的意见》（〔87〕教政字 015 号），将法律基础课定性为一门独立设置的思想教育必修课，在国家教育主管部门层面上完成了一门独立设置课程的制度设计，标志着高校法律法规教育开始向一个新的阶段发展。1988 年 3 月 24 日至 28 日，司法部和国家教委在湖南长沙共同召开了全国高等学校法制教育经验交流会，这是高校法治教育史上一次非常重要的会议，总结和交流法律基础课开设以来的经验和教训，充分讨论了课程性质、教学要点、教育方法等课程建设的基本问题，推动了高校法治教育在主课堂层面更加优化的发展。1995 年 12 月 28 日，国家教育委员会、中央社会治安综合治理委员会办公室、司法部联合发出了关于印发《关于加强学校法制教育的意见》的通知，被视为国家主管部门关于学校法制教育的一个完整的规范性文件，明确指出学校法制教育是学校德育工作的一个重要组成部分，学校法制教育是对大学生进行社会主义民主和法制方面的教育，培养学生树立以社会主义法律意识为核心的法治观念，增强法律运用能力的重要途径，实现依法治国的百年大计。2002 年 10 月 21 日，教育部、司法部、中央综治办、共青团中央联合发布了《关于加强青少年学生法制教育工作的若干意见》，从目标群体的角度进一步明确了青少年学生法制教育的指导思想、教育目标、教育内容、教育要求、方法和途径，牢固树立三种意识，即宪法意识、权利义务对等意识和依法办事意识。

（三）创新发展时期（2005年至今）

随着依法治国战略的提出和中国法治化进程的不断加快，国家越来越重视公民法律素质的提高，并将其作为推进社会主义法治建设的重点工作来抓，大学生的法律素质也自然成了中国法治化进程中的关注点之一。随着第四个五年普法规划的实施，高校法治教育伴随着全民性普法教育的发展逐步由普及法律常识转变到提高大学生法律素质上来。

1. 教育内容

在这一发展时期，国家相关部门颁布了一些文件对大学阶段的法治教育作出了进一步部署，"思想道德修养与法律基础"课教材出版并先后进行了七次修订。回顾这一阶段法治教育内容的发展变化，我们可以发现不断完善的教材对大学生法治教育内容做了诸多有益探索，教育内容在满足学生需求、反映时代要求等方面更具优势。

（1）法治教育内容越来越受到国家的重视

中共中央宣传部、教育部于2005年联合印发了《关于进一步加强和改进高等学校思想政治理论课的意见》（"05方案"），结合时代变化发展的客观需要与高校"两课"开展的实际情况，"05方案"重新调整了高校思想政治理论课程设置，将原来独立开设的"法律基础"课与"思想道德修养"课合并形成"思想道德修养与法律基础"课，该课与"中国近现代史纲要""毛泽东思想、邓小平理论和'三个代表'重要思想概论""马克思主义基本原理"共同作为大学生的公共必修课，除此之外还应开设"当代世界经济与政治"等选修课。[①] 同时，还规定了"思想道德修养与法律基础"课的基本内容和主要任务是对大学生进行社会主义法制和道德教育，进一步增强大学生的社会主义法制观念和法律意识，从2006年秋季入学的大一学生开始必修该课程。由此，新一轮的思想政治理论课改革在全国范围内正式开启。

2006年至今，在高校大学生"思想道德修养与法律基础"课开设至今10余年的时间里，无论是该课程的教学目标、教学方法还是教学内容都在与时俱进。2014年10月，十八届四中全会首次使用了"法治教育"这一表述，

---

① 教育部思想政治工作司. 加强和改进大学生思想政治教育重要文献选编[M]. 北京：知识产权出版社，2015：294.

并将其纳入国民教育体系,这体现了国家对法治教育的重视。在此之后,学校根据不同年龄段学生的不同特点、不同需要和学校的实际情况,在国家总体规划和指导的基础上制订了教学目标和教学内容。2015年中宣部和教育部组织专家对《思想道德修养与法律基础》2013年修订版进行了重新修订。2016年教育部制订了《依法治教实施纲要(2016—2020年)》(以下简称《纲要》),提出要把加强青少年学生的法治教育、增强其法治意识作为重中之重的教育工作进行切实推进,并要求相关部门尽快编制《青少年法治教育大纲》,要对各级各类学校的不同学段的法治教育任务、目标、内容等作出明确规定、要将"法治教育纳入国民教育体系"的提法尽快落到实处。《纲要》的颁布与实施是依法治国战略在教育领域贯彻落实的具体实践表现,也为大学生法治教育内容的优化提供了有力的政策支撑。

2016年7月,教育部、司法部、全国普法办联合印发了我国法治教育的第一部系统性纲领——《青少年法治教育大纲》(以下简称《大纲》)。《大纲》强调要在高校开展法治教育。通过法治教育课程的学习,要求大学生掌握基本的法律知识,知晓和理解重要法律术语的内涵,深化其对法治概念、原则、价值的理解;勇于用法律的武器来维护自身合法权益,同时还要不断提高参与法治实践的能力,牢固树立法治意识,坚定法治信念,积极投身于全面依法治国的实践中去。

可见,进入新世纪,大学生法治教育的地位逐步提升,并越来越受到党和国家的重视。随着时代的发展,大学生法治教育内容特别是"思想道德修养与法律基础"课教材中的法治教育内容,在相关文献的指导下不断调整更新,反映时代法治精神、回应时代法治问题。

(2)法治教育内容体系的构成要素更加多元化

统编教材在2013年修订之前都将法治教育内容部分安排在第五、六章中的三个目和第七、八两张章。具体为第五章第三节的第二目"公共生活中的相关法律规范"、第六章第一节的第三目"职业活动中法律的基本要求"和第三节的第四目"婚姻家庭法律规范"、第七章"增强法律意识弘扬法治精神"、第八章"了解法律制度自觉遵守法律"。四个修订版教材中法律基础内容所在章节相对稳定,只是在每次修订的过程中具体内容随着时代的发展有所变化。

2013年，为推动马克思主义中国化最新理论成果进教材、进课堂、进头脑，体现中国特色社会主义法律体系和习近平总书记系列讲话精神，教材编写组根据中央领导同志的批示和中宣部、教育部的决定对教材进行了第五次修订。修订后的 2013 版教材的法律基础内容主要分布在第五章、第六章和第七章，分别为"领会法律精神理解法律体系""树立法治理念维护法律权威""遵守行为规范锤炼高尚品质"。其中，第五章的内容基本是在整合原有内容的基础上对部分节的标题稍加修改而形成的，主要包括法律的概念及其发展历史、社会主义法律精神、我国宪法确立的基本原则、制度和中国特色社会主义法律体系；第六章新增加了"法治思维"这一概念，这是对十八大精神的贯彻落实，有助于增强对大学生进行法治理念教育和法治思维培养；第七章的内容主要是法律在公共生活、职业生活、家庭生活中的具体应用，是对个人在不同生活领域中行为的规范。总体来看，第五章、第六章论述的社会主义法律精神和社会主义法律理念为第七章论述的基于道义对人们行为的规范提供了理论支撑，这种论述方式遵循了学生由认知到行为的发展规律。与上一版本教材相比，这种内容结构的调整实现了法律基础内容的逻辑思维与思想道德内容的逻辑思维的一致，即由抽象到具体的内容设置的逻辑思路。本次修订的教材与 2010 年修订版相比最大的特点是，增加了法治观念的内容，删除了实体法律制度与程序法律制度相关的具体法律基础知识内容，增强了法律基础部分内容的思想性。

为充分贯彻落实十八届三中全会与四中全会精神以及习总书记的最新讲话精神，中宣部和教育部于 2015 年初开始组织专家对教材进行再一次修订。2015 年修订版教材由原来的七个章节调整为八个章节。2015 版教材中的法律基础部分有如下变化：第一，对教材内容的顺序作了调整。如，将 2013 年修订版教材中的第七章调至第五章，内容本身没有太大变化，只是将节的标题简化，并将节下的目的顺序做了调整；第二，对部分章节的内容进行了扩充，突出了我国公民的权利与义务，并以独立章节的形式呈现出来。与旧版本的教材内容相比，新版本教材中法律基础内容变化较大的在第四章、第六章和第七章。如，2015 年修订版教材中的第八章"行使法律权利履行法律义务"的相关内容是由 2013 年修订版教材中的第五章第三节"我国公民的基本权利和基本义务"一目内容扩充而来的，且对公民的权利与义务阐释的更详细具体，篇幅由原来的四页扩展到"190页至219页"；第三，由"法制"教育内容转向"法治"教育内容。2015年修订版教材对相关术语的表述进行了更新。如，将2013年修订版教材中的第五章"领会法律精神理解法律体系"的表述更新为新版教材中的"学习宪法法律建设法治体系"，突出了宪法至高无上的地位、实现了由"法律体系"到"法治体系"的提升。总体来说，本次修订教材中的法律基础部分内容更注重"法律的概念、渊源"等在内容结构体系中的基础作用，实现了由"法制"教育内容向"法治"教育内容的转化，充分体现了党的十八届四中全会"全面依法治国"的精神，使内容更具思想性与时代性。

为了充分反映习近平新时代中国特色社会主义思想和十八大以来中国特色社会主义法治实践要求、进一步贯彻落实党的十九大精神，[①]教材修订组于2018年对2015年修订版教材进行了重新编写。2018年修订版教材中的法律基础部分内容安排在第六章"尊法学法守法用法"，本章由"社会主义法律的特征和运行""以宪法为核心的中国特色社会主义法律体系""建设中国特色社会主义法治体系""坚持走中国特色社会主义法治道路""培养法治思维"和"依法行使权利与履行义务"六节构成。教材修订后法治教育内容主要发生了以下变化：删除了第一节"社会主义法律的特征和运行"中"词源学"意义上的法律概念界定和社会主义法律的作用。将2015年修订版教材中的"中国特色社会主义法律体系的特征"的表述调整为新版教材中的"我国社会主义法律的本质特征"这一表述；在第二节"以宪法为核心的中国特色社会主义法律体系"中增加了"我国宪法的形成和发展"与"我国宪法的地位"的相关内容；在第三节中调整了"建设中国特色社会主义法治体系的重大意义"的具体表述；第四节"坚持走中国特色社会主义法治道路"由2015年修订版教材中的一目扩充而成，并对具体表述进行了调整；第五节"培养法治思维"由2015年修订版教材中的第二节和第三节合并而成；第六节"依法行使权利与履行义务"由2015年修订版教材中的第八章"法律权利"和"法律义务"压缩而成，删除了具有浓厚法学色彩的"依法救济权""住宅安全权利与义务""通信权利与义务"

---

① 本教材修订组.《思想道德修养与法律基础（2018年版）》修订说明[J]. 思想理论教育导刊，2018（05）：22-27.

等相关内容。总体而言，新版教材中的法治教育内容将2015年修订版教材中的"法律知识""法律规范""权利与义务"分为三章的情形，整合为"尊法学法守法用法"一章，使得法治教育部分的内容结构和逻辑更加严谨。重新调整了顺序的法治教育内容呈现出"从法律意识到法治观念""从法律思维到法治思维""从法律体系到法治体系""从法律规范到权利义务"的发展趋势。

这一时期的大学生法治教育内容的选择与确立着眼于全面提升大学生综合法治素养，内容结构体系的构成要素逐步走向多元化，内容结构体系的逻辑更加严谨。从内容要素方面看，既有一般意义上的法律及其发展史、社会主义实体法与程序法等法学基础理论内容，使大学生在中小学法律常识"知其然"的基础上，进一步解决"知其所以然"的问题；又有关于建设社会主义法治的原则、意义、方法等内容，帮助大学生树立法律至上、维护法律尊严的意识；还有与大学生日常学习生活息息相关的法律权利与义务相关内容，促进其提升用法能力。从内容逻辑结构看，内容的设置基本上遵循了学生的认知规律，即由法律知识积累到法治意识增强再到法治能力提升的逻辑顺序。但我们也发现，新修订的教材中法律基础部分的内容体量相比之前的版本有所减少。

2. 教学方式趋向运用新媒体技术

随着现代信息技术的飞速发展，使互联网成为继报纸、电台、电视之后承载信息量最大、信息更新速度最快、开放度最高的第四媒体。随着计算机的普及和网络用户的骤然膨胀，互联网和信息高速公路已成为人们关注的焦点。世界的网络化极大地加快了信息传播的速度，改变了人们的生活方式、思维方式和交往方式，对人们的生活、学习和工作产生了越来越重要的影响。

网络化对高校法治教育等诸多思想政治理论课教学也产生了深刻影响，并且随着信息技术和互联网的发展而日益增强。网络是一把双刃剑，既有积极的一面，也有消极的一面。从积极的角度看待网络，第一，网络化为高校法治教育教学提供了丰富的信息资源、快速的传播速度、海量的信息数据，为高校法律法规教育提供了新鲜的一手资料，成为教学的网上助手。第二，网络化为高校法治教育提供了崭新的途径。随着计算机技术的应用，高校逐渐成为社会信息化程度最高的场所,网络成为大学生获取知识的最主要、最直接途径。高校法治教育须适应新形势的新要求,充分利用计算机网络,构建课堂教学与网络教学相结合的教学机制,实现高校法治教育的方法更新和变革。第三,网络化可以有效促进高校法律法规教育的实效性。当代大学生几乎人人是"网民",天天畅游在网络世界,兴致盎然地使用和开发着不断更新换代的网络平台。高校法治教育已经逐步加强通过网络运用现代多媒体技术,制作课件、视频、电子书、红色网站等生动活泼的教学载体,吸引广大学生学习法律知识,增强法律意识的注意力和关注度,提升大学生法律素质,从而大大提高大学生接受和认同社会主义法治理念教育的主动性和趣味性。第四,运用新媒体技术还可以将教学计划、教学案例、疑难问题、教学资料等教学相关信息在网上发布,并通过师生网上交流、网上答疑、网上研讨等方式,及时把握学生的真实想法和理念脉搏,从而有效提高教学和实践效果,形成网上网下、齐心协力的教育合力。可以说,新媒体技术的运用和将来与之更密切的联系必将成为高校法治教育发展不可阻挡的新趋势和新特点。

与此同时,不容乐观的是网络也是个藏污纳垢的"垃圾场",涣散人心的"集中营",玩物丧志的"控制器"。对于生理和心理都尚处在成长期的大学生而言,稍不留心或控制不住,就容易掉进网络陷阱。尤其是一直以来西方敌对势力始终未停止过对我国青少年进行政治渗透、和平演变和文化侵蚀,隐蔽性强、传播性广的网络正好成为他们推行恶行的双面工具,严重影响了青年马克思主义者的精神世界和政治信仰,动摇了大学生本就易动易变的心理防线,为高校法律法规教育等一系列大学生思想政治教育工作带来了难题和顽疾。综上所述,享用新媒体技术为高校法治教育带来方便、快捷和高效的同时,更应当把控和驾驭住新媒体技术的主流走向,让社会主义法治的正能量和正方向引领校园,让社会主义的法治精神深入人心,百毒不侵。

3. 主要特点

(1)从法律意识教育向法律素质提升教育转变

素质教育是社会发展和时代要求的产物,也是我国教育事业发展的必然产物。三十多年来,素质教育的内涵经历了从贫乏到丰富,从零碎到系统，从模糊到清晰的发展过程。一般而言，"素质"一词被广泛地运用于我国教育领域，始于20世纪80年代。1982年，邓小平同志提出要使各民族人民都成为"有理想、有道德、有文化、有纪律"的"四有"新人，具体地把公民素质确定为教育目标。此时，与法制教育直接对应的"有纪律"的教育目标还主要是指守纪律，服从命令，不违法乱纪。到20世纪90年代，"素质教育"概念已经风靡全国，对素质教育的相关研究随之水涨船高，素质教育也逐步从基础教育向高等教育拓展和延伸。党的十四大提出了"科教兴国"的战略，教育被赋予提高国民素质、培养跨世纪人才的使命。这一阶段，改革开放和社会主义现代化建设进入新一轮发展阶段，国家逐渐加强了对素质教育在政策上的引导。1995年3月，国家教委政策法规司在编写《教育法条文说明》中明确提出："'素质教育'的概念，认为'素质教育'包括'政治素质、思想素质、道德素质''科学文化素质教育''身体素质教育'和'心理素质教育'四个方面"。[1]1999年6月《中共中央国务院关于深化教育改革全面实施素质教育的决定》中再次指出："实施素质教育，就是全面贯彻党的教育方针，以提高国民素质为根本宗旨，以培养学生的创新精神和实践能力为重点，造就'有理想、有道德、有文化、有纪律'的德智体美等全面发展的社会主义事业建设者和接班人。"[2]此时的素质教育已经在整个教育界和全社会全面展开，逐渐经历从模糊到清晰，从自发到自觉的过程。

进入新世纪，在科学发展观的指引下，素质教育的目标是使学生具有较高的文化素质、思想素质、法律素质、道德素质、心理素质和身体素质。其中，法律素质在建设社会主义法治国家的进程中尤为重要，这既是落实"依法治国"基本方略的内在需要和时代使命，也是素质教育在高校教育领域的具体体现和充分融合。法律素质是认识和运用法律的能力和素养，它已成为现代社会公民特别是青年大学生立足社会、谋生发展的基本要件和必备条件。一个人的法律素质如何，是通过其掌握、运用法律知识的技能及其法律意识表现出来的。因此，高校法律法规教育需要跟上时代的发展脚步，

---

[1] 国家教委政策法规处. 中华人民共和国教育法适用大全[M]. 广州：广东教育出版社，1995：53-54.

[2] "素质教育的概念、内涵及相关理论"课题组. 素质教育的概念、内涵及相关理论[J]. 教育研究，2006（02）：4.

不断更新和转变教育理念，作为文化创造和革新的前沿阵地，推动国家向着现代化、法治化、时代化的方向迈进。

高校大学生法治观念培养发展和转变历程，不是一步到位、一蹴而就的，而是经历了渐进式改革和提升的过程，主要包括了三个发展阶段：第一个阶段为法律知识学习阶段。学法懂法就是要求学生既熟知一些基本的法律条文，同时又掌握一定普遍适用的法律原理。完备的法律知识是法制教育的基础。第二个阶段为法律意识增强阶段。法律意识是拥有一定法律基础后对法的认识态度和运用程度。良好的法律意识能促进学生积极守法，能从对法律外在强制力量的被动服从转化为对法律权威和法律价值的主动认同和尊重，从而严格依照法律行使权利和履行义务，充分尊重他人的权利和自由，积极寻求法律途径解决纠纷和争议，自觉运用法律武器维护自己的合法权利和利益，主动抵制破坏法律和秩序的行为。第三个阶段为法律素质提升阶段。通过大学期间法律课程的学习，大部分学生都能增强社会主义法律意识，意识到法律的重要性和依法治国的深远意义所在。但是能否灵活运用法律思维来处理和解决学习和生活中的问题，上升法律意识，形成法律信仰，就未知可否、因人而异了。可以说，法律素质教育既是当前高校法律法规教育的重点目标，也是高校法律法规教育经过四十多年历史发展和沉淀后的一个必然走向，是建设社会主义法治国家，与国际接轨融入全球化进程的环境使然。综上所述，掌握基本的法律知识是高校法律法规教育的初级阶段，良好的法律意识是高校法律法规教育的中级阶段，而具备一定的法律素质则是高校法律法规教育的高级阶段，也是法制教育历久弥新、始终不渝追求的理想和境界，还是正在努力和将来继续努力实现的高校法治教育目标。

（2）道德教育和法制教育功能共振

法律是带有价值判断和道德寓意的行为规范，它不仅强制性地直接规范人们的行为，而且还会对人们的思想观念产生深刻影响。通过遵守法律而形成良好的懂法、守法的行为习惯，逐步将外在的强制性规范内化为自律的行为准则、价值信念和道德良知，正是道德观念形成的重要机制。特别是在新世纪、新时期，社会处在转型时期，社会生活的急剧变迁，极大地冲击着传统道德观念，使得一向广为奉行并行之有效的道德观念陡然间不适应新的社会生活环境，社会迫切需要塑造与实际生活相适应的新的道德观念。在这种新形势、新环境下，"05方案"将思想道德修养和法律基础两门课有机地融为一体，形成"思想道德修养和法律基础"课，成为一门以马克思主义理论一级学科下思想政治教育二级学科为依托的崭新课程。把思想道德修养课和法律基础课两门相对独立的思想品德课程整合为一门课，是促进人的全面发展的根本要求，也符合以德治国与依法治国相结合的治国方略的时代要求，并遵循了新时期大学生成长成才的现实需要。

思想道德修养与法律基础课把道德和法律两种治理手段结合起来，把道德教育和法制教育两种教育方式结合起来，把思想道德素质和法律素质两种素质教育的有效途径有机结合起来。这种融合不是孤立的、生硬的、平均的，而是通过全面接受有相互关系的两种教育，"使大学生首先掌握社会主义思想道德基本规范和法律基础知识，然后在此基础上深刻理解这些规范和知识对于个人发展和社会进步的功能、作用和意义，最终把理论知识内化为大学生自己的主导意识，外化为自觉践行社会主义思想道德和法律规范的行为，并根据时代进步和自身发展来不断完善自身的思想道德素质和法律素质，成为中国特色社会主义事业的合格建设者和可靠接班人"[1]。由此，两门课程整合为一门课程堪称一种强强联合，把过去孤立存在的但实则有内在联系的大学生道德教育和法制教育串联结合起来，实现提高思想政治素质和培养良好法律素质的双效并举，不仅是必要的也是合理的，突显了该课程改革的创新性。

因而，"法制教育不仅可以及时弥补传统道德失范所留下的社会规范空白，而且还将为新的道德观念的催生和生长提供现实的土壤和基础。法律规范对人们行为的调整，是通过其刚性约束机制实现的，这使得法制教育在道德观念日趋多元化以致人们感到无所适从的情况下，在调整人的行为方面具有思想道德教育难以比拟的实践优势和普遍有效性"[2]。可以说，在我国迈向法治文明的进程中，加强法制教育的刚性约束，发挥道德教育和法制教育双管齐下的功能互补与共振，是突破高校法制教育实效性瓶颈

---

[1] 顾海良. 高校思想政治理论课程建设研究[M]. 北京：经济科学出版社，2009：99.
[2] 吴潜涛. "思想道德修养与法律基础"研究述评[M]. 北京：中国人民大学出版社，2007：380.

的有效手段，也是强化大学生社会主义法治观念，积极投身社会主义法治国家建设的鲜明特色和时代特征。

（3）凸现权利本位教育

众所周知，道德规范主要由义务规范构成，法律规范则不同，它是权利义务的组合体，既有权利规范，又有义务规范。在法律实践和法律教育中，是更多地强调国家权力还是公民权利，或者仅就公民而言，更加关注法律权利还是法律义务，决定了法律权利本位还是法律义务本位的分野，也体现了政治的民主化或专制化的不同倾向。在我国古代的法律思想中，国家权力思想亦即君权思想极为丰富，以至于淹没了臣民的一切权利。义务本位的思想在封建法律中得到了淋漓尽致的体现。从法律部门的分布来看，中国古代最为发达的是刑法，次之为行政法，这是因为刑法、行政法都是主要规定臣民义务及其法律责任的法律规范。而作为规范臣民权利的基本法律的民商法却很不发达，并淹没在刑事法律之中，整个法律体系可以用"诸法合一，以刑为主"来概括，整个法律文化都以臣民的义务本位为主要特点。与封建法律的义务本位截然相反，社会主义法律是权利本位的，宪法作为根本大法，成为我国社会主义法律体系的核心。列宁曾说过："宪法就是一张写着人民权利的纸，"将这张"人民权利的纸"作为法律体系的核心，就为权利本位的法律观念奠定了基调。在我国宪法的结构顺序上，将"公民的基本权利和义务"作为仅次于总纲的第二章排列；在"权利义务"的排列顺序上，先为"权利"后为"义务"；在条文设立的多寡上，宪法以18个条文规定公民在经济、政治、文化、家庭、社会生活中的广泛的基本权利和自由，而只以5个条文规定公民的基本义务。此外，还规定了国家对公民权利自由的法律保障和物质保障。与根本大法的规定相应，我国的基本法律，如民法、刑法、诉讼法等也本着权利本位的原则，对公民权利做了广泛而又具体的规定和保障。可见，社会主义法治之法的权利本位原则与儒家、法家治国主张中的义务本位思想及其指导下所制定的义务本位的法律有着本质的区别。即使在民法这样的私法领域，尽管讲究的是权利义务的对等性，但我们仍然习惯于用人身权、物权、债权这样的权利概念来指代相应的权利义务法律关系，这就是权利本位的体现。

高校法治教育凸现权利本位，对于全面推进依法治国，建设社会主义法治国家具有重大意义。法治国家通过法律的权利义务关系来分配利益时是以权利为本位的,权利是目的,而义务是服务于权利的手段,有时甚至当义务不存在的时候,权利依然存在,权利是现代法律秩序的基石。权利作为现代法律的核心概念,其内容涵盖了个人在生命、财产、人身自由、享受医疗保健、接受教育、就业、表达意愿等方方面面的利益要求,构成了法律人格的基本内容。现代法律正是通过权利以及相应的义务、责任概念而将个人、群体以及政府的行为选择及其利益关系纳入到抽象的法律文本和规则体系之中。"权利、义务、责任构成了现代法律的主观领域,权利是这一领域的核心,义务和责任均以权利为依归,以权利为导向,在逻辑和价值上以权利为其法理的前提或根据"[1]。法律权利体现了一个国家对人之所以成为人的基本利益需求的尊重和基本人格独立的高度重视,体现了对人性深层次的理解和关怀,它是个人与集体、国家和社会之间的一个平衡点。建立以权利为主导的社会结构,就成为中国走向法治、实现法治现代化的必然要求。当代中国的法治化进程必然是一个权利在法律上充分展示的过程。只有权利的思想、权利的观念、权利的价值才能使法律基于对主体权赋予的公平性和普遍性在一切社会规范中居于至高无上的地位。

由此可见,高校法治教育重在权利本位教育,正如祖嘉合教授等人所言:"提升到公民的权利'主义',注重对公民权利意识的启迪,将专业而复杂的法律关系还原成世俗而平实的权利观念"[2]。虽然法律关系中也有对应的义务,但义务本身是为了满足权利而存在的,义务本身不具有单独的意义。这也是法律法规教育与道德教育及其作为上位概念的思想品德教育在定位倾向上的不同,在思想政治教育的框架内引入法律法规教育,恰好可以弥补传统思想政治教育重义务轻权利的结构性失衡。更为重要的是,个体权力意识的觉醒,是公民主体意识确立的前提,而公民主体意识的确立,又是政治民主化的一个前提,因此,在思想政治教育中加入以权利为导向的法律法规教育,既需要也必要,是传统思想政治教育向现代化转型的重要跨越。

---

[1] 张文显. 法哲学范畴研究[M]. 北京:中国政法大学出版社,2001:334-336.
[2] 祖嘉合,宇文利. 思想道德修养与法律基础前沿问题研究[M]. 合肥:安徽人民出版社,2012:162.

（4）充分发挥第二课堂的实践作用

在第一课堂的基础上，充分发挥第二课堂在进行意识培养、开展实践方面的作用。借助于开学第一课、毕业最后一课，把法治意识培养的内容融入其中，从而培养其法治观念和参与法治实践的能力。

二、改革开放以来我国大学生法治观念培养的经验总结

通过总结我国大学生法治观念培养的发展历史，可以看出虽然高校法治教育在不同历史时期呈现不同的形式和特点，但有一些理性经验是任何时期高校法治教育都严格遵循并不断丰富发展的。总结和梳理我国大学生法治观念培养发展的理性路径，认真审视我国大学生法治观念培养发展历程中的基本经验，能够为我们结合经济社会发展的新要求和中国法治建设的新需求继续深入开展大学生法治观念培养提供有益指导。

（一）以中国国情为依托开展法治教育

在中国共产党强有力的领导下，中国人民经过革命、建设、改革和发展，在长期治国理政的实践探索中，逐步走上了法治化建设的道路。发达国家由于法治实践开始较早，有着深厚的历史积淀和民主法治基础，相比中国法治建设而言，法治起步早、条件成熟、法治化程度较高。世界各国国情不同，但是以法治作为维护国家安全和社会秩序的基本手段是现代社会的普遍做法。中华人民共和国成立后，中国人民在中国共产党的领导下，积极探索符合中国国情的法治制度和法治道路。从党的十一届三中全会这一新的历史起点开始，中国人民在中国共产党的领导下开辟了中国特色社会主义发展道路，形成了中国特色社会主义理论体系，中国特色社会主义法律体系也基本形成。马克思曾指出："人民自己创造自己的历史，但是他们并不是随心所欲地创造，并不是在他们自己所选定的条件下创造，而是直接碰到的、既定的、从过去继承下来的条件下创造。"[1]中国高校法律法规教育的出现与发展，不仅是以中国特色社会主义法治建设的实际需要为依据，更是以中国的国情为依托。

---

[1] 中共中央马克思恩格斯列宁斯大林著作编译局编译. 马克思恩格斯选集（第一卷）[M]. 北京：人民出版社，1995：585.

高校法治教育的开设均以国家普法规划和相关文件为指导。自从中国探索法治建设道路以来，就在不断寻求促进社会主义法治国家建设目标早日实现的科学方法。完善的法律体系、严格的执法、公正的司法都是法治实现的必要条件，但法治最为关键的一点还应有具备较高法律素质的公民和法治的社会氛围，而向公民普及法律知识和法治精神是最为直接和行之有效的办法。法律知识的普及和法治精神的培育是一项长期性、系统性、复杂性的基础工程，是实现社会主义法治国家建设目标的保障。我国从20世纪80年代开始，就致力于向公民普及法律知识，并以中央文件的形式制定普法五年规划，到目前已经进行到了第七个五年普法规划。每一个五年普法规划均以当时的国情和法治建设实际为依据，每个五年普法规划都有鲜明的主题、明确的目标、教育对象和工作任务。高校法律法规教育的开设和发展不是随意设置的，更不是盲目开设的，而是以国家普法规划和国家教育部门的文件为指导，并且紧跟上级新精神、新要求开展教学改革，适时更新教学内容和教学方法，满足中国的国情和法治建设不断发展的需要。

大学生法治观念培养的内容依据中国国情和法治建设而设立，并随中国国情和法治建设的发展变化而改革。目前，我们国家的经济发展水平已经取得举世瞩目的成就，相比世界发达国家，我们的法治建设发展还比较滞后，法治教育水平还有待提高，高校法治教育仍然需要基于中国国情和社会主义法治国家建设的实际需求进一步探索和发展，为进一步提高大学生法律素质而服务。

（二）以社会主义法治理念引领教育方向

自从党的十一届三中全会以来，我国就一直在探索社会主义法治建设的道路，在深入实施依法治国、建设社会主义法治国家的过程中，坚持以社会主义法治理念为指导。社会主义法治理念包含依法治国、执法为民、公平正义、服务大局、党的领导等五方面的内容。[①] 社会主义法治理念是中国共产党作为执政党对中国法治建设经验的凝练和升华，是关于社会主义法治内在要求的一系列观念、信念、理想和价值的集合体，更是指导和调整社会主义立法、执法、司法、守法和法律监督等的方针和原则。我国高

---

① 中共中央政法委员会编. 社会主义法治理念读本[M]. 北京：中国长安出版社，2009.

校法律法规教育是在我国实行依法治国和社会主义法治国家建设这一大背景下发展的，是与社会主义法治相契合的，也是为了实现"依法治国，建设社会主义法治国家"战略目标而服务的。我国高校法律法规教育的发展是随着社会主义法治建设的发展而发展，且必须与我国法治建设的实际相契合，既不能超越我国法治的现状，也不能落后于我国法治建设对大学生法律素质的需求。因此，我国高校法治教育的发展始终是在社会主义法治理念的指导下而发展的。

社会主义法治理念是立足于我国实际的关于法治的最为全面和真实的表达，具有深厚的思想渊源和丰富的实践背景，是党和国家关于社会主义法治本质及其规律的理性认识，是对社会主义法治精神和法治整体认识而形成的一系列基本理念，是马克思主义法学中国化的最新成果，是中国特色社会主义法治发展过程中重要的里程碑，是社会主义法治建设的精髓和灵魂，是中国立法、执法、司法和守法的重要指导性理念。我国高校法治教育以提高大学生的法律素质为己任，以促进大学生的全面发展为目标，我国高校法治教育在多年的发展中始终以中国社会主义法治建设的需要为指引，教学内容的安排紧密结合社会主义法治理念的要求，全方位、多层次提高大学生的法律素质。我国高校法治教育最为重要的内容之一就是培育法治理念，培育大学生对法律、法律价值、法律实施等的理性认识，让法律和法治成为大学生植根于内心深处的信念和观念。最具代表性的一点就是，在2009年9月中组部、中宣部、中央政法委、教育部联合发出了《关于认真学习〈社会主义法治理念读本〉的通知》后，各类高校严格遵照文件精神，将社会主义法治理念的本质内涵和基本要求纳入《思想道德修养与法律基础》教材之中，并形成了《思想道德修养与法律基础》（2010年修订版），增加了弘扬社会主义法治理念的教学内容。社会主义法治理念本身也有一个发展和完善的过程，但是从法治建设与法治教育的逻辑关系看，我国高校大学生法治观念培养的发展坚持以社会主义法治理念为引领，科学设置教学内容、及时更新教学方法和手段来充分贯彻和传达法治的核心要义，引导大学生形成对法治的理性认识，使大学生从内心认可社会主义法治及其理念，真正培养大学生依法办事的思维和行为习惯。以社会主义法治理念为指导，是中国开展高校法治教育需要一直遵循的准则。

（三）以课堂教学为教育主渠道

高校作为培养社会主义现代化建设需要的高素质人才的主要场所，在实行依法治国战略、建设社会主义法治国家的今天，高校还承担起了提高大学生法律素质的重任，高校传授知识、培养学生的主要途径在于课堂教学，课堂教学是最为直接、最为系统的育人手段，也是覆盖面广、受众人数多的一种教学途径，因此，高校法律法规教育从设立之初就从课堂教学这一传统教学形式进行探索，从课程设置、教学内容安排、教学方法改革等对法治教育进行建设和改革，充分发挥课堂教学培养大学生法律素质的主渠道作用。

高校法治教育注重发挥"思想道德修养与法律基础"在提高大学生法律素质中的主体作用。从之前高校法治教育的发展历史可以看出，现在全国高校普遍执行的"思想道德修养与法律基础"是由20世纪80年代的"法律基础"课逐步发展演变而来，这一课程从设立之初就与马克思主义理论课并行发展，并作为非法律专业大学生的公共必修课，到现在与"马克思主义基本原理""毛泽东思想与中国特色社会主义理论体系概论""中国近现代史纲要""形势与政策"四门思想政治理论课一起作为高校大学生的公共基础必修课，体现了国家和教育部门对高校法治教育的高度重视。"思想道德修养与法律基础"面向全体大学生开设，并及时根据国家法治建设的新动态和思想政治理论课教育教学改革的新思路进行教学内容、教材、教学方法等的革新。《思想道德修养与法律基础》教材自2006年正式出版以来，经过了6次修订，各类高校授课教师及时根据上级部门的教改意见和国家时政热点等更新教学内容，并采用情景模拟、案例教学等多样化的教学方法提高教学效果，增强高校法治教育对大学生的吸引力。"思想道德修养与法律基础"作为各类高校大学生在校期间的公共必修课，是思想政治理论课的核心课程，更是对大学生进行道德教育和法律法规教育的主渠道和主阵地。高校大学生法治观念培养的发展就是围绕这一主渠道和主阵地而不断丰富其内涵，不断取得新的发展。

大学生法治观念培养的未来发展仍需要发挥课堂教学的主渠道作用。课堂教学主渠道作用的发挥，不仅要做好"思想道德修养与法律基础"公共基础课，还要开展好法治教育相关选修课程。大学生法治观念培养是一项系统性工程，高校开展法治教育能够充分发挥学校的学科优势、人才优势和智力优势，认真研究国家法治理论和法治建设对人才培养的新要求，研究法治领域的理论问题和实践问题，强化立德树人的责任感和使命感。加强法治教育师资队伍的培育和建设，提高教师的法律素质，提高其教学能力和教学水平，不断改革和创新教学内容、教学方法和教学手段，将教学内容的科学性和大学生思想实际、发展需要、国家法治建设对公民法律素质的要求结合起来，不断提高法治教育课程的针对性和有效性，进一步发挥主渠道和主阵地的作用。

（四）以普及法律知识为教育基础

学校教育工作的中心环节就是开展教学，教授学生知识。普及法律知识作为高校法律法规教育的基础和中心环节，是大学生形成一定的法律观念、提高法律能力以及培育法律信仰的必要条件。高校法律法规教育的重要任务就是普及宪法、刑法、刑事诉讼法、民法、民事诉讼法等法律知识，使大学生掌握最基本的法律知识，从而做到知法、懂法、守法，养成有法必依、依法办事的观念和行为习惯。高校法治教育沿袭和借鉴了专业法学教育的教育模式和教育内容，注重从法律规范、法律条文的学习做起，打好法律法规教育的知识基础，为法治观念的培育、法律能力的提高、法律信仰的培育奠定坚实的基础。

历次全民性的普法教育均重视法律知识的普及。高校法治教育紧跟中国民主法治建设的进程而发展，中国特色的社会主义法律体系在中国不断推进法治建设的进行中不断丰富和发展，与之相关的法律知识也处于不断的更新和发展之中。高校法律法规教育所普及的法律知识与中国的立法、司法进程密不可分，教学内容的安排应当包含哪些法条、反映哪些最新的立法成果，都是高校法治教育需要统筹考虑的问题。高校法律法规教育是在全民性的普法教育规划指导下开展的，在历次全民性的普法教育中，虽主要内容有所不同，但核心目标和基本要求都突出强调普及法律知识。

大学生法治观念培养始终注重向大学生普及法律知识。大学生法治观念培养的主要途径——必修课"思想道德修养与法律基础"，跟随中国民主法治建设的需要和教育教学改革以及学生成才发展的需要，经过多次改革，其教材也经历了多次修订，逐步融入了中国民主法治建设的新理论、国家重大理论以及重要的法律文件新精神等。以《思想道德修养与法律基础》教材为研究对象，细数历次教材修订的改革内容以及教材的各章节内容安排，虽结合中国民主法治建设需要有新的要求和教学内容，但法律知识的普及始终都没有削弱，一直处于基础性地位。纵观历次修订的教材，每版教材都有明确的章节讲授法律知识，《思想道德修养与法律基础》教材2006版、2007版、2008版、2009版和2010版均以第八章的"了解法律制度 自觉遵守法律"为主体进行法律基本知识的讲授；2013版教材修订幅度较大，以第五章的"领会法律精神 理解法律体系"为主体讲授法律基本概念、中国特色社会主义法律体系等法律知识；2015版以第六章的"学习宪法法律 建设法治体系"为主体讲授宪法及法律的概念和发展、各部门法和社会主义法治体系的内容等法律知识。

通过梳理历次全民性普法教育规划的主要内容和高校法律法规教育的主要途径——《思想道德修养与法律基础》教材的内容，我们不难发现，无论普法规划中的教育内容因社会经济发展而发生变化还是历次教材修订，法律知识的普及都以不同的形式在高校法治教育中予以强调，并且尤其突出宪法知识的教育，法律知识的普及在高校法治教育中都始终处于基础性地位，无论是哪一时期的高校法治教育，都突出强调法律知识普及的重要性。这也是中国高校法治教育发展的理性经验，值得传承和发扬。

第五章　全面依法治国视域下大学生法治观念培养现实审视

调查与分析大学生法治观念培养的现状及存在的问题和原因是研究全面依法治国视域下大学生法治观念培养的逻辑起点。为深入了解当代大学生法治观念培养现状，需要设计大学生法治观念培养调查问卷，对当代大学生的法治观念培养状况进行调研，并在此基础上，理性审视近年来大学生法治观念培养的实际状况和存在的问题，从而认识到加强大学生法治观念培养工作的重要性。

一、大学生法治观念培养的现状分析

（一）大学生法治观念培养的多维度调查

1. 调查问卷设计的基本原则

为了确保问卷设计的有效性，需要系统地梳理国内外关于法治研究的相关文献，借鉴高校法治教育的研究成果，在此基础上进行量表的设计，在具体的设计过程中遵循以下原则。

一是合理性原则。问卷的设计必须紧扣大学生法治观念培养及其影响因素，所有模块及相关问卷题项的设计围绕高校法治教育的现状与存在的问题逐层展开，不设计相关度不高或者涉及学生隐私的问题项，以确保问题回答的真实性。

二是普遍性原则。问卷题项的设计对于主题的调研具有普遍意义，能够反映真实状况。例如，对法律知识项的测试，选择的知识测试点应当具有普遍意义，既要体现出专业水平，又要适合大多数学生，尤其是避免出现常识性错误。

三是逻辑性原则。问卷整体逻辑关系清晰，主题项与问题之间、问题与问题之间具有逻辑性，不能出现逻辑上的谬误。整体设计上，要使回答问卷的学生感到问题集中、提问有章法。

四是明确性原则。问题题干设置规范以及问题选择项准确，以确保命题的准确性以及回答的明确性。例如，法治观念的调查中，测试学生对于勤工俭学过程中的欠薪问题处理，选择项包括"申请劳动仲裁""向法院起诉""自认倒霉""其他"，明确学生的法治思维状况。

2. 调查问卷的内容设计

大学生法治观念培养及其影响因素调查问卷内容分为两个部分：

一是法律知识部分。法律知识教育是大学生法治观念培养的前提。大学生法律知识教育从基本法律知识教育、专题性法治教育到初步运用法律知识的实践，大学生理应具备一定的法律常识以及运用法律常识处理问题的初步能力。法律知识一方面是调查学生的法律常识，另一方面也是观测高校法律知识的教育效果。为此，本部分问卷设计了7道问题，涉及大学生对于法律与法治内涵、法治与人治、法治与核心价值观以及日常法律纠纷问题等多维度的理解与认知状况。

二是法治观念部分。法治观念教育是大学生法治教育的核心。法治是治国理政的基本方式，大学生法治观念和法治素养关系着依法治国基本方略和建设法治国家宏伟目标的顺利实现，大学生理当具备法治观念，培育法治思维，养成自觉遵纪守法、严格依法办事的习惯。为此，本部分问卷设计了8道问题，涉及大学生能否以法治思维来理解与处理日常生活问题，尤其是从观测大学生对于自身权益的维护、法律热点问题的关注、违法行为的认知和社会典型案例的态度等维度，调查大学生的法治观念状况。

3 调查问卷的发放回收

为确保样本选择的普遍性和有效性，本调查选择在省内高校和省外高校同时发放问卷，高校层次涉及985高校、211高校、普通本科院校和高职高专院校，确保了调查对象的广度。问卷全部采用网络链接发放，线上匿名作答，确保调查结果的真实性。调查共回收调查结果1395份，其中省外高校342份，省内高校1053份。在回收调查结果中，问卷答题中有个别

第五章　全面依法治国视域下大学生法治观念培养现实审视

调查对象存在漏答的现象，但是总体完成率达到 90% 以上，应视为有效结果，据此统计有效结果共 1389 份，有效率为 99.57%。

4. 调查问卷的结果统计

（1）法律知识部分

① 获取法律知识的主要来源，此为单项选择题，有效数据 1388 份，选择项及其结果如图 5-1 所示：

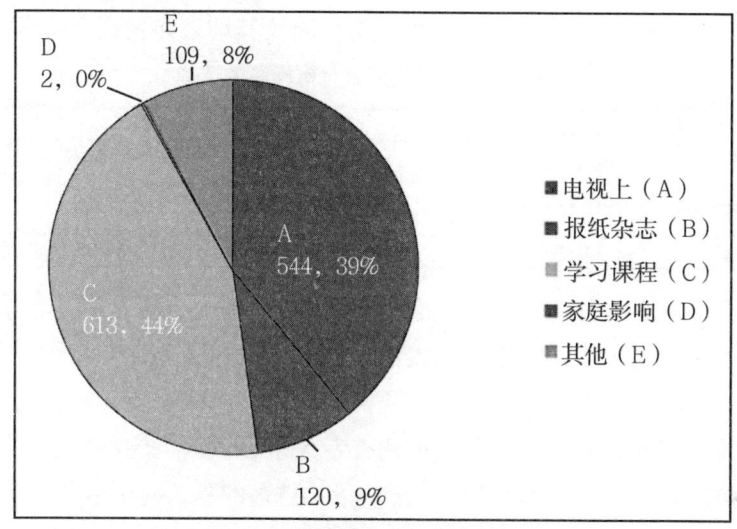

图 5-1 法律知识的主要来源

- 电视上（A）544, 39%
- 报纸杂志（B）120, 9%
- 学习课程（C）613, 44%
- 家庭影响（D）2, 0%
- 其他（E）109, 8%

大学法律知识的最主要来源还是课程教学，其次是电视媒体，而能从家庭获取法律知识的可能性几乎可忽略。随着互联网的普及，大学生从网络获取法律知识的比例增加。

② 关于法律基本内涵的理解，此为单项选择题，要求调查对象选择错误项，有效数据 1389 份，选择项及其结果如表 5-1 所示：

表 5-1 大学生关于法律基本内涵的理解

选择项	A 法律是由国家制定或认可并由国家强制力保障实施的	B 法律是由社会物质生活条件决定的	C 法律是统治阶级全部意志的体现	D 法律不是从来就有的，也不会永恒存在
人数（人）	205	597	183	404
占比（%）	14.76	42.98	13.17	29.09

法律基本内涵是法律最基本的常识，选项的错误项是C，在阶级社会中，统治阶级内部也存在着利益冲突，因而法律不可能是统治阶级意志的全部，但是绝大多数的调查对象没有选择C；法律是人类社会发展的产物，法律就内容而言不仅不可能超越社会物质生活，而且还要随着社会物质生活条件的变化不断补充，但是有近一半的被调查者选择B项。

③ 法治与人治何者优劣问题。此为单项选择题，要求调查对象理解法治与人治的关系，有效数据1387份，选择项及其结果如表5-2所示：

表5-2 法治与人治何者优劣问题的选择

选择项	A	B	C	D
	"法治"优于"人治"	"人治"优于"法治"	"法治"与"人治"无优劣之分	不清楚
人数（人）	587	64	697	39
占比（%）	42.32	4.61	50.25	2.81

法治与人治作为人类社会发展过程中的治国理念，各有其优点与缺点；在现代国家的治理中，法治优于人治，法治可以避免人治随意性、多变性的弊端，具有统一性、稳定性、权威性的特点，能保证现代社会的稳定和有序发展。调查结果表明，虽然被调查者大多数认为人治与法治并无优劣之分，但是很少有人会认为人治优于法治，更多的是认同法治。

④ 法治的核心要义是什么。此为单项选择题，要求调查对象准确理解法治的内核，有效数据1388份，选择项及其结果如图5-2所示：

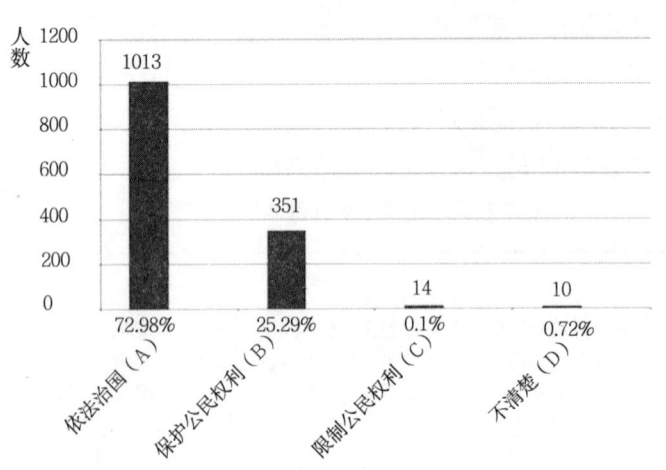

图5-2 大学生对法治的核心要义的理解

法治既是指一种治国的方略、社会调控方式和依法办事的秩序，又是指一种法律价值、法律精神，法治相对于人治而产生，因此其目标指向是约束公权力。我国长期受人治影响，法治的核心要义就是要依法治国。调查结果显示，大多数的学生选择了 A，将法治的核心要义定位在依法治国，也有学生选择了 B，将法治的核心要义定位在保护公民权利，这其实是理解角度不同，无论选择 A 或者 B，都表明对法治重要性有高度的认同。

⑤ 法治列入社会主义核心价值观教育的必要性。此为单项选择题，要求调查对象准确把握法治教育与社会主义核心价值观教育的关系，有效数据 1386 份，选择项及其结果如表 5-3 所示：

表5-3 法治列入社会主义核心价值观教育必要性的认识

选择项	A 非常必要	B 必要	C 无所谓	D 没必要
人数（人）	1004	344	26	12
占比（%）	72.44	24.82	1.88	0.87

《关于进一步把社会主义核心价值观融入法治建设的指导意见》指出，要"把社会主义核心价值观融入法治建设，是坚持依法治国和以德治国相结合的必然要求，是加强社会主义核心价值观建设的重要途径"[1]，法治教育列入社会主义核心价值观教育非常必要。调查结果显示，超过九成的学生认同将法治教育列入社会主义核心价值观教育，其中超过七成的学生选择 A，认为非常必要。

⑥ 谁不是遗产继承的第一顺序。此为单项选择题，观测调查对象的法律常识，有效数据 1389 份，选择项及其结果如图 5-3 所示：

---

[1] 中共中央办公厅，国务院办公厅. 关于进一步把社会主义核心价值观融入法治建设的指导意见 [A]// 中国政策汇编 2016. 北京：中国言实出版社，2017：2891-2894.

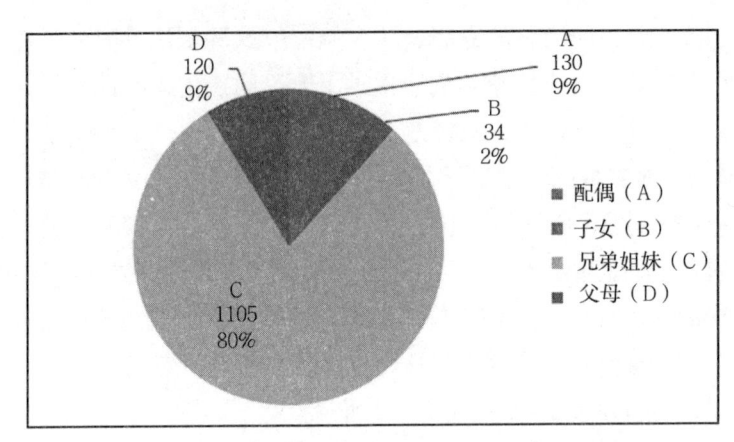

图5-3 对谁不是遗产继承的第一顺序的认知

按照民法典，配偶、子女、父母属遗产继承的第一顺序人，兄弟姐妹属遗产继承的第二顺序人。调查结果显示，八成的学生选择 C，认为兄弟姐妹不是遗产继承的第一顺序人，只有少数学生选择了其他项，其中原因既有学生认知问题，也包含题干设计导致误选的因素。

⑦ 王某将其危害乡里的亲生儿子捆绑溺死，司法机关的批捕与村民联名请愿。如何看待王某的行为。此为单项选择题，观测调查对象如何看待"法"与"情"的问题，有效数据1388份，选择项及其结果如表5-4所示：

表5-4 对王某溺死危害乡里的亲生儿子行为的看法

选择项	A	B	C
	大义灭亲，应该原谅	故意杀人，应该受到法律制裁	其他
人数（人）	70	1191	127
占比（%）	5.04	85.81	9.15

秉公执法，法律无情，这是法律永恒的公理。但人间有真情，才使有情的社会正常运行。调查结果表明，大学生的是非观念非常明确，超过八成的大学生选择了 B，认为王某故意杀人，应该受到法律制裁；只有极少数的学生选择 A，认为王某的行为大义灭亲，应该原谅。

（2）法治观念部分

法治观念反映了大学生群体对法律的情感和态度，体现在心目中尊重、推崇和信奉法律，同时还要有自觉地用法律来约束自己言行的观念。

① 丢失贵重物品时是否会选择报警。此为单项选择题，观测调查对象

是否具有运用法律维护自己权益的观念，有效数据1388份，选择项及其结果如表5-5所示：

表5-5 丢失贵重物品时是否会选择报警

选择项	A 会报警	B 不会报警	C 不一定
人数（人）	1141	41	206
占比（%）	82.20	2.96	14.84

丢失贵重物品选择报警并在派出所登记挂失是公民维护自己权益的正当之举，也反映出公民对于法律的信任以及法治的认同。调查结果显示，超过八成的学生在丢失贵重物品时选择报警，只有很少的学生选择沉默或者不确定。

② 好友借钱是否会要求对方打借条。此为单项选择题，观测调查对象在经济交往中是否遵循基本的法律"规矩"，有效数据1388份，选择项及其结果如图5-4所示：

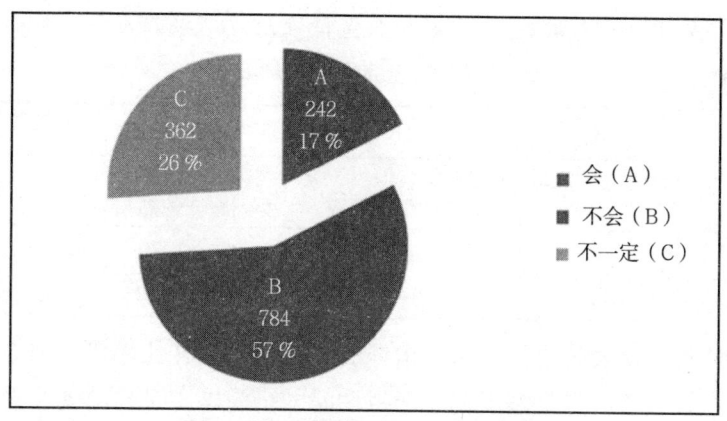

图5-4 是否要求好友借钱打欠条

在人际社会中，朋友之间相互借贷似乎并不可能避免。朋友开口借钱，借的话，可能会"冒险"，不借的话，可能伤"面子"。如果朋友的确需要，不妨借，但是一定要有借条。调查结果表明，一半以上的学生选择了B，不需要朋友打借条，只有不足两成的学生会索要借条，表明在日常的借贷往来中，大学生在一定程度上缺乏法律意识。

③ 看到成人高考有偿替考信息是否会去替考。此为单项选择题，观测

调查对象在经济利益诱惑面前是否具有定力，有效数据1387份，选择项及其结果如表5-6所示：

表5-6 是否会有偿代考

选择项	A	B	C	D
	会	不一定，看是否急用钱	不会，是违法行为	其他
人数（人）	26	29	1321	11
占比（%）	1.87	2.09	95.24	0.79

按照我国刑法，成人高考属于国家考试，有偿替考涉嫌犯罪，这是法律底线，不容逾越。调查结果显示，九成以上的学生都选择了C，认为自己不会为了钱去替考，但是也有极少数学生选择A或者B，虽然是极少数，但是值得相关部门高度重视。

④中韩两国因"萨德"问题关系紧张，一名女子在乐天超市做出捏碎方便面、偷吃零食并全程配乐——歌曲《中国人》在网络直播，如何看待她的行为。此为单项选择题，观测调查对象能否正确认识理性爱国与依法治国的关系问题，有效数据1389份，选择项及其结果如表5-7所示：

表5-7 如何看待非理性的爱国行为

选择项	A	B	C	D
	有勇气，值得赞赏	虽然有错，但出于其爱国情结可以原谅	涉嫌触犯法律，可能受到法律的惩罚	其他
人数（人）	34	44	1270	41
占比（%）	2.45	3.17	91.43	2.95

新时期公众表达或抒发家国情怀的渠道呈现多样化趋势，网络直播是其中重要的渠道。但是基于互联网特性的网络爱国主义易出现非理性的趋势，可能出现偏激暴力或者违法犯罪的苗头，对爱国主义构成负面影响。因此需要大学生坚持法律的底线思维，做到理性表达情感诉求。调查结果显示，大学生绝大多数都坚持法治观念，选择C，认为该女子涉嫌触犯法律，可能受到法律的惩罚，只有不足一成的学生选择赞赏或者同情该女子。

⑤遭遇校园暴力侵害时选择如何处理。此为单项选择题，观测调查对象如何处理校园内的不法侵害问题，有效数据1389份，选择项及其结果如

表 5-8 所示:

表5-8 遭遇校园暴力侵害时选择如何处理

选择项	A	B	C	D
	忍气吞声	伺机报复	报警	其他
人数（人）	21	41	1215	112
占比（%）	1.51	2.95	87.47	8.06

大学校园暴力事件不仅会伤害学生的身心健康，也冲击着社会道德底线，校园暴力事件屡禁不止的原因之一就是许多受害者选择了忍气吞声或者以暴制暴。近年来法治教育效果明显，调查结果显示，在受到不法侵害时，有近九成的学生选择报警，只有极少数学生选择忍气吞声或者伺机报复。

⑥ 勤工俭学遭遇雇主不按事先约定支付工资时如何处理。此为单项选择题，观测调查对象是否具有运用法律来维护自身合法权益的理念，有效数据1388份，选择项及其结果如表 5-9 所示：

表5-9 勤工俭学遭遇雇主不按事先约定支付工资的处理

选择项	A	B	C	D
	申请劳动仲裁	向法院起诉	自认倒霉	其他
人数（人）	1121	131	49	87
占比（%）	80.76	9.44	3.53	6.27

拖欠或抵赖员工工资，这是对劳动者的不法侵害，大学生勤工俭学遭遇雇主不按事先约定支付工资的现象，在现实生活中确实存在。调查结果表明，大学生具有很强的维权意识，九成以上学生主张依法讨薪，其中有超过八成的学生选择 A，主张先行通过申请劳动仲裁维护权益。只有极少数学生会选择自认倒霉或者通过其他渠道处理。

⑦ 对于国家机关行使公权力的认识。此为单项选择题，观测调查对象对国家机关，特别是行政执法部门，行使公权力的法律认识问题，有效数据1389份，选择项及其结果如图 5-5 所示：

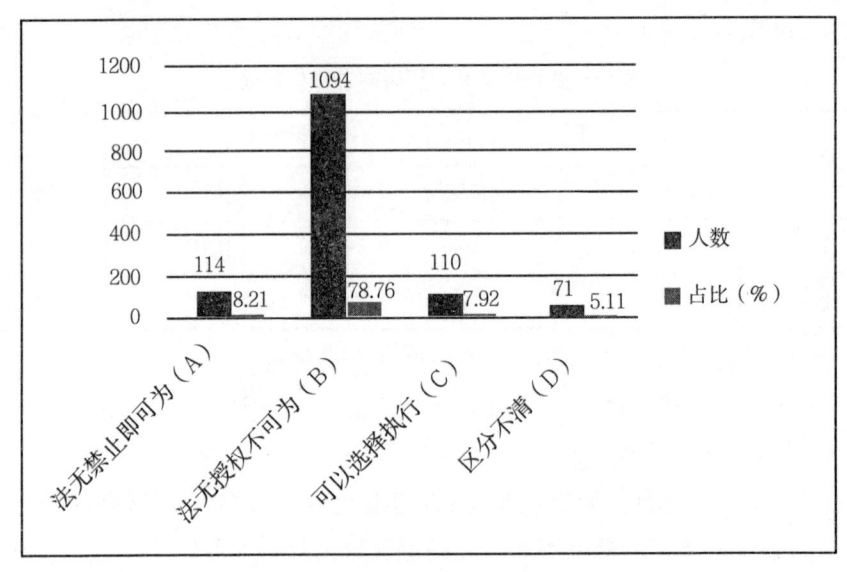

图5-5 对于国家机关行使公权力的认识

"法无禁止即可为""法无授权不可为"两个意思完全相反的法律谚语，前者是指公民或者法人可以充分运用自己的权利，后者是指行使公权力的部门必须严格依法行使手中权力，不能超越授权范围行使权力。调查结果表明，近八成的学生选择B，准确把握了"法无授权不可为"的法律意义，也有少数学生选择了A或者C，认为公权力可以"法无禁止即可为"或者"可以选择执行"。

⑧ 对我国法律适用的看法。此为单项选择题，观测调查对象对现行法律体系按照法定职权和法定程序来客观公正处理各种事务的认同度，有效数据1386份，选择项及其结果如表5-10所示：

表5-10 对我国法律适用的看法

选择项	A 法律对各个群体一视同仁，并无偏袒	B 略有不公正，法律偏向于保护有社会地位的人，对弱势群体不利	C 非常不公正，弱势群体的权益得不到保护	D 不了解
人数（人）	1029	256	46	55
占比（%）	74.24	18.47	3.32	3.97

法律适用终极目的是实现公正，司法公正是人民法院运用法律审理案件的出发点和归结点。人民法院通过实体公正、程序公正、司法效率来体现其司法公正。调查结果显示，大多数学生选择 A 项，认为我国的现行法律对各个群体一视同仁，并无偏袒；也有近两成学生选择了 B，认为现行的法律略有不公正，法律偏向于保护有社会地位的人，对弱势群体不利；只有极少数学生对现行法律适用不认同或者根本不了解。

（二）大学生法治观念培养的基本现状

调查问卷统计表明，大学生具备一定的法律知识，懂得知法守法，具有一定的法治思维能力，大学生的法治观念培养取得了一定的成效，这显然与高校加强大学生思想道德修养与法律基础教育密切相关。但目前大学生法治观念培养工作也仍然面临着诸多挑战，工作尚未取得理想效果，距离实现社会主义法治国家建设目标的要求还有一定的差距，具体实施过程中仍存在一定的问题。

1. 法治观念培养的主要成效

近年来，随着高校思想政治教育工作的加强与改善，高校的法治教育得到重视，大学生的法治素养得到提升。许多学生在知法、尊法、守法过程中，形成对法治的认同和坚定信仰，具备自觉运用法律手段解决社会生活问题的能力。大学生法治观念培养取得的主要成效体现在以下三个方面。

（1）掌握了法律的基础知识。法治观念的提升的前提是具有系统的法律知识。对于普通大学生而言，法律知识系统性不是指掌握法律条文的系统性，大学生学习的法律知识也不是指法律文本本身，其可能更多的是指法律制度背后的基本价值观念。在现代社会"社会公众所应掌握的法律知识主要体现为基础的法治价值观，这些价值观在某种程度上能够影响社会公众的法律行为"[1]。因此，大学生对法律知识的了解和掌握与对法律制度的信任有很紧密的关联。调查显示，大部分大学生都从课程学习中（占比 44%）和电视上（占比 39%）获得法律知识。同时，大部分大学生对于日常法律知识有较为准确的掌握，如问卷法律知识部分第 4 题对法治核心要义的提问，有 72.98% 的大学生选出了正确答案"依法治国"；第 6 题，对于民法典中遗产继承顺序的提问，有 80% 的大学生做出了正确选择；第

---

[1] 张善根. 法律信任论[M]. 北京：中国法制出版社，2018：117.

7题对于王某行为的判断有85.81%的大学生是正确的。

（2）形成了基本的法治认同。法治认同是法治建设的重要内容和目标，在特定社会结构中，社会公众的法治认同为法治建设需要提供稳定的社会心理基础，提升大学生的法治认同是形成大学生法治信仰的关键保障。①

高校在法治教育中注重依法治国和以德治国相结合，大学生学习践行社会主义核心价值观的过程中，形成对社会主义法治的基本认同。调查显示，大部分学生在法治教育实践活动中切身地感受到法治的力量，形成遵守法律、相信法律、拥护法律的精神，体现出法律信赖、热爱与尊崇的真实情感。如法治观念部分第1题，关于贵重物品丢失是否会选择报警问题，有82.20%的学生选择报警，相信法律；第7题，对国家机关行使公权力的认识问题，有78.76%的大学生做出了正确选择"法无授权不可为"。

（3）具备初步的法治思维能力。当代大学生的法治观念已初见雏形，自身的维权意识愈发增强，公平、民主、正义、自由等现代化的法治理念为绝大多数的大学生所认同，他们对社会上出现的一些法律焦点问题会表现出强烈的法律责任感，具备初步的法治思维能力。调查显示，部分大学生学会用法律知识指导自己的行为，能够自觉将法律意识内化为自身的行动指南。如法治观念部分第5题，关于遭遇校园暴力侵害的选择，有87.47%的大学生选择报警；第6题，关于勤工俭学遭遇老板不按约定支付工资的事件，有90%以上的学生选择申请劳动仲裁或者向法院起诉，由此可以看出，这部分学生具有一定的法治思维能力。

2. 法治观念培养的主要问题

调研数据显示，部分大学生法治观念缺失主要表现在以下几个方面：

（1）法律知识缺乏系统性。如前所述，扎实的法律知识是增强当代大学生法治意识的先决条件，随着我国普法教育的推进，当代大学生的法律知识水平在总体上有显著提升。但是，大学生法律知识还缺乏系统性，尤其是在法律概念的认知上还存在较大误差。例如，法律知识部分第2题对于法律基本内涵的表述，只有13.17%的大学生选出了正确答案，而一半以上的大学生对于这一问题都做出了错误的选择；第3题关于"法治"与"人

---

① 喻名峰. 法治认同的理论辨析与路径探索[J]. 湖南师范大学社会科学学报，2015（04）：97-102.

治"关系的问题,只有42.32%的大学生认为"'法治'优于'人治'",占有50.25%最大比例的大学生选择了"'法治'与'人治'无优劣之分",另有4.61%的大学生认为"'人治'优于'法治'"、2.81%的大学生选择了"不清楚"。

可见,虽然大部分大学生对于基本的法律问题有正确的认知和掌握,但是他们对于"法律"和"法治"的概念并没有清晰的判断,对法律知识缺乏系统性的掌握。

(2)法律信任存在不确定性。法律信任就其心理学角度而言是情感与理性共同作用的结果。法律信任的确定性就是对于法律的忠诚,是对法治的一种心悦诚服的认同感。当前,新旧价值观念的更替影响了当代大学生的思想观念,大学生的价值观念呈多样化的变化,而价值观念是形成大学生法律信仰体系的指南针,价值观念的多样化会导致对法律信任的不确定性,从而产生法律信仰迷茫的状况。

首先,部分大学生对是否该相信法律感到迷惘。如法治观念部分第1题,对于贵重物品丢失问题,还有2.96%的大学生选择不会报警,14.84%的大学生选择不一定,这一问题非常直观地反映出大学生对于法律的信任程度。这一现象的出现一方面是大学生缺乏相应的社会实践经验,另一方面也表现为大学生对法律的认识较为片面。

其次,部分大学生更依赖亲情和人情解决问题,而不是法律。如第2题关于是否会要求借钱的好友打借条一事,只有17%的大学生选择"会",一半以上的大学生选择了"不会",26%的大学生选择"不一定"。由此可见,当法律问题遇上人情问题时,有相当一部分的大学生会向人情让步,他们或许将法律视作解决社会问题的工具,但对法律缺乏心理上的依赖。在中国社会中,社会成员评价和判断事件的顺序往往是"情—理—法",先考虑是否合情,再考虑是否合乎理、法。可见这种"人治重于法治,人情优于法律"的传统观念,在大学生脑海中仍然有很深刻的影响。

最后,法律权威遭到质疑。法律权威是一种基于认同的权威,公众认同是法律权威的根源。中国是一个道德同质性程度较高的社会,集体意识强大。"法律权威只有满足了集体意识中的正义情感与价值诉求,获得了普遍的公众认同,才可能具有存在的正当性与合法性。"[1]当前社会中存在的一些司法腐败的现象使得我国法律权威受到群众的质疑。如法治观念部分第7题关于国家机关行使公权力的认识,有8.21%的大学生选择了"法无禁止即可为",7.92%的大学生认为"可以选择执行",5.11%的大学生区分不清。这就显示出大学生对法律权威的认识不到位,法治社会应当有法律至上的观念,应该严格将自己的言行规范在法律范围内,任何时候、任何组织和个人都不得逾越法律权威。

(3)法律认知具有功利性。改革开放以来,国家经济获得迅猛发展,我国也已成为世界第二大经济体,在国际社会中越来越拥有更多的话语权,国民对财富的追求越来越高。受这种社会环境的影响,一些大学生的价值观也受到了影响,出现了功利化色彩,并在法律信仰上表现出来。

大学生对法律是否认同取决于法律是否契合自身利益。如法治观念部分第3题关于有偿替考事件的选择上,虽然有95.24%的大学生坚定地选择了"不会,是违法行为",但仍然还有1.87%的大学生选择了"会",还有2.09%的大学生选择"不一定,看是否急用钱"。这就反映出部分大学生对法律的信任是区分不同情况的,当法律能够满足自身利益诉求时,会选择遵守并将之视为保护手段,而一旦法律与自身利益诉求相悖时,他们又会抛弃法律寻求其他契合自身利益的手段。

(4)法律信仰与行为选择脱节。法律信仰与行为选择脱节,指的是大学生法律信仰的理念和面对法律事件所做出的行为之间产生矛盾。具体主要表现在以下两个方面:

首先,权利意识增强但维权行为滞后的现象。如法治观念部分第5题,仍有4.46%的大学生选择"忍气吞声"或"伺机报复"等行为。再如第6题,还有9.8%的大学生选择"自认倒霉"或者"其他"。由此可以看出,在实际生活中,还是有一些大学生会因为各种原因而不采取相应的维权行为,出现知行不一的情况。

其次,部分大学生的法律意志薄弱。法律意志和法律行为联系密切。目前在校大学生受应试教育的影响较大,"进入大学后,年龄普遍较低,

---

[1] 公丕祥.“四个全面”战略布局研究丛书——全面依法治国[M].南京:江苏人民出版社,2015:293.

心理和生理都很不成熟，对复杂的社会环境缺乏深刻的认识，极易受不良思潮的影响而偏离正确的思想轨道"[1]，法律意志极其容易被外在环境所影响。如第11题在"萨德"问题影响下，对女子在乐天超市做出的有损超市利益的行为的判断，有2.45%的大学生认为"有勇气，值得赞赏"，3.17%的大学生认为"虽然有错，但出于其爱国情结可以原谅"。可见，周围环境对学生法律意志的影响不可小觑。法律信仰与行为选择的脱节，加之过分强调以自我为中心，会造成大学生看问题往往主观偏激，缺乏足够的明辨是非的能力，容易违法和犯罪。

二、全面依法治国视域下大学生法治观念培养存在问题的原因

大学生法治观念缺失对于大学生的成长成才和社会发展不利。理性分析大学生法治观念培养问题的原因，并在此基础上培育大学生的法治观念，是大学加强与改进思想政治教育的重要内容。

（一）高校法治教育的主体作用不明显

"将法治教育纳入国民教育体系"意味着大学生法治教育已经成为高校人才培养体系中不可或缺的部分，大学生法治观念培养是高校落实立德树人根本任务的应有之义。调研表明，法治观念培养存在不足，高校主体作用不明显是其中重要的原因。

高校主体作用不能有效发挥是近年来大学生法治教育存在的突出问题，由此直接影响大学生法治观念的培养。调查反馈的结果表明，法治观念的缺失以及由此引起的大学生法治信仰淡漠，这是不争的事实。究其原因，主要在于现行的思想政治理论课教育教学存在不足以及校园文化中法治文化元素匮乏。

1. 思想政治理论课教学中存在不足

一是法律知识的教学方法创新不足。当前，高校对非法学专业学生法律基础知识内容的讲授，多以传统的课堂教学、面对面讲解为主。高校思

---

[1] 姚继德，武艳敏，洪文杰. 当今社会观念透视[M]. 北京：线装书局，2008：20.

想政治理论课中的法治教育，面对面授课这种传统的教学方法能够帮助学生在较短的时间内形成自己的知识系统，并达到一定的知识储量。但这种教学方法有一个明显的不足，就是对学生的创造力和探索精神把握不够，学生的主体地位在教学中无法突显。要实现法律知识向法治素养转化，不仅需要书本和课堂提供的知识，更要在具体的实践场合甚至社会交往中对特定的法律关系进行构建，并能近距离接触或具体参与到特定的法律行为中。而当前的实践性教学一般以讨论、演讲、调查等形式为主，方式老套并浮于表面，活动的深度和广度都不够，而且大多数活动的主题都在学校范围内，着重于解析学生身边发生的违纪违法问题，学生对此类事件的兴趣程度不高，调查表明，学生更希望能够走出校园，走向社会的大舞台，真正了解社会法治建设的真实情况。学生从课堂学习中找不到具体出路，将导致法律知识的学与用发生脱节，在社会交往中遇到涉法问题时无法做出正确的应对，法治素养始终在低层次徘徊，得不到有效提升。

二是部分教师的法学功底相对薄弱。"术业有专攻"，专业的事情需要专业人才去做才能实现科学发展，大学生法治素养的培育也是一样，只有具有丰富的法律专业知识的专业教师才能真正对提升大学生法治素养有所作为。从调查结果来看，相当一部分承担"思想道德修养与法律基础"的思想政治理论课教师都不是法学专业出身，自身法学功底薄弱，法治教学能力欠缺，导致教学效果难以提高，这也直接成为影响大学生法治素养提升的重要因素。造成这一现象的原因，一方面是法律专业人才引进困难，法律专业人才更倾向进入专门的法律领域，成为司法人员、职业律师，或成为法律专业的研究学者，选择进入思想政治理论课教学领域的很少。另一方面，教师的法学功底提升也较为困难，仅依靠教师自学困难重重，思想政治理论课教学岗位培训中又少有法治教育专项内容，所以导致教师法学功底固定在一个水平层次，难以突破和超越，进而影响法律知识的教学效果。

2. 校园文化中法治元素缺乏

教育功能是校园文化的核心功能。当前，法治已渐渐渗透到校园文化之中，成为其重要的组成部分，但就现实情况和实际效果而言，还存在较多薄弱环节，有待进一步加强。

校园环境中法治元素不突出。从软件上来看，学校制度体系和治理结构民主程度还有很大的完善和提升空间。学校的各项规章制度强调的是对教师的教学行为和学生在校行为的约束和规范，更多的是在为管理服务，而在对教师和学生合法权益的保护方面不够充分。从硬件上看，高校的各类硬件设施的主要功能是服务于学生的学习与生活，专为法治教育服务的设施不多。例如，校园内的灯箱、展板上少有法治教育的内容，展馆、校内网络等可以用来对学生进行法治教育的场所功能发挥不到位，这些都使得法治教育在整个校园环境中发声微弱。教育教学活动中，教师依法办事、公平办事情况如何，也会对法治教育效果产生影响。

（二）高校对大学生法治观念培养的认识不全面

大学生思维敏锐，改革创新热情高，他们的观念往往受所处时代的影响和制约。在社会转型期，其价值观念与信仰体系随着社会主义市场经济的迅猛发展而产生了急剧、深刻的变化，而法治观念的培养是大学生观念体系建构的重要内容，具有特别重要的意义。但是，从调查大学生法治教育的实际来看，高校对法治观念培养重要性的认识显然还不够全面。

1. 对大学生法治观念培养的重要性认识不够

观念培养与知识教育不同，它是十分复杂的系统过程。观念培养有其自身独特规律，影响信仰养成的因素，从宏观上而言，有生产方式、生活方式、文化、教育、家庭、朋辈等，从微观上而言，有个人的动机、需求、兴趣、人格、意识等。信仰养成复杂性要高于价值观形成，法治观念的培养不是一般意义上的法治教育，因此，不可能有"立竿见影"的成绩，只能有"润物细无声"的效果，这需要高校高度重视法治观念培养。但是，部分高校并没有把握法治观念培养的意义和内涵，对于大学生法治观念存在诸多认识与实践方面的误区，例如，将法治等同于法制、法治意识混同于法律知识、理想化的法治屈从于现实化的人治等。[1]

加强大学生的法治教育，培育大学生的法治观念，这是高校人才培养的应有之义。高校有义务"把法治教育纳入人才培养体系"，在大学生中弘扬法治精神，倡导法治文化。大学教育虽然摆脱了应试教育的模式，学生有了更多的自主学习与自我发展的空间，但是由于传统的专业教育模式

---

[1] 张兵. 大学生法治信仰的误区及其化解路径分析[J]. 湖北社会科学，2016（12）：185.

的惯性以及社会"泛功利化"思潮的冲击,高等教育的功利化现象仍然存在。教育领域中的功利化"是指在大学中,教师甚至学生在从事教学科研或学习的过程中最大程度地追求利益最大化,注重眼前利益,而忽视长期发展,背离教育的本质"[①]。在此背景下,法治教育在高等教育的内容体系中非常少,现有的人才培养方案中除了公共政治理论课中有一门"思想道德修养与法律基础"课外,专门开设法治教育方面的课程的高校不多。从学校的管理层、教师到学生,对于法治观念培养重要地位的认识普遍不够全面。

2. 对法治观念培养的影响因素缺乏科学认识

我国的法治国家建设时间不长,社会成员的法治意识还相对薄弱。因此,大学生法治观念培养要注重提升法治意识,科学认识法治信仰养成的影响因素。大学生法治观念培养的影响因素,从来源而言,包括了个人、学校、社会和家庭等方面;从内容上看,包括了文化传统、经济、政治和社会结构等因素。大学生理应成为法律的忠实崇尚者、自觉遵守者、坚定捍卫者。但是,大学生法治观念存在的困境表明,大学生在法治观念培养方面存在许多问题,而这些问题又与高校对法治观念培养的影响因素缺乏科学认识密切相关。

以文化传统因素为例,古代中国在国家治理上突出人治而忽略法治,因此,传统文化中的"重人治轻法治"观念根深蒂固,这种观念遍及社会的各个层面,成为人们价值评判与行为选择的重要准则。从根本上转变"重人治轻法治"观念,是法治中国建设的重要内容,也是大学生法治观念培养的重要路径。大学生法治观念培养要求高校加强法律知识教育,与此同时,还要注重法治实践,让大学生体验到法治的优越性,从而将法律制度内化为自身的法治意识,进而形成法治观念。但是,在大学法治教育实践中,许多高校缺乏对法治观念中文化传统因素的认识,只关注法律知识的传授,而忽视法治情感的培养,没能从传统中国社会发展的视角来帮助学生认知人治与法治的关系,由此,使得许多学生厌恶与法律打交道,对法律及司法机关持消极态度,敬而远之。部分学生对法律的态度可能就停留在不触犯法律层面。可见,如果高校不能完整地把握法治观念培养的影响因素,

---

① 徐飞,黄伟力. 文化的力量:中国大学文化建设的创新之路[M]. 上海:上海人民出版社,2012:145.

在法治教育的实践中就不能激发学生的学习兴趣,将严重影响参与法律和遵守法律的积极性,从而造成法治观念缺失。

(三)大学生自我法治教育体系未形成

大学生法治观念的培养有其自身的规律。法治观念的形成其实也是一个内化的过程,观念养成要遵循其规律,需要构建观念养成的自我教育体系。

1. 自我教育对于法治观念培养的意义

在法治教育过程中,根据法治教育的要求和大学生自身发展状况,有目的、有计划、自觉地提出改造和认识自身的任务和目标,以提高和完善自我法治知识、法治观念和法治能力,这就是法治观念的自我教育。自我教育就是在主体意识基础上产生的自觉进行的教育方式,"自我教育是主体自我按照社会要求对客体自我自觉实施的教育。它是自我意识的最高表现,是大学生完善个性,实现自我价值的重要途径"[1]。

自我教育是法治观念培养的内在要求。首先,法治观念培养具有明确的目标,就是通过法治知识的学习、法治情感的培育和法治能力的培养,最终形成法治观念。这一目标只有成为大学生的自觉追求并付诸自我教育,才有可能成为现实。其次,法治观念培养是培养大学生法治行为习惯的"养成教育",既包括正确行为的指导,也包括良好习惯的训练。养成教育就其本质而言就是自我教育,是认知教育的扩展和延伸。法治观念的培养教育目的在于强化法治认知和法治行为,两者相辅相成。再次,法治观念培养是法治教育价值实现路径,在法治教育过程中,大学生的法治观念的形成和法治素质的提升,关键取决于大学生自身的因素,法治知识的接受、内化到外化,均离不开大学生的自我教育。最后,自我教育是市场经济条件下思想政治教育价值实现的必然选择。

2. 大学生自我教育体系存在的问题

自我法治教育是大学生法治观念培养的关键。当下,影响大学生法治观念的外部因素很多,但是其自身的制约因素更是不可忽视的重要因素,大学生法治观念存在的诸多问题的原因其实都与自我教育的不到位有关。调研大学生的法治观念现状,大学生自我教育存在许多明显的不足,这些不足影响了大学生法治观念培养。

---

[1] 张曼华. 大学生心理健康教育[M]. 南京:江苏凤凰科学技术出版社,2018:22.

从大学生自我教育的内部机制来看,心智发展不成熟、提升法治素养的兴趣不浓等问题比较普遍。

(1)大学生心智发展不成熟。目前,我国大学生基本上都是18—23岁的青年,虽然在年龄上已判定为成年,生理上也基本发育成熟,但是心理发展还存在滞后,并未达到成熟水平。这主要表现为自我意识强烈但自我约束能力薄弱,并且一部分大学生还有严重的逆反心理。一些大学生的心智处于"狂风暴雨"的青春期,看待处理问题缺乏法治思维,自我体验情绪化,"情绪常常表现为易变、起伏波动大等特点,这些特点也表现在大学生自我意识的各个方面"[1]。虽然,大部分大学生已经可以独立对某些社会法律现象进行思考和分析,但可能对待问题还缺乏较强的分辨能力,容易受他人的影响,导致不能做出相对客观、理性的判断,容易上当受骗。现代00后大学生多为独生子女,他们中的一些人养成了以自我为中心的意识,尽管他们有自己的看法,有一定的辩解力,但却缺乏一定的辩证思维。现在校园中还不断滋生着如精致利己主义、极端个人主义、唯利是图等不良思想,有少部分大学生在规则和利益面前不顾规则而选择利益最大化。一些大学生犯罪的典型事例就说明了当今大学生的法治意识情况,对法律的无知、失望和不信赖情绪以及法治信念的不稳定等,都是造成他们走向犯罪的重要原因。

(2)大学生法治教育认识存在偏差。市场经济体制的竞争使人们的价值观念出现多元化,大部分大学生开始有意识地依据社会需求培养自身素质,力求成为被市场所选择的人才。同时,用人单位过分强调业务能力,只关注学历、证书等的人才选拔方式,使得一些大学生热衷于各种证书的取得和专业能力的提升,忽视其他方面知识与素质的提升。越来越多的大学生只专注于实用型课程和技能的学习,称"思想道德修养与法律基础"这类课程为"水课",学习态度消极,认为这类课程对以后的就业并没有任何帮助,不愿意花费时间和精力学习。另外,大学生的法治意识在很大程度上会受到教育者态度的影响,一些教育者自身法治教育理念的错误以及重道德轻法律的态度,对学生造成了一定影响。不论是学校对法治教育在观念上的误差,还是在法治教育实践中的不足,都会影响学生对法治意

---

[1] 李龙,李晨光,陈恒英. 大学生心理健康教育[M]. 重庆:重庆大学出版社,2018:55.

识重要性的认识。同时,高校教学方法重理论轻实践,课堂上更多的是知识的讲授,多以考查方式进行检测,导致学生为了应付考试只注重突击背诵,而忽视对法律知识的理解与运用。大学生们没有真正认识到法治意识的价值和重要性,因此,他们实际上也没有认真地学习法律知识,不能积极主动地学习法律,进行法治观念的自我培养。

(3)对提升法治素养的兴趣不浓。在教育上,兴趣既可以视为宗旨,也可以视为手段,但现实情况是学生对提升自己的法治素养并没有较高的兴趣。

一是受应试思维的影响。学生进入大学是应试教育的结果,经过长达十余年的应试教育培养,对大学的自主性学习方式还需要一段适应时间,对自己的专业选择和知识缺口也缺乏理性的认识。值得注意的是,应试思维不唯中小学有,在大学也普遍存在,"在大力提倡和实行素质教育的今天,应试教育却早已悄悄蔓延到大学,浓厚的学习氛围下潜藏的是应试教育的原形和变种"[①]。处于这样的教育环境,加上社会经验较少、系统思辨能力不足,而主观意识又很强,青年学生处事也常以自我需求为中心,做事常以效率优先为原则,在对待学习的态度上,往往延续应试的思路,能多拿学分的就多学,对今后就业有帮助的就认真学,其他的学科则以及格为标准,考研甚至成了"二高考",法律知识对于非法学专业学生而言并没有吸引力。

二是受畏难情绪的影响。法律知识的专业性强,系统庞杂,刑法、民法、行政法之间的理论都各成体系,如果不进行系统学习,就会导致各种理论之间的联系脱节,对于非法学专业的学生而言存在知识理解和转化上的难度。同时,一些学生把主要目光投注到专业知识教学和专业素养提升上,法治素养固然重要,但相比于毕业和就业而言,并没有现实紧迫性。因为学生主观上已经认定法治教育很难,导致许多学生不愿意在一种学起来很难而又不确定能给自己带来什么好处的知识上耗费太多的精力,部分学生选择知难而退,也直接降低了学习兴趣。

3. 大学生自我教育的保障机制不全

从大学生自我教育的外部机制而言,支撑与激励自我教育的条件与氛围虽然具备,但是还没有发挥应有的作用,尤其是学生法律问题的服务机

---

① 唐汉卫,吴秀霞. 大学生活——困惑与反思[M]. 济南:山东人民出版社,2010:93.

制缺乏成为影响大学生自我教育的重要因素。

《青少年法治教育大纲》指出："要全面落实依法治校要求，把法治精神、法治思维和法治方式落实在学校教育、管理和服务的各个环节，建立健全学校章程、相关规章制度，完善学生管理、服务以及权利救济制度，实现环境育人。"[①] 高校在提升大学生法治素养的过程中发挥着引导性的作用，面对学生具体的法律问题时呈现的态度，将影响高校提升大学生法治素养相关活动的成效和走向，特别在应对学生法律问题的服务机制上是否流畅，关系着广大学生对提升法治素养的兴趣与热情。

（四）法治观念培养的外部体系不完善

大学生法治观念培养的外部支撑体系包括自然与社会环境，也包括国家与政府。社会环境是大学生法治观念培养的场所，社会历史文化、传统习俗与社会风气对于大学生法治观念培养具有重要的影响。同时，从法治教育的微观层面而言，法治观念培养除了加强法治教育外，还要通过完善支撑法治观念培养的外部保障机制，以丰富教学内容，实现知行合一。社会环境的实践可以让学生学以致用，进而使得守法、护法、用法的意识内化为学生的行动源泉。

1. 市场机制的负面影响有待消解

市场经济的发展带来了经济的繁荣和社会的进步，但同时也导致了人们的道德观念与价值标准的变化，特别是在面对市场环境中巨大的利益诱惑以及西方文化的拉拢侵蚀时，其现实存在的负面因素将对大学生的法治观念造成不容忽视的影响。

一是金钱至上风气的冲击。在市场行为中，人们对于利益的追求，往往转化为对金钱的盲目崇拜，这种金钱至上的观念，会导致大学生价值观念的偏移和是非观的变化。有的学生把追求金钱作为人生的唯一目标，认为读书也只是为追求金钱做铺垫，把大学文凭当成谋取金钱和地位的跳板。如果大学生长期受到金钱至上观念的影响，在金钱的诱惑下，个别学生的法治理念会发生严重变形，在谋取金钱的过程中，会不择手段、铤而走险、漠视法纪，严重的还会走上犯罪的道路。

---

① 教育部，司法部，全国普法办. 青少年法治教育大纲 [A]// 中小学多学科协同实施法治教育教学指导用书·理念与方法. 北京：中国民主法制出版社，2017：294-303.

二是重利轻义风气的冲击。客观来讲，每个人不可避免地要将个人利益作为自身追求的一部分，法律的出现，使个人利益与他人利益之间的关系调整趋于公平、合理。但现实中，一些社会个体很难摆正自身利益与他人利益之间的关系。重利轻义的现象在学生中也有一定的体现，小到学习目标的实现，大到个人价值追求的设定，都容易走入自私自利的误区。这种误区，必将促使一部分学生为了追求个人利益的最大化，而忽略法律法规的约束，轻视别人利益的合理合法，甚至为了追求自身的利益，不惜损害他人和集体的利益，触犯道德和法律的底线。大学生受到重利轻义的影响，极易破坏法治教育中努力构建的法治观念和思想道德教育中构建的价值观念，使大学生基于法律规范的是非观念出现动摇，甚至价值观出现扭曲。

三是诚信缺失风气的冲击。市场竞争环境中诚信缺失问题不仅广泛出现在政治、经济、文化领域，大学校园内也未能幸免。出售试题答案、代替考试、代替考勤，这些现象，强烈冲击着人们的价值观，也直接动摇着人们对法律的信仰、对法律规范的信任。大学生不仅在人生观、价值观上还处于形成与强化期，而且对一些诚信缺失现象也缺乏法律标准上的正确判断，主客观上都极容易受到负面现象和负面观念的影响，特别是在具体的学习活动中，个人付出极大努力而结果却与那些投机取巧的学生结果相同甚至相差时，急功近利、参与不正当竞争、做出不诚信行为、挑战法律底线，就会成为摆在大学生面前的一个选择项。

2. 法治教育的实践育人环境有待改善

从严格意义上而言，大学生法治教育属于思想政治教育的范畴。思想政治教育有教育主体、客体、环体和介体等四大构成要素，其中教育的环体也就是指教育环境，是"对人的思想品德形成和发展过程与思想政治教育过程产生影响的一切条件和社会条件的总和"[①]。法治教育的条件是指影响大学生法治教育教学过程的各种条件，包括课程设置、师资条件、教学模式、实践环节等，支撑法治信仰养成的外部体系，从中观层面上而言，主要包括了影响法治信仰养成的实践教育环境、校园法治环境和网络资源环境。

---

① 刘华丽，王喜荣. 新媒介环境下高校思想政治教育效果研究 [M]. 北京：知识产权出版社，2016：35.

法治观念培养实践教学环境包括校内外实践教学场所以及法治实践体验的社团组织。实践教学场所主要是指通过校地与校企合作设立的司法实践场所，包括司法机关、律师事务所、企业司法部门。法治理论知识的学习相对枯燥，需要通过实践教学来体验，特别是涉及抽象的法律问题，在司法实践中究竟如何处理，需要通过司法实践教学环节才能准确把握。不仅如此，依托于实践场所，学生有更多的机会接触或者了解到各类鲜活的案例，在实践中获得知识，能够快速提升自身的法律素质。社团是大学里比较常见的学生组织，法律社团可以是校内组织，也可以依托法治实践教学基地，多方共建。法律社团可以分成法律专业技能性社团、法律服务性社团和创新技能性社团，依托法律社团"开展有针对性的教育学习、技能培训、技能竞赛等活动，培养发展学生的特长，提高学生的实践能力"[1]。社团的成员大多是学生自己，内部互相平等，这本身就体现出法治理念中的平等思想。

校园法治环境包括了校园法治宣传活动、校园法治文化设施和依法治校的法治氛围。校园法治宣传活动主要邀请具有法治经验的司法工作者走进校园，现身说法，强调与司法实践相接轨，以形成崇尚法治的校园环境。法治宣传教育是现代公共行政的重要形式，与传统灌输式宣教模式不同的是，现行高校的法治宣传活动是"与法治实践接轨的动态化法治宣传教育，应更注重与宣教对象的互动，这是法治宣传教育行政行为内涵扩展的重要方面"[2]，也是促进法治信仰养成的重要支撑。法治文化设施包括法治长廊、法治标语、法治雕塑、法治展厅等诸多法治教育硬件条件。法治文化设施与大学生日常生活学习相伴，对法治信仰的养成具有潜移默化的作用。高校依法治校的法治氛围也是大学生法治观念培养成的大环境。高校作为育人授业的主要场所，同时也是先进文化传播和孕育的阵地，高校领导层、管理层以及广大教师，在立德树人、依法治校方面具有示范引领作用，因此，依法治校、民主管理对于支撑大学生法治信仰具有特定的意义。因此，培养大学生法治观念首先要求高校领导和教师具备法律精神和法治意识，"在

---

[1] 彭晓玲，倪先敏，郭庆，等. 高等教育大众化条件下大学生思想政治教育创新研究[M]. 成都：四川大学出版社，2009：200.

[2] 陈思明. 普法的行政法治思考[M]. 北京：新华出版社，2017：8.

构建现代大学制度的进程中，通过法律治理高校，可以使权力、权利得以制衡，处于良好的发展状态"[1]。

网络资源环境是新时期影响大学生法治教育的重要因素。随着互联网技术的发展与智能手机的普及，网络资源对大学生法治观念培养影响越来越大：大学生通过网络终端获取所需的法治知识、了解法治热点、参与法治互动，关注典型案例，并在网络交流中逐步形成自身的法治观念。研究表明，网络在很大程度上影响了法治教育的环境，对大学生的生活以及思想意识层面产生了较大的波澜，同时，网络正改变着传统法治教育中教师与学生的关系，拓展了教育媒介，促使法治教育在内容上出现新的变化。[2] 可见，网络使得传统的法治教育环境出现重大变化，网络资源环境日益成为高校法治教育改革的重要推手，也是法治信仰养成的重要条件。

3. 法治观念培养的社会氛围不浓

法治观念培养需要外部条件支撑，现行高校法治教育的外部支持体系存在的不足对法治观念培养产生负面影响。以法治观念培养实践教学环境为例，校外法治教育实践基地建设滞后于法治教育的实践，除了法学专业教学在校外设置教学基地外，公共法治教育课程几乎很少有校外实践基地，校内的实践场所一般是供法学专业的学生使用，鲜有非法学专业的学生参与。同样，高校的各类法律社团，其成员主要是法学专业学生，不设法学专业的高校很少有类似法律社团的学生组织。

在校园法治环境方面，校园治安问题引发社会关注，尤其是近年来，校园事件曝光率不断提高，教师失德事件、大学生失联事件、自杀事件、不雅事件和暴力事件不断涌现在公众视线中，在经过媒体发酵后成为社会的敏感词语与关注焦点，对高校和当事人产生巨大压力，同时对大学生法治信仰养成形成巨大冲击。许多大学生也通过网络平台参与讨论，其中难免存在充满情绪化的偏激言论，盲目附和者往往缺乏理性。个别大学生甚至都不了解事情的原委，仅仅只是道听途说，就进行激烈的言语抨击、人身攻击，从而加剧了社会与校园的矛盾。

---

[1] 刘彦博,刘世勇,蔡楚元,等.高等学校依法治校的理论与实践[M].武汉：中国地质大学出版社，2014：200-201.

[2] 姚建龙.大学生法治教育论[M].北京：中国政法大学出版社，2016：32-35.

网络技术是一柄"双刃剑",在利用网络资源,加强法治教育的同时,许多高校无法消解网络带来的消极影响,尤其是对网络上存在的大量虚假、低俗信息缺乏有效的监管和过滤方式,使得一部分缺乏基本的、应有的辨识能力的大学生深陷其中,不能自拔,从而对法治观念培养产生负面影响。网络的普及与新技术的发展为法治教育带来契机,对于如何迎接随之而来的新挑战,显然许多高校还没有准备好。

当然,支撑法治观念培养的外部体系不仅限于上述几个方面,从宏观意义上而言,整个社会的法治环境都直接影响大学生法治观念培养,涉及国家、社会、学校和家庭等各个层面。完善支撑法治观念培养的外部体系需要多方发力、多元协同,只有这样才能促进大学生法治观念的培养。

第六章　国外大学生法治观念培养的经验与启示

大学生法治观念培养状况是与国家的法治状况发展相一致,法治建设发达的国家其法治教育发展水平也较高。国外的大学生法治教育一般涵盖在公民的素质教育中,民主法治制度的发展和成熟促进了公民素质教育的发展,为法治教育提供了丰富的实践经验和理论资源。耶鲁大学法学院前院长理查德指出:"所谓教育,就是教给人们,如何去培养求知的冒险精神,以及那种随时随地'探测新领域'的好奇心。"[①]教育的最终归宿就是引导人不断地提升自己,最终实现自身的全面发展。大学生法治观念培养是我国高等教育发展中不可或缺的重要内容,法治教育在各国的高等教育中都处于重要地位。尤其是在我国进行社会主义法治建设的过程中,高等教育中的法治教育承担着为社会主义法治国家建设培育建设者和接班人的重担,是人才培养过程中不可缺少的重要环节。

正是由于大学生法治观念培养的重要性,学习和借鉴国外法治教育方面取得的成果和经验,将有助于推动大学生法治教育目标的达成。认真分析研究国外高等教育法治建设的个性特征和共性特征,对于我们进一步认清当前我国高等教育法治工作存在的问题,借鉴他们的成功经验,完善和优化我国高等教育法治工作,具有重要意义。许多国家经过长期的法治建设,法治体系完备,教育经验丰富,对于国外高校法治教育的方式方法进行学习,加强和改进我国高校大学生法治观念培养的状况,是我国实施依法治国的需要。

---

① J. Flax. On the Contemporary Politics of Subjectivity[J].Human Study,1993(04):87.

一、国外大学生法治观念培养的经验

我国真正意义上的法治建设始于党的十一届三中全会以后，因此，我国高等教育中的法治教育仅仅走过了几十年的历程，虽然在法治教育中取得了较大进步，但总体来说我国的高校法治教育还有许多不完善之处，还需要在借鉴国外先进经验的基础上不断改进和提高。国外一些发达国家，有长期的法治传统，法治教育也已形成一定的体系和规模，"他山之石可以攻玉"，对国外先进经验的学习可以推动我国大学生法治观念培养的发展。

（一）英国的法治教育

英国有着久远的法治历史，具备优良的法治传统和社会基础，英国所有公民都把法律视为自己的行为准则。虽然英国没有法治教育课程，但法治教育在英国的公民教育和相关的辅助课程中处于核心地位。英国的公民教育因为有强有力的政策支持、丰富的教学资源和强大的师资保障而效果显著。因此，作为公民教育核心内容的法治教育也伴随着英国公民教育的发展而不断取得新的突破。

法治教育作为英国公民教育的核心内容之一，在公民教育的不同发展时期以不同的形式予以强调。英国关于公民教育的最早主张体现在1765年英国的约瑟夫·普里斯特利（Joseph Priestly）发表的《论一种旨在文明而积极生活的自由教育课程》，他建议在自由教育课程中传递有关国家结构、法律和贸易的知识。[1]1990年全国课程委员会颁布了《课程指导8：公民教育》，这是英国教育部自1949年出版的《公民在成长》之后的第二本关于公民教育的官方出版物，它将公民教育纳入国家课程。1998年英国公民教育与学校民主教育顾问团提交的《科瑞克报告》（the Crick Report）出台，对公民教育的必要性、目的、内容、方法、重点等做了阐述。2000年，政府将专门的公民教育作为国家课程正式引入中小学，从2002年起，公民教育作为中学阶段国家课程体系中的一门法定必修课程正式在中学实施。根据2000年颁布的《国家公民教育课程标准》，公民教育课程的目标在于"发展学生的德性和自主性，帮助他们成为一个公平社会中有责任心和关爱心的公民"，该课程标准根据青少年不同阶段的身心特点规定了不同的教育

---

[1] 李丁. 英国青少年公民教育研究[M]. 北京：人民出版社，2012：37.

内容，关于法治教育的内容，该课程标准是这样规定的：（1）在第一阶段（5～7岁），引导学生遵守法规，树立规则意识；（2）在第二阶段（7～11岁），引导学生学习和讨论社会热点问题，并认知法律的制定和执行程序；（3）在第三阶段（11～14岁），引导学生讨论社会上典型的政治、文化等热点，学会与其生活实际相关的政治、法律、宗教、经济等常识；（4）在第四阶段（14～16岁），引导学生参与学校、社区、邻里生活，思考社会典型事件和热点问题，了解民主、公平正义的价值。

英国《国家公民教育课程标准》至今经历 2 次修订工作后，法治教育内容更加突出和深入。英国政府委托"全国教育研究基金会"（National Foundation for Education Research，简称 NFER）对首次接受公民教育课程的学生进行纵向研究，针对公民教育课程自实施以来取得的主要成绩、遇到的问题及解决办法开展研究，发布了 3 次调查报告。在此基础上，英国的《国家公民教育课程标准》经历了 2008 年、2013 年两次修订，最新的《国家公民教育课程标准》于 2013 年 9 月出台，并于 2014 年 9 月开始实施。由于英国公民教育课程的第一阶段、第二阶段为小学阶段，小学阶段公民教育不作为国家课程要求，因此，2013 年的修订只针对第三阶段、第四阶段，新版的课程标准突出了对中学生政治意识、法律意识的培养，对法律的形成、作用以及社会其他公正体系的讲解更加深入，注重中学生民主政治、法律法规、批判思维和理财能力的培养。修订后的公民教育内容中，在第三阶段（11～14岁）的公民教育教学内容中增加了英国民主政治制度的发展历程、公民所享有的权利以及法律、法规和司法体制的本质等与法治教育相关的内容；在第四阶段（14～16岁）的公民教育教学内容中增加了英国议会民主制、宪法、人权、国际法、国家法律体系及其来源、法律的运行等与法治教育相关的内容。

英国辅助公民教育的课程中也突出法律知识的教育。除公民教育课程外，英国还开设"个人、社会与健康教育"（personal, social and health education，简称 PSHE）来辅助公民教育，分四个阶段开设不同的教育内容，注重从青少年的生活实际出发，培养他们的遵纪守法意识、探究能力等。其中渗透着权利义务意识教育、规则意识、法律意识的教育。其中，在第一阶段引导学生形成遵守班级和小组纪律的意识；明确在学校和社区的各种义务、权利和责任；在第二阶段注重引导学生了解宪法中有关民主的基本内容；在第三阶段明确社会中合法的人权和责任，了解刑事司法体系的具体内容，了解议会和其他政府的主要特点，了解现有的选举制度；在第四阶段了解公民在社会中的合法人权与责任，了解议会、政府与法院在制定与规范法律方面的作用，引导学生积极参与民主和选举过程。

（二）美国的法治教育

作为西方发达国家的代表，美国的法治水平较高，法治教育在世界范围内也较为发达。在美国，法治教育也是以公民教育的形式呈现的，加强公民的爱国主义教育和权利义务教育是美国法治教育的核心内容。美国的法治教育起源于20世纪60年代的关于美国宪法、《独立宣言》和《权利法案》等的教育，最初是以"法律学习运动"（law studies movement）的形式出现，随着其影响力和影响范围的增大，才在1978年更名为"法治教育"。美国的法治教育（law-related education），也被译为"与法律相关的教育"。美国国会在1978年通过的《1978年法治教育法案》中这样定义法治教育，"用与法律、法律程序、司法系统及它们赖以为基础的基本原则和价值观相关的知识和技能装备非法律专业人员的教育"[①]。

美国的法治教育从发展初期就注重宪法的教育，突出强调公民爱国主义、公平公正、权利义务等观念的培育。美国法治教育的内容从一开始的宪法、权利法案等奠定美国民主法治基础的文本，到后期逐步将与公民日常生活联系紧密的刑法、民法等纳入法治教育。但《独立宣言》《联邦宪法》和《权利法案》一直是美国学校法治教育的最高经典，致力于宣传美国的政治制度、民主、平等、正义、自由等价值观。作为20世纪60年代倡导法治教育的重要代表人物——伊西多·斯坦等人，这样描述当时被称之为"法律学习运动"的法治教育，"通过教导青年人了解法律、法律程序和法律系统以改善公民教育，给青年人提供另一种理解社会的方式和一些可以使他们参与制定和塑造法律的工具。"[②]

[①] Leming Robert S.Essentials of law-related education [R].American Bar Association's National Law-Related Education Resource Center, 1995：5.

[②] Williamson Deborah, Minor Kevin I, Fox James W, et al.Law-related education and juvenile justice: promoting citizenship among juvenile offenders [M].Illinois: CHARLES C THOMAS·PUBLISHER, LTD, 1997：8.

美国具有丰富的法治教育体系。美国的法治教育是以培养合格的美国公民为其目标的，旨在使公民通过法治教育，理解自己所在的公民社会，掌握一定的法律知识、明确自身的权利义务、具备民主法治意识，并能够积极参与和支持民主宪政制度。美国的法治教育从小学、中学到大学都有完备而科学的法治教育体系。美国高校法治教育的形式比较丰富，除了专门性的法治教育课程外，在历史课、职业道德课、社会研究课、政治课、人文课等各类课程中都渗透着法治教育的内容。美国的法治教育注重案例教学法的使用，使学生通过法律案例的学习了解法律在美国生活中的重要性，并且教学内容的安排和教学方法的设计贴合学生的生活实际，美国法治教育课程的教学内容避免枯燥无味的法律条文的转述，而是注重利用经典法律案例开展教学，在美国高校法治教育的课堂中，经常会融入一些有争议的、公共的问题，在课堂上师生展开热烈讨论，充分发挥学生的自主性，使学生在讨论中获得相应的法律认知，加深对民主法治的理解。

美国的法治教育能够充分利用各类资源的合力作用。美国社会各界都十分重视法治教育，社会上创立了支持法治教育的组织并开发了相应的课程，教育部门也经常定期组织大型的法治教育活动，号召社会各界共同为学生创造一个良好的法治环境，帮助学生走出校园积极参与法治实践。最具代表性的组织有20世纪60年代的宪法权利基金会、公民教育委员会以及20世纪70年代著名的"街区法律计划"等。美国注重利用公共环境开展形式多样的法治教育，广泛动员律师、法官、警察、议员等走进校园，为学生讲授生动有趣的法律知识，并且鼓励法律工作者参与学校法治教育课程的开发工作，将生动的司法案例融入学校法治教育内容，增强法治教育课程的真实性、现实性和生动性，同时也增强了学生对所学课程的认可度，增强学生对现实问题的敏锐度。通过利用社会资源开展法治教育，能够教导学生面对争议时避免困惑、挫败或是暴力，而是去寻求法律的援助。此外，美国法治教育还注重发挥家庭、学校、社会在学生法治教育中的联系作用，发挥家庭在学生法治观塑造中的启蒙和榜样作用。

（三）日本的法治教育

日本十分重视教育在经济社会发展中的作用，日本作为二战的战败国，战争期间经济遭到极大破坏，但由于国际环境的变化和日本人民的不断努力,日本经济发展迅速,在自有资源十分缺乏的情况下依然成为工业经济高度发达的大国,而这很大程度上归功于日本重视教育,教育为日本经济社会发展输送了大量高素质人才。日本十分重视法治教育,在国民教育各个阶段,都十分重视法治教育。中国和日本有着相近的法律文化传统,文化渊源相似以及地缘关系等因素,研究日本法治教育,探究其有益做法,或许能够为做好我国高校法律法规教育提供一定的借鉴。

日本的法治教育体系完备,覆盖学校教育各个阶段。日本的法治教育注重人们法律意识的培养和提高,日本在战后建立了"六三三四制"的学校教育体制,即小学六年、初中三年、高中三年、大学四年的制度,法治教育贯穿在日本学校教育的各个阶段。在日本,一个人从进入幼儿园开始就逐步接受法治教育的启发,日本《学校教育法》规定的幼儿园教育目标中很重要的一点就是"让幼儿在幼儿园内体验集体生活,培养幼儿喜欢集体生活和团结互助、自主、自律的精神"。进入小学阶段,日本的学校教育注重学生规则意识的培养,在生活科和家庭科中进行潜移默化的规则意识培养,如学习交通法规按照红绿灯行走、学习尊重社会规则、遵守公共场所规范、明白公共设施的使用规则、重视自己和他人的权利、培养学生的权利义务意识等。进入初中阶段,日本的学生接收到的法治教育就更为广泛。初中阶段,学生在社会科中的历史领域学习法治国家的建立,在公民领域学习管理家庭和社会的机能,在道德课上学习理解法律和规则的意义。日本的法律教育研究会还为初中阶段社会科公民领域编制了《制定规则》《私法和消费者保护》《宪法的意义》《司法》等四种教材。进入高中阶段,学生对于法律知识的学习更加系统和全面,主要集中在社会科中的《现代社会科》,主要学习宪法的基本原理、政治机构;法的支配意义、法的作用、人权保障、裁判员制度、国民司法参加的意义、私法意义、刑法等。日本大学阶段的法治教育强调学生法治思维的培养和法律意识的提高,是一种更高形式的法治教育,在日本大学中,所有的院系和专业都开设法律方面的课程,是对全体大学生进行的普及法律知识的通俗教育,在巩固中小学阶段培养的法律意识的基础上,通过对法律规则和法律原理的深入学习,以及各种社会实践的体验,进一步增强法律意识,养成法治思维习惯。

日本法治教育注重发挥学校资源和外界资源的合力作用。日本在长期的发展中形成了效忠天皇的理念,这种理念直接影响到了日本的教育领域,因此在学校教学领域,课堂讲授仍然是教师掌握教学的主动权,法治教育课程也是如此,教师在讲台上讲、学生在教室被动听课仍然是主要形式。近年来,日本也在积极探索法治教育的新形式,不断融入法治教育新理念,采用案例教学法、研讨式教学法等来帮助学生提高学习兴趣,培养学生独立思考的能力。同时,日本注重发挥法律界人士和教育人士在法治教育中的合力作用,法务省在2001年还设置了法律教育研究会,专门调查研究学校教育中的司法和法律教育情况。日本的法治教育注重与法律实务部门的合作,组织学生到法院旁听审判,或者在律师与司法代书人等法律实务家的联合协助下进行授课等,使学生生动地理解法律知识,真切感受法律的权威,明确自身的权利义务,引导学生对法律法规的认同和接受。日本注重营造法治教育的良好社会环境,日本颁布《社会教育法》规定,各级政府机关必须创造一个合适的环境,使每一个公民能最大地发挥自己内在的力量来提高文化素质和社会法律意识。日本的家庭也积极参与学生法治意识的培育,与学校、社会共同发挥法治教育方面的合力作用。

(四)新加坡的法治教育

新加坡是一个典型的法治国家,新加坡的法治渗透在国家、社会、家庭、个人生活的方方面面,新加坡不仅建立了完备周密的法律体系,而且还有严格的执法和司法来保障法律的实施,更为重要的是新加坡公民有高度的自律精神和规则意识。新加坡非常注重道德教育和公民教育,并在教育的各个环节渗透法治教育,以提高公民的公德意识、规则意识和法律意识。新加坡作为二战后独立的后发展国家中最早建成法治的国家,建国只有四十多年的时间,却一直保持着政治文明、经济发达、文化繁荣和社会和谐的状态,其成功之处值得我们去借鉴,尤其是新加坡教育高度发达,公民素质较高,其法治教育成果显著,也值得我们去探究其法治教育的开展情况,从中总结成功经验,为提高我们国家的高校法律法规教育提供借鉴。

新加坡的学校教育中虽然没有专门的法治教育课程,但有不同阶段的公民教育课程,以加强学生规则意识和法治精神的培养。新加坡小学阶段的公民教育课程以《公民与道德教育》为主线进行教育,主要培养小学生与他人友好相处的能力、明辨是非和解决问题的能力等。此外,新加坡小学阶段的公民教育还注重学生规则意识和守法意识的培育,同时还注重学生爱国意识、对家庭和社会的责任感和归属感的培育等。新加坡中学阶段的公民教育是对小学阶段公民教育的延续,其内容更加广泛和具体,中学阶段《公民与道德教育》主要进行人格培养、家庭关系、社区精神、我们的国家、我们的遗产、迎接挑战等专题教育,突出了国家意识的培育和爱国主义精神的培养。新加坡大学阶段的公民教育课程没有具体的要求,各个学校根据学校实际和学生情况开设相应的课程,这一时期的公民教育主要突出学生品格的培养、核心价值观教育、国家意识教育等。除公民教育外,新加坡政府加强法治的同时还注重法律知识的普及,注重把法律意识渗透在生活的各个细节中,把公民日常生活中的基本要求和行为规范上升为法律条文,以此来养成公民遵纪守法的习惯,形成良好的社会风气。

新加坡注重"德治"与"法治"的结合,注重发挥道德教育与法治教育的相互促进作用。新加坡开国元首李光耀十分重视法治建设,提出了一系列加强法治建设的措施,同时他还提出了"依法治国,以德育人"的宗旨,强调民众高尚情操的培养,同时,他认为:"真正的人才必须具有正直的性格和品德,必须对国家对工作有高度的责任感和自发性"[1]。因此,新加坡十分注重道德教育,强调通过道德教育培养民众的品德,为法治建设奠定良好的基础。新加坡的道德教育强调公民规则意识和守法精神的培养,其目标就是要培养"好公民"。新加坡的学生,从小学到大学都有专门的道德教育课程,并且有相应的教材,新加坡从1992年起就推出了《新好公民》和《道德教育》等书籍。新加坡政府还公布了《道德教育报告书》《共同价值观》白皮书,从国家政策上对道德教育进行了引导,并在实际实施过程中取得成效,使新加坡成为世界上犯罪率最低的国家。新加坡十分注重社会公德教育,并且运用法律规范来保障社会公德建设,如对于便后不冲水、在公共场所抽烟、家中花瓶积水多日滋生蚊虫等细节性行为,新加坡政府都明文立法严格处罚。如随地乱扔垃圾罚款1000新元(约合5000人民币);上公共厕所便后不冲水罚款500新元;电梯里抽烟罚款500新元等等。诸如此类强制性的措施也使得新加坡的道德建设取得实质性成效,道德教育使道德规范内化为人们心目中的价值取向,强制措施使得法律规范成为人

---

[1] 凌翔,陈轩. 李光耀传[M]. 北京:东方出版社,1998:324.

们外在的行为习惯，如此实现了法治建设和道德建设相得益彰的良好循环。

新加坡重视发挥传统文化在法治教育中的作用。1991年，新加坡政府公布了《共同价值观》白皮书，倡导"国家至上，社会为先；家庭为根，社会为本；关怀扶持，尊重个人；求同存异，协商共识；种族和谐，宗教宽容"这五大新加坡人的共同价值观。这五大价值观对于新加坡这一具有多民族背景的移民国家，具有强烈的针对性和现实性，这五大价值观从正面强调和弘扬国家意识，对于统一新加坡不同民族、不同种族、不同宗教的公民具有重要意义。这五大价值观强调国家利益高于个人利益，强调人与人之间的尊重和团结，强调遇到矛盾冲突时应协商解决，强调家庭的重要性，不仅突出了国家意识，更是对"忠孝、仁爱、礼义、廉耻"传统文化的继承和弘扬。这五大价值观的形成以及得到新加坡民众的认可和遵循，离不开教育的作用，既包括学校教育的作用，也包括社会教育的作用，更离不开公务人员的入职教育等，正是通过多种渠道的教育，使新加坡形成了官民各自守法自律的良好局面，更促成了新加坡良好社会风气的形成，也才有了新加坡物质文明和精神文明协同发展的今天。五大价值观的教育从表面看是凝聚新加坡民众共识、增强其家国情怀的共同价值，实质也是在培养民众的自尊感和责任感，培养民众的自律自觉意识，是法治教育提高民众法治意识的另外一种形式。

二、国外大学生法治观念培养的启示

国外法治发展现代化程度较高的国家，其法治教育相对来说也比较发达。尽管国外的高等法治教育在培养目标、教学内容和教育方法上与我国的法治教育差异较大，甚至法律体系本身也有较大不同，但国外法治教育经过长期发展积累的成果和经验、方式与方法，对我国高校法治教育和大学生法治观念培养的发展有较大的启发和借鉴意义。

（一）重在价值观塑造

国外的高等法治教育目标与我国的培养目标有较大差异。国外高校法治教育更加注重的是价值塑造，而非只是知识传递。而我国大学生法律法规教育重在使大学生养成"自觉守法，遇事找法，解决问题靠法"的法治思维模式。培育目标的不同也使得培育内容和培育方式差异较大，法治传统悠久的国家,在法治教育方面也积累了丰富的经验,值得我们学习和借鉴。

美国大学生的法治教育,是公民教育体系的组成部分,以培养有责任意识的美国公民为目标。美国法治教育的目标是通过与法治相关的知识、技能及价值观教育,使学生能够理解自己所属的公民社会,生活于其中并积极投身于其中,成为具有法治知识、支持民主宪政制度、积极参与的公民。早期的美国法治教育也走过了一段以讲授基本法律制度、普及法律知识为主的发展道路。随着社会法治现代化程度的不断提高,当代美国的高等法治教育调整了培育目标,除了讲授必要的法律基础知识以外,更注重大学生公民意识和法律价值判断力的培养,通过法治教育让大学生知晓身为美国公民应该享有的权利和义务。美国非常重视大学生的法治思维培育,"培养美国公民、面向社会、实现价值认同"一直是美国在青少年法治教育中秉承的基本理念。从某种意义上来说,美国青少年法治教育是一种价值教育,其根本目的在于帮助学生实现积极的自我认同与社会认同,培养学生具备自主型人格,形成强烈的批判精神以及参与精神,进而促使学生能够参与到民主生活中,从而真正维护自己的权益。

一直以来,美国高度重视发挥课外教育在高等法治教育中的积极作用。因为美国人认为作为一种价值观教育不是单靠一门课或多少学时的教学就能完成的,它应是一个渐进的、不断积累、逐步加以塑造的过程。所以,法治教育在美国的高等教育中不是孤立进行的,而是有效地融入政治、经济、文化各个领域,在法律实践中,通过观摩、参观、实践等多种形式提升大学生的法治运用能力,培养他们的法治意识和法治习惯。法治教育并不只是在发展学生的基本技能时提供给他们有关法律和法律问题的信息,它同时也培养一定的态度、信念和价值观。

美国大学生的法治教育作为一种价值观教育,更着眼于对大学生法治价值观的塑造。体现在几个方面,首先,在法治教育的内容层面上,贴近社会生活,突出法治价值观的引领作用。法治教育内容要符合政治的发展规律和要求,同时要贴合大学生的实际生活和学习要求,使法治教育的目标与美国的政治目标发展相契合;其次,符合大学生的成长成才要求,根据青年成长的学习特点和规律,增强法治教育的实效性。美国大学生的法治教育,注重对法治传统的继承和发展,传承美国的法治传统和理念,通过法治培育和引导，使广大青年在实践中逐步树立符合本国的文化精神和价值规则的理念，为真正融入美国社会打下坚实基础。

国外的法治教育不但让大学生了解基本的法律知识，还要帮助他们塑造共同的社会价值观，具有共同的法治理想和法治目标，而这些价值观、理想和目标反过来又影响社会的法治发展程度。1991年，新加坡政府颁布了一本合格社会公民素质标准的书——《我们的共同价值观》，成为培育"好公民"的教科书。新加坡将为国家和社会培养"好公民"作为素质教育的目标，这一标准也成为国家制定法律的依据和社会的道德行为准则。新加坡前总理李光耀也曾提出：一个社会的文化价值观决定了这个社会会有怎样的表现。[1]正是基于这样的理念，在新加坡的高等教育中，法治教育的地位非常高，在日常的法治教育中，一方面非常重视法律基础知识的传授，另一方面又注重实践教学和法治环境的外部作用，注重学生法治价值观的养成和法治实践能力的培养。国外在重视法治思维培育的同时，也同样注重法治与道德的作用。法治和道德共同发挥作用，有利于大学生法治价值观的形成。比如，在新加坡的高校中，道德规范和法律条款都会作为学校法治教材的内容，他们非常重视对大学生价值观塑造与价值判断选择能力的培养。新加坡作为亚洲国家，也深受中国传统文化的影响，在法治思维培育的过程中，很好地将法治教育和道德教育融为一体，将中国传统的忠孝仁爱、礼义廉耻等儒家文化元素融入到法治教育中，增强法治教育的文化内涵，促进了道德内容与法治内容的融合，有利于培养具有正确的法治价值观的社会"好公民"。同时，新加坡道德教育与法治教育的互动与融合实现了教育在功能上的强制与自觉、有形与无形、他律与自律的结合，对于我国实行依法治国和以德治国相结合应该具有很好的借鉴意义。对我国大学生法治观念的培养来说，值得我们深入地研究、学习和借鉴。

由此可见，国外大学生法治教育更注重法治价值观的形成和塑造，在国民素质教育中占据重要地位，在增强大学生法治意识的同时，增强对国家和民族的认同感，增强国家的凝聚力和向心力，意义重大。在我国，法律法规教育和道德教育结合也非常紧密，是思想政治教育的一部分，但其

---

[1] 胡俊生，李期. 现代化进程中的价值选择——新加坡的"公民与道德教育"及其对我们的启示[J]. 延安大学学报（社会科学版），2003（02）117-121.

重要性还没有得到充分的认识。特别是法律法规教育的目标定位还有待进一步明确。通过法律法规教育大学生应当形成对社会主义国家的认同感，在确立权利意识和主体意识的同时树立法治信仰、参政意识和社会责任感。这些观念的形成，要依靠系统科学的法律法规教育；反之，这些科学观念也会促进社会公民意识的提升，使大学生成为有素质、有担当的社会好公民。对这些理论和观点的研究，能够丰富我国的法律法规教育体系，促使我国的大学生法律法规教育不断得到反思、总结和发展。

（二）浸入式的法治教育模式

国外对大学生法治教育非常重视，在培育模式上也灵活多样，注重学生的学习感受和兴趣，鼓励学生自主参与，因此，非常重视浸入式的法治教育模式。以社区活动、宗教仪式、政党活动以及大众媒体等作为公民意识的宣传途径，其中夹杂着大量的法治教育内容，将政治性的教育变为生活中的日常行为教育，更易于得到大学生的认可和接受。这些教育方式的共同点，是教育者并不告知受教育者判断事物的标准，而是通过隐蔽性的教育让受教育者在不知不觉中认同教育者所传达的观念，受到潜移默化的影响。

美国的法治教育界非常重视课外活动在塑造大学生法治教育方面的作用。美国的法治教育没有统一的教材，在美国的教育理念中，法治价值观的养成，不是单纯的课堂教学能够完成的，而是一个系统的过程，需要家庭、学校和社会共同努力才能够逐步实现。因此，美国高校在注重课堂法治教学的同时，非常注重校园法治文化氛围的营造，而校园法治文化氛围又是与社会法治环境相一致的。学校会通过各种学术讲座、学生俱乐部、社团活动、节日庆典、宗教活动、社会实践活动等渗入法治教育的内容，让这些活动发挥法治教育的功能，将美国的法治价值观渗透到大学生的头脑中。通过价值观教育帮助学生认同基于民主原则的核心价值，并且在价值澄清和道德发展的过程中逐渐形成自己的价值观。

美国的法治教育注重各种载体的运用和融合，将法治教育融入到政治教育、文化教育、经济教育之中，使学生在学习法律的过程中充满兴趣，既不感到枯燥，也不感到晦涩。当法治教育涉及社会运行规则、法律的本质、个人的社会责任和义务、用法律的手段解决问题，以及用民主法治的方法来改造社会这类理论性较强的内容时，不是纯粹的理论灌输，而是采用与实践相结合的浸入式的方式，使学生易于接受和理解。例如，学校除了开设有专门的法治类课程以外，其法治教育的内容还分散在其他文理各科课程中，如历史课、职业道德课、社会研究课、政治课、人文课等，都有相关的法律问题的讲述。

美国大学生法治意识的浸入式教育还从学校延伸至家庭和社会，家庭、社区、宗教团体、政党组织甚至大众媒体都承担着传播法律知识、培育法治意识的责任，各种社会资源都可以成为培育法治意识的载体。从学生在日常生活中遇到的具体问题出发，对理论进行深入浅出的总结和概括，与实践相结合，起到化人于无形的效果。学生在学校的安排下，能够进入当地法庭，目睹法庭审判过程，增强对法律的直观感受，做到学用结合、学以致用。美国最高法院是美国的最高审判机关，也是一座法律博物馆，是美国民众学习法律知识，研究法律文化的重要场所。同时，学校还会聘请一些律师、法官、警察等法律从业者作为校外导师进入法治课堂，以自身的经验，传授法律知识，这些措施对大学生法治能力的培养有较好的促进作用，提高了大学生遵法守法的意识。

新加坡是一个法治体系比较完备的国家，它对大学生的法治教育同样渗透到公民的日常生活中，浸入式的法治教育取得了良好的效果。新加坡也非常重视利用校外资源对学生进行法治教育，例如，家庭教育委员会承担着家庭和社会的双重责任，会通过社区服务等活动对学生进行国家意识、社会责任、法治意识等系统培育，重在塑造社会共同价值观，提升社会成员的整体素质。在学校具体管理中，学校十分注重对学生权利的尊重，对公正、平等、自由等法治理念的弘扬和践行。学校的课堂教育和生活中的浸入式教育相结合，使新加坡的法治教育取得了良好的效果。新加坡的法治教育以公民教育为依托，法治观念渗透到生活的细枝末节中，并且很好地补充了道德自律的不足，时时刻刻都在引导和规范人们的行为。目前，新加坡由政府、社区、学校和家庭四个方面形成一个相互影响、相互促进的教育网络，为公民道德建设起到了很好的促进作用。

日本大学生的法治教育虽然以课堂讲授为主，但不拘泥于法律课堂，而是与专业和就业相结合，体现为另一种浸入式的法治教育模式。以就业为导向是日本大学法治教育的特色，法律与专业结合，因材施教。日本的青少年法治教育根据各专业需求的不同，针对特定职业规划而进行，提供给学生不同的法治教育课程，供其自主选择，学生可以根据自己的兴趣爱好、专业类别等选修不同的课程。可以看出，日本的法治教育趋于"私人定制"，能够将供给侧和需求侧相匹配，适应学生的实际需求。日本不但关注大学生的法治教育，而且将大学的法治教育前置，大学的法律教师还会到高中讲授相关的法律课程，让学生尽早接触和掌握法律基础知识，树立法治观念，具备一定的法律分析能力，能够解决实际工作和生活中遇到的一些法律问题，培养学生解决社会问题的能力。

从对国外的法治教育经验分析可以看出，法律课堂教学只是法治教育中极小的一部分内容，大部分的法治教育在法律课堂之外，一是注重与其他学科的融合，二是注重实践活动及社会环境的重要熏陶和渗透作用。在教育过程中，其他学科，如政治、经济、文化以及其他专业课都可以作为法治教育的有效载体。而在日常生活中的方方面面——家庭教育、社区活动、公益活动等都可以将法治教育的内容渗透其中；从事法治教育不仅仅是学校的责任，家长、社区工作者、所有法律从业人员都可以成为传播法治意识的种子。这种隐性的、间接的法治教育模式，有可能取得更好的教育效果，值得我国的大学生法治教育工作者进行深入的研究学习。

（三）法治教育内容丰富

从法治教育的内容看，以上几个国家法治教育的内容都十分丰富。主要包含宪法教育、民主教育、权利义务观念教育、爱国意识教育、责任感教育，等等。各国都注重从小开展法治教育，如日本从幼儿园开始就注重幼童规则意识的培育。发达国家法治教育内容的丰富性体现在以下几个方面：

第一，国外法治教育注重从实际生活出发设计法治教育内容。纵观英国、美国、日本、新加坡这几个国家各个阶段的法治教育内容，有一个共同点就是都注重从学生的实际生活出发开展法治教育，而非形而上的纯粹法律知识教育。比如，英国中小学阶段通过学习社会热点问题来了解法律、法规的制定和执行；美国的法治教育通过向学生讲授与他们实际生活相关的经典案例来教导学生理解法律的意义和法律在社会中的作用；日本的法治教育从生活科和家庭科等与学生实际生活密切联系的课程中渗透法治教育，通过教导学生遵守社会生活中的准则和解决生活实际问题来提高学生的法律意识；新加坡的法治教育则注重从生活细节出发，通过把公民日常生活的基本要求和规范制定成法律条文的形式，来约束公民的行为，倡导公民养成遵纪守法的好习惯。

第二，国外法治教育的内容都包含国家意识的培育。考察以上发达国家法治教育的开设情况，无论是通过公民教育渗透法治教育，还是通过道德教育、历史课等相关课程渗透法治教育，这几个国家法治教育的内容都包含公民国家意识的培育。比如，英国作为民族和信仰多元化的国家，英国政府致力于通过公民教育形成较强的国家凝聚力，通过在公民教育中渗透宪法知识、社会公平正义、尊重民主和多样化等的教育，来达到提高公民国家认同感的目的；美国的法治教育从设立之初就包含美国宪法、《独立宣言》和《权利法案》的教育，突出强调公民爱国主义意识的培育；日本的法治教育从中学阶段就在社会科的历史领域设置法治国家的建立、宪法的基本原理、国家政治机构等内容，强调学生国家意识的培育；新加坡法治教育注重从传统文化角度强调和弘扬国家意识，以达到统一不同民族、不同种族、不同宗教公民的目的。

第三，国外法治教育的内容注重学生法律能力的培养。考察以上几个国家法治教育的内容，都穿插着法律知识性的内容，但并非法治教育的核心内容，法治教育无论在学生培养的各个阶段，均注重学生法律能力的培养。比如，英国的公民教育在小学阶段就引导学生参与班级讨论，制定和遵守法规，中学阶段通过参与社区活动了解法律渊源和法律的执行等；美国在其《1978年法治教育法案》中就将法治教育定义为"与法律、法律程序、司法系统及它们赖以为基础的基本原则和价值观相关的知识和技能装备"，美国学校针对各个阶段学生的法治教育都注重培养学生解决实际问题的能力和法律相关价值观的培养；日本大学阶段所有的院系都开设法律方面的课程，注重大学生法律意识的提高和法治思维的培养。

（四）法治教育方法多样化

从各国开展法治教育的方法看，各国除传统的课堂教学外，都注重通过丰富多彩的形式开展法治教育，如引导学生参与社区活动、组织学生到法院旁听审判等形式开展法治教育。教育方法的多样化能够为我国高校法治教育改进教学方法提供借鉴，国外法治教育教育方法的多样性表现在如下几方面：

第一，课堂教学注重案例教学法等多样化教学方法的使用。各国在开展法治教育的过程中都比较注重学生的特点，运用多样化的教学方法讲授相关知识。比如，英国从中学阶段就在公民教育课堂中运用案例教学法，引导学生学习、思考、讨论典型的政治、思想、道德、社会和文化问题、难题、事件，并从中领悟和感知法律运行情况；美国的法治教育注重案例教学法和讨论式教学法的运用，在美国法治教育的课堂中，教师经常引入一些有争议的、公共的问题，通过法律经典案例的讲解和引导学生对热点问题的讨论加深他们对法律及法治的认知；日本的法治教育除传统的讲授法外，还注重讨论式教学方法的使用，通过对法治教育内容、案例的讨论来达到学生理解法规的精神、尊重权利、养成自律精神的目的；新加坡的法治教育除课堂教学外，注重通过对学生进行严格的纪律训练来达到法治教育的目的，新加坡的各级学校对学生的日常行为规范都制定了明确的准则和规范，学校对学生遵守这些准则和规范制定了明确的奖励和惩罚制度，以此达到奠定学生遵守校纪校规到遵纪守法的基础。

第二，法治教育采取丰富多彩的课外教育形式。以上几个国家的法治教育均是通过公民教育、道德教育或相关的法律课程开展，通过考察其开展情况，我们不难发现，这几个国家的法治教育除进行一定的课堂教学传授知识外，都很注重学生课外活动的拓展，通过开展形式多样的活动来提高学生对法律的感悟，通过参与实践来提高其法律运用能力。比如，英国从小学阶段就注重引导学生积极参与学校生活、邻里生活，在社区活动中承担义务，了解自身的权利和义务，达到发展知识、技能和理解力的目的，还通过组织学生参观议会、参与介绍选举、法律制定工作坊等形式来深化学生对法律的认知；美国注重引导学生通过社区参与等形式为学生提供现实的学习和实践的情景，加深学生对法律知识的理解，树立起法治观念；日本通过组织学生到法院旁听审判、组织法律实务家为学生授课等形式，使学生加深对法律知识的了解，感受法律的权威；新加坡注重从社会生活的方方面面强化法治教育，新加坡社会生活的规范和准则都有严密的法律条文规定，通过在社会生活中严格遵守法律规范来达到提高公民法律意识，创造舒适、和谐的社会生活环境的目的。

（五）注重发挥社会各界的联动作用

从以上几个国家学校法治教育的发展历史看，法治教育的实施和运行都有社会各界的参与。以上各国法治教育的开展既有政府部门和社会团体的合作，也有学校与社会法务部门的合作，各国的学校法治教育都不是教育部门或学校自身的事情，而是注重发挥社会各界的联动作用。这是目前我国各级学校法治教育需要借鉴和参考的经验。

第一，政府部门注重发挥社会各界人士在法治教育中的合力作用。考察各国法治教育的开展情况，国家都比较重视法治教育，并且从国家政府部门的角度注重与社会相关团体的合作，共同为法治教育做出贡献。比如，英国公民教育的发展受到了一些非官方组织的专业支持，如社会科学教学协会、政治协会、公民基金会、列斯特大学国家公民研究中心等，而英国《国家公民教育课程标准》的修订工作也是在"全国教育研究基金会"调查报告的基础上开展的；美国的教育部门也通过号召社会各界共同组织大型法治教育活动，为学生法治教育创设一定的法治环境，最具代表性的组织有20世纪60年代的宪法权利基金会、公民教育委员会以及20世纪70年代著名的"街区法律计划"等。

第二，学校注重与社会各界加强法治教育的联系与合作。考察各国的学校法治教育情况，都不是学校自己"关起门来搞教育"，而是积极走出校门与社会热衷法治教育的团体和人士开展合作，为了学生的法治教育而共同努力。如，英国著名的"校园律师制度"：就是由1984年英国公民教育基金会主导的公共法律教育项目（PLE）发展演变而来，这一制度就是通过法律服务机构与学校的合作，帮助青少年了解法律、增强学生的法律意识，是社会上法律服务机构的一种志愿服务型项目；美国的学校通过将社会法律人士请进校园为学生开设法律讲座、讲授经典法律案例、开展法律辩论等形式让学生生动地接受法治教育；日本的法治教育注重发挥学校、社会、家庭的联动作用，学校注重与法律实务部门开展合作，为学生法治教育营造良好的法治环境；新加坡学校注重与社会司法部门开展合作，共同帮助学生规范行为，共同教育触犯法律法规的学生。

第三，教育系统内注重学校不同阶段法治教育的连贯性。纵观以上几个国家的学校法治教育情况,都是从小学阶段就开始渗透法治教育的内容,并且在小学、中学到大学不同阶段有不同的目标,体现着法治教育的系统性和连贯性。比如,英国公民教育中有关法治教育的内容根据小学和中学阶段学生的成长特点设定不同的教学内容,对法律知识和法律运行的深度逐渐深入;美国中小学阶段的法治教育以不同的形式开设有"宪法""法律研究""权利和责任"等法治教育内容,部分州的大学还开设有"美国宪法""独立宣言"等法治教育课程,法治教育体现在美国教育的各个阶段;日本通过在中小学设立公民科、道德课,在大学设立教养课等形式强化学生的法治教育;新加坡从小学到大学阶段都设立道德教育课程,注重从道德教育的角度加强学生规则意识和守法精神的培养。

第七章　全面依法治国视域下大学生法治观念培养的体系与机制

要持续、长效推动大学生法治观念培养工作，必须坚持以立德树人为根本，以德法兼修为重点，构建科学的培育工作体系，以健全完善的大学生法治观念培养机制为保障，久久为功，全面提升大学生法治观念的培养质量。这正是本章研究讨论的宗旨所在。

一、全面依法治国视域下大学生法治观念培养的体系

大学生法治素养培育工作体系建设是一个系统工程，涉及高校的学科教学、法律武装、日常教育、队伍建设、治理服务、评估督导、实施保障等方面，需要统筹推进、加快建设完善。

（一）学科教学体系

大学生最重要的任务就是学习科学文化知识，锻炼自己的本领。因此大学生法治观念培养的内容，也要从学科教学开始。

一是办好法律基础课。推动高校法律基础课改革创新，强化法治精神引领，深化法律的学理支撑，加强法治规律研究，创新法治教学方式方法，提升法律基础课的教学质量，不断增强法律基础课的针对性、启发性和亲和力。习近平对学校思想政治理论课教师提出的"八个相统一"的要求，对法律基础课建设同样具有重要的指导意义，扎实推进法律基础课建设的思路、师资、教材、教法、机制、环境上新台阶。遴选全国中青年法学家、长江学者等名家大师参与法律基础课的讲授。把新媒体技术引入法律基础课教学，创办高校法律基础课创新（示范培育）中心，打造高校法律基础

课资源平台和网络集体备课平台,推出更多高校法律基础课"金课"。

二是强化法学学科的育人作用。深入开展法学理论研究和建设,强化法学学科的引领示范作用,构建世界一流的法学学科体系。加强法学教材规划编审和规范选用工作。加大哲学社会科学各学科专业中的法学、法律课程建设。扎实推进哲学社会科学专业课程法治建设,法制史、法理学类专业课程要帮助学生掌握马克思主义法治观和方法论,从历史与现实、理论与实践等相结合的维度深刻理解习近平关于法治的重要论述,自觉弘扬社会主义法治文化。

三是推进课程法治建设。重点建设一批提高大学生法治素养的公共基础课程。经济、管理类专业课程要注重公司法、海商法、企业破产法、工业企业法、合伙企业法、会计法、注册会计师法、预算法、统计法、审计法等方面的法律知识,加强学生对法律的理解,正确应用在工作领域中。理学、工学类专业课程要注重保密法、消防安全法、知识产权法以及科研合同、技术合同、工程合同等方面的法律实践训练,培养学生的法律意识和规范意识。农学类专业课程要注重培养学生农业法、渔业法、土地管理法、草原法、森林法等方面的法律知识,让学生熟悉农林牧渔相关的法律知识。医学类专业课程要注重加强从医相关的法律知识,在培养学生医者仁心、精湛医术的同时,更要教育引导学生守规,不逾越从医底线。

(二)法律武装体系

学科教学的内容必须有法律体系作为依托,因此大学生法治观念培养必须重视法律武装体系。

一是加强法治信仰引领。切实把马克思主义法治理论、习近平关于全面依法治国的重要论述有效落实到法治教育教学各方面,开展大学生法治教育专题培训,编写出版大学生法治理论通俗读物,打造法律基础课示范课堂,深入开展系统化、学理化、学科化研究阐释,运用法治课堂教育、法治文化建设、法治社会实践、法治主题教育以及法律知识竞赛活动等载体,开展全面系统的、针对性强的教育实践活动。推动大学生法治教育常态化、制度化,在日常生活中弘扬法治精神,在实践中加强法制史教育;将培养青年法律自信、制度自信作为重要一环,引导师生牢固树立社会主义法治共同理想。推动公安干警、检察官、法官、律师、公证员、仲裁员等法律

第七章　全面依法治国视域下大学生法治观念培养的体系与机制

职业群体进校园开展大学生法治素养教育。

二是厚植法治中国情怀。把法治信仰贯穿大学生法治教育全过程，坚持全面依法治国和依法治教、依法治校的有机统一。大力挖掘中华优秀传统文化、革命文化、社会主义先进文化和科技创新文化中的法治教育资源，打造推广一批富有法治教育意义的文化作品，用活用好重点法律文化教育资源和场馆。组织学生观看宪法宣誓仪式，引导广大学生在身体力行中增强法治国家意识、厚植法治中国情怀。

三是强化法治价值引导。在氛围营造上，用社会主义法治观引领法律知识教育，研究制定体现社会主义法治观要求的高校学生行为规范，开展大学生法治年度人物、法律基础课教师年度人物和优秀法律基础课教师等先进典型的推选展示，大力营造崇法尊法、守法护法的校园文化氛围。在工作内容上，重视法治价值观引领。将工作重心由法律知识传授转向法治价值观培育，实现从重视法律知识、制度到重视法律价值、精神的转变，以法治价值观培育引领大学生法治观念培养工作。

（三）日常教育体系

学科教学与法律体系都是大学生学习的内容，但大学生在知识学习之外还有日常生活，因此日常教育体系也不可忽视。

一是深化法治实践教育。其一，要构建"法治实践育人共同体"，加大法治社会实践基地的建设力度，设置更多法治实践岗位，充分借助公检法等国家有关部门、律师事务所等社会法律职业团体的平台，为大学生推荐法治实践导师，提供更多法治实践机会，创办丰富多彩的"法治行走课堂"。其二，打造高质量平台，研究制定法治实践基地的建设标准，明确各方主体的权责，建设一批高标准高质量的法治实践教育基地。其三，提升法治实践育人效果。要扩大实践主体的覆盖面，广为宣传和推广样板基地的先进做法和优秀经验，避免走过场的、形式化的法治实践，切实发挥法治实践基地在大学生法治素养培育工作中的重要作用。其四，推动大学生法治实践常态化，在日常生活中强化大学生的法治体验实践，如组织学生学习学生管理规定、培养政策，签订培养协议书、助学贷款合同、就业合同等，缴纳学费住宿费等义务，让法律走进大学生生活的每一天、每一个细节。

二是加强法治主题教育。法治主题教育是提升大学生法治素养的重要方式，与传统模式强调知识讲授不同，必须进一步挖掘法治主题教育的内涵，丰富法治主题教育的内容，充分发挥法治主题教育的作用；主动设置法治教育主题，想尽一切办法充分挖掘法治主题教育的资源、要素。进一步深化法治主题教育内涵，不局限于狭义的法的范畴，关注广义的法学领域，学习吸收运用对于培养和提升大学生法治素养水平作用巨大的学科，包括人文社会科学领域，如政治学、经济学、马克思主义理论等。必须进一步发挥法治素养在综合素养中的基础性、引导性作用，即通过综合素养的整体提升强化和丰厚法治素养，又以法治素养培育进一步推动综合素养的深入发展。必须进一步创新法治主题教育形式，在传统形式的基础上更多地注重教育客体的参与感、获得感；广泛发动大学生积极参与法治主题教育，发挥师长言传身教的作用，重视朋辈教育功能，在潜移默化中培育法治观念，形成法治思维，树立法治信仰；要及时组织开展疫情法治主题教育和成果展示推广，总结依法防控疫情的好经验好做法，促进法治中国、法治社会、法治文化建设。

三是加强网络法治育人。一方面，大力拓展各类优质网络法治教育资源供给，引导和扶持大学生积极创作喜闻乐见的网络法治文化产品。充分利用网络渠道讲授法治知识、讲好法治故事、弘扬法治精神，主动占领法治观念培养的网络高地。另一方面，利用网络平台，引导大学生正确参与法治评论，对相关时事热点或法治事件发表合理的评论，让大学生自觉投入到网络环境建设中，充分利用网络开展互动，激发大学生参与法治的热情。持续激发网络活力，积极引导网络舆论，加强网络空间治理，完善网络舆情和网络违法犯罪活动的监测预警技术，建立健全网络监管、舆情引导等制度，营造充满活力、风清气正的法治网络空间，将网络建设成为大学生法治素养培育的重要阵地。培育建设一批高校网络法治文化研究评价中心，将优秀网络法治文化成果纳入高校科研成果评价体系。

（四）队伍建设体系

习近平在中国政法大学考察时强调，"建设法治国家、法治政府、法治社会，实现科学立法、严格执法、公正司法、全民守法，都离不开一支高素质的法治工作队伍。"[①] 无论是学科教学还是日常教育,都离不开教师的指导,离不开法治工作人员的保障。因此大学生法治观念培养,必须要有一支德才兼备的高素质工作队伍。

一是建设高水平法治教师队伍。健全法治岗位实践锻炼制度,提高法治教师育德育人的意识、水平和能力,建立严格的法治教师资格和准入制度,做好综合考察关。建立健全课程法治教师培训机制。充分发挥全国中青年法学家、"长江学者"、国家级教学名师等引领导航作用,带动和示范广大教师积极投入课程法治建设。加强对海归教师的社会主义法治教育。努力构建高校齐抓教师法治素养的工作体系,组织开展宣传法律专业课、法律基础课教师先进典型、深化规章制度教育,加强对海外归国和青年教师的法治文化引导。落实《新时代高校教师职业行为十项准则》,严格监察监督,严格实行教师法治素养"一票否决制",加大对违法违规违纪、行为失范教师的惩戒力度,情节恶劣、屡教不改的要坚决清除出教师队伍,推动法治教师队伍建设规范化、高质量发展。

二是加大法学名家大师和青年法学学者的培养力度。要切实抓好法治教育,培养更多能够把法律基础课、法律专业课讲好的人才。深入实施高校思想道德修养与法律基础课教师队伍后备人才培养专项支持计划,拓展合作育人途径与方式。组织实施青年法学学者培养工程,着重在法律专业学生骨干、法律文化社团干部等青年群体中选拔骨干,充分发挥法学骨干力量对大学生法治观念培养的示范带动作用。

三是打造高素质法治工作队伍。完善规划、选拔、培养等机制,健全高校法治工作队伍的发展体系。完善课外法治教员选聘体系。高校可以从学校各级党政干部、专任教师、优秀研究生中选聘一定数量的法治宣传员、普法员。鼓励选聘各级法院、检察院、公安、仲裁、公证系统的党员领导干部、专家学者等担任校外普法员。高校要结合实际,完善法治宣传员和校外普法员的培训、管理、考核制度。完善高校法律教员技能培训和待遇制度。实施法律基础课中青年骨干队伍建设项目,设立专项经费用于法治工作队伍建设。

[①] 习近平在中国政法大学考察时强调:立德树人德法兼修抓好法治人才培养 励志勤学刻苦磨炼促进青年成长进步 [N]. 人民日报,2017-05-04.

（五）治理服务体系

从提高高校治理能力和治理水平、加强法治群团组织建设，深化法治文明校园创建等工作出发，为大学生法治观念的正确树立提供有力保障的法治环境。

一是提高高校治理能力和治理服务水平。大学生法治观念的培养与高校的法治育人环境有密切关系。健全高校有关大学生法治观念培养的环境治理、管理服务等各项制度体系，创建和推广一批法治教育、法治服务育人先进单位和示范岗位。增强大学生日常管理制度和校规校纪教育，引导党政干部、共青团干部、辅导员和班主任用良好的法治素养和规范行为影响学生，努力创造治理有方、服务高效、风清气正的法治育人环境。强化法治供给能力、提供优质法治服务、解决合理法律诉求、维护合法权益、回应法治期盼，在关心帮助、服务引导大学生中实现法治教育人、塑造人的效果，从而实现潜移默化的隐性法治教育效果。

二是加强法治群团组织建设。增强高校全面依法治校委员会、法制办（政策法规室）、普法办等组织的法治性、先进性、群众性，强化法治动员、法治引领、法治教育职能。推动学生法律社团改革，强化党对高校法律社团的领导和业务工作指导，健全法律社团骨干遴选程序，以程序的正义来增强学生的法治体验、服务学生法治观念树立和推进学校依法治校工作。加强学生法律社团的建设管理，突出过程监管和精细管理，支持法律社团有序健康发展，为大学生法治观念培养提供有力有序有效的平台。

三是法治文明校园创建。法治文明校园的创建是全国文明校园创建的重要考量指标，也是培育大学生法治观念的园地。近些年，国家和地方组织评审、授牌了一批文明校园。文明校园是一个综合性的评价，其中应包涵法治文明的指标体系，在全国文明校园的创建标准中，第一条"思想道德建设好"有法治课教学、第六条"活动阵地好"都呈现出与"引导大学生守法的上网意识和习惯"的密切联系。要把学生生活园区打造成为集学生法治教育、法治文化活动、法治服务于一体的法治园地，营造良好的法治文化氛围。

（六）评估督导体系

各项工作开展之后，我们如何来评估工作成效？如何知道目前工作的

第七章　全面依法治国视域下大学生法治观念培养的体系与机制

短板并及时补齐、加强？这就要求我们必须建立完善的评估督导体系。

一是构建大学生法治观念的科学测评体系。建立多维度多层次、科学有效的高校大学生法治观念培养测评指标体系，把高校大学生法治观念培养工作作为法学"双一流"建设成效评估的重要指标，把课程法治建设作为"双一流"建设、一流专业"双万计划"和职业教育"双高计划"的重要内容，把高校依法治校、依法办学、依法治教的工作纳入政治巡视、高校内部巡察、地方和高校领导班子考核、领导干部述职评议的重要内容。在大学生法治观念的评价上，要实现法治教育效果可观察、可量化、可评估，以有效的反馈机制倒逼法治人才培养机制和模式改革，真正促进法治观念培养工作落到实处。

二是完善大学生法治观念培养推进落实机制。聚焦大学生法治观念培养的重点任务、重点群体、重点领域、重点区域，尤其是针对薄弱环节和突出问题，制定整改清单，明确责任分工，细化大学生法治观念培养的实施方案，及时和密切跟进培养工作进度，定期研究解决其中的重点难点问题。同时，将大学生法治观念培养工作纳入高校章程、十四五发展规划和年度工作要点计划，建立大学生法治观念培养的问题清单、任务清单、责任清单，明确大学生法治观念培养各项任务的路线图、时间表、责任人。

三是健全大学生法治观念培养的督导问责机制。强化大学生法治观念培养工作督导考核，把加强和改进大学生法治观念培养工作情况作为各高校领导干部和法治工作队伍考核的重要指标体系和工作职责，对不能履职尽责或者履职尽责不到位、不及时的，要加大追责问责、责任倒查的力度。此外，在高校、院系、基层党组织书记述职评议考核制度中，增加大学生法治观念培养的有关指标和内容，同时将其纳入依法办学、依法治校、依法治教的监督检查范围。

（七）实施保障体系

大学生法治观念培养工作有序不紊地开展，也需要一套实施保障体系。

一是加强党对依法治校、依法治教的全面领导。把大学生法治观念培养工作摆到重要位置，切实加强对大学生法治观念培养工作的组织领导和业务指导。各地各部门和各高校要力戒形式主义、官僚主义，把大学生法治观念培养工作落细落小落实，在日常下工夫，让每一个大学生感受到实实在在的获得感。高校党委要全面统筹大学生法治观念培养中各领域、各环节、各方面的教育资源和工作力量；充分借助"三全育人"综合改革的东风，加强大学生法治观念培养的科学谋划设计。采取定期与不定期相结合的调研方式，科学分析大学生法治观念状况，研究解决大学生法治观念培养工作中的重大问题，协调推进有关重点任务的落地落实。高校领导和职能部门、院系负责人要主动走进法律基础课的课堂、参加大学生法律社团、国家宪法日等活动，走进法律知识科普讲座、走进网络法治教育阵地，坚持遵循"一线规则"，深入基层指导、督促、协调处理学生权利、利益诉求等方面的矛盾和问题。探索建立法治辅导员、法治班主任制度，鼓励法官、检察官、公安民警、律师、公证员、仲裁员、国有企业法律顾问等到高校担任法治辅导员或法治班主任。

二是加强高校规章制度建设。遵循国家法律法规和学校规章制度，完善大学生思想教育、事务管理、教学培养、学位授予、就业指导等方面的规章内容，充分体现"德智体美劳"全面发展的教育思想，落实"依法办学、程序规范"管理理念。编印高质量的《大学生手册》《研究生手册》，将其作为高校学生教育管理工作依据和大学生在校期间学习、科研、生活的规范指南。广大教师、教育管理工作者和全校学生要认真学习和遵守《大学生手册》《研究生手册》和相关规定，更好地服务于德法兼修的高素质人才培养。

三是强化大学生法治观念培养协同保障。积极整合大学生法治观念培养的各类资源，扎实推动形成政府、学校、家庭和社会协同的法治教育机制。发挥高校"思想道德修养与法律基础"课程建设领导小组、教学委员会的专家咨询作用，探索在有条件的省区市、高校成立大学生法治观念培养工作研究与咨询服务中心。暂不具备条件成立的地方，可以先利用思想政治工作的创新发展中心、培训研修基地，开展相应的法治教育人才培养培训工作。做好高校法治工作资金的使用管理，保证专款专用，支持和引导地方和高校增加法治建设经费投入，强化法治工作经费投入的效果导向、育人导向。

二、全面依法治国视域下大学生法治观念培养的机制

健全大学生法治素养培育机制，遵循新时代大学生法治素养培育的规律，教育管理部门与高校需加强组织领导，制定相关政策，构建大学生法治素养培育的顶层设计、协同推进、资源共享、合作交流、监测评价等方面机制，保障大学生法治素养的科学发展，促进大学生的全面发展。

（一）顶层设计机制

"不谋万世者，不足谋一时，不谋全局者，不足谋一域"，教育部门和高校需遵循新时代高校法治教育发展规律、大学生法治观念培养规律、大学生成长成才规律，开展科学规划、顶层设计，是健全完善大学生法治素养培育机制的重要启示。

构建顶层设计机制，教育部门需要在组织领导上下工夫。"全面推进依法治国这件大事能不能办好，最关键的是方向是不是正确、政治保证是不是坚强有力。"[①]加强党对法治教育工作的全面领导，组织领导到位是推进大学生法治素养培育的根本举措。教育领导部门应加强顶层设计，科学组织领导，做好系统谋划。构建党委领导、政府主导、部门统筹、社会参与、上下联动的大学生法治观念培养领导体制和运行机制，研究和遵循新时代大学生法治观念培养规律，由教育部门颁布法治教育系列政策与文件，划清责任范畴，明确各部门职责，依据教育实际制定教育目标、教育标准、教学实施方式、教材等，实现法治部门、教育部门、司法部门的协同合作，在县级及以上的教育管理部门、思想政治研究会、学校、司法部门、法制培训部门等各个单位实现联动，鼓励与支持各级部门、各领域人才、各融媒体平台加入到大学生素养培育的机制中来，实现以法治思维和教育核心素养理念抓大学生法治观念培养，推进大学生法治观念培养能力现代化。

构建顶层设计机制，高等学校需要在全面发展上下工夫。马克思指出，教育"不仅是提高社会生产的一种方法，而且是造就全面发展的人的唯一方法"[②]。高校作为培养大学生法治观念的重要阵地，要做到以下三点：

[①] 习近平.关于《中共中央关于全面推进依法治国若干重大问题的决定》的说明[N].人民日报，2014-10-29.

[②] 中共中央马克思恩格斯列宁斯大林著作编译局编译.马克思恩格斯全集（第23卷）[M].北京：人民出版社，1972：530.

一是全面提升法治教育管理水平。科学制定"德法兼修"人才培养目标，依据教育部门顶层设计安排，制定年度发展规划，将其纳入学校章程，动态更新人才培养方案，并在大学生法治观念培养的各个阶段进行部署、检查，与学校的教育教学、科学研究、社会服务等工作"同规划、同检查、同考核"。

二是全面提高师资力量培养水平。为人师表，首先要在尊法上为全社会作出表率。[①]因此，要切实加强教师队伍建设，特别是对青年教师的培养和激励，将他们培养成为法律知识的传播者、法治信仰的坚定者、法治精神的践行者，教育引导他们争做遵纪守法的表率、师德师风的楷模，感染和培养更多的法治人才。大学生法治观念培养教师的管理是高校顶层设计中的关键一环，需始终围绕新时代下大学生法治观念培养的需要，落实大学思想政治教育与法律基础课程教师的资格管理制度，推动落实资格考试制度，做到教师持证上岗。创新建立师资信息库，利用新时代下互联网技术与平台优势，加强思想道德修养和法律基础课师资的统一管理与服务，做到选拔培训、考核评价、质量反馈等常态化、科学化。启动实施专项培训计划，重点培训教育基础知识、教育法律知识、教师专业素养、业务能力以及教师情感态度等，提升思想道德修养与法律基础教师的专业化水平。

三是全面创新大学生法治观念培养教育教学方式。在大学生法治观念的培养过程中，创新教学方式设计，将MOOC（Massive Open Online Course）、SPOC（Small Private Online Course）、翻转课堂等教学模式与大学生法治素养培育进行有机结合，创新大学生法治观念培养的教学模式。要发挥网络新媒体技术优势，为推动大学生法治观念培养提供新动能。以互联网技术为载体，提高大学生法治观念培养的互动性、自主性、灵活性、广泛性，为大学生法治观念培养提供新的动力源泉。

（二）协同推进机制

"协同"即协调、配合和资源整合之意，在新时代推进大学生法治观念培养的过程中，如何协同合作、共同推进是教育工作者必须面对的重要课题。大学生法治观念培养是高校思想政治工作的重要内容之一，以思想政治教育与法律基础课堂为载体，落实全员、全过程、全方位育人的"三

[①] 陈宝生. 全面推进依法治教　为加快教育现代化、建设教育强国提供坚实保障——在全国教育法治工作会议上的讲话[J]. 国家教育行政学院学报，2019（01）：3-9.

全育人"体系。

一是理念协同。习近平强调，"青少年阶段是人生的'拔节孕穗期'，最需要精心引导和栽培"[①]。促进大学生法治观念培养应在坚定法治理想信念上下工夫，教育引导学生树立中国特色社会主义法治理念，充分认识到新时代大学生法治观念培养理念的转变，促使各方在大学生法治观念培养理念上达成一致，拥有共同的价值观念。

二是主体协同。大学生法治观念培养需要多方共同参与、协作。教育管理部门和高校在大学生法治观念培养的过程中，全面统筹各领域、各环节、各方面的育人资源和育人力量，打通学校教育管理工作和学生工作部门、各培养单位及教职人员和马克思主义学院、法学院师资力量沟通渠道，推动法治观念培养的价值塑造、能力培养、知识传授、行为养成，促进各个主体之间法治信仰、法治理念、法治观念等的认同。

三是目标协同。整合资源的要义在于促进合理利用的最大化，以保证教育目标的实现。在人、财、物资源有限的情况下，以大学生法治观念培养目标为导向，充分整合各方资源，促进大学生法治观念培养目标协同推进。建立"以人为本"整合资源机制，实现大学生法治观念培养目标，实现法治教育现代化的方向目标。

四是制度协同。制度的力量正是来源于它的规范性，法治的规范性使人们形成了正确的认知，促进人们心往一处想，劲往一处使。[②]大学生法治观念培养要创新机制，构建完善的制度体系，将大学生法治素养培育有机融入现有教育过程中，构建充满活力、富有效率、更加开放的大学生法治观念培养制度体系，促进大学生法治观念培养制度协同推进。

（三）资源共享机制

高校要着力破解大学生法治观念培养工作的"孤岛现象"，使高校各种法治教育资源都能发挥育人功能，促进各种资源要素充分动起来，形成润物无声的法治育人微环境，从而实现大学生法治观念培养的资源价值。

一是打破壁垒，实现平台共享。资源共享平台强调多主体参与，第三

---

① 习近平主持召开学校思想政治理论课教师座谈会强调用新时代中国特色社会主义思想铸魂育人贯彻党的教育方针落实立德树人根本任务[N]. 人民日报，2019-03-19.
② 李勇，胡业勋. 宪法思维与法治素养[M]. 北京：人民出版社，2019：141.

方应激励主体积极主动参与,因为资源平台的供需双方就是一个完整的链条。如果各个省区市、高校的法治教育平台因为体制机制原因,成为"孤岛",法治教育的信息就会不畅通,必将导致参与主体不多、受教育面缩小,形成一定的信息壁垒,导致法治观念培养的供给侧、需求侧的矛盾不断凸现,进而影响教育平台的建设目标和效果。在大学生法治观念培养的过程中,政府、高校、企业、媒体要"共建共享"高校法治教育教学资源平台。以大数据、云计算、虚拟技术、人工智能等现代信息技术为依托,以互联网科技和现有的校园网为载体,共建完善的大学生法治观念教学资源共享网络平台,打破传统高校间存在的资源共享壁垒。加强平台信息化网络化建设,形成大学生法治观念培养平台资源共享闭环,为资源共享提供更大的软硬件保障。

二是统一规划,实现标准共享。在质量、内容、保密等方面统一资源共享标准,制定详细可操作的标准共享机制,加强大学生法治观念培养标准资源共享就显得尤为重要,由教育领导部门统筹,各个高校、高校思政部门、高校思想政治教育教职工、相关社会团体、教育学者、媒体广泛参与,制定统一的准入标准,并结合新时代下大学生法治观念培养的规律变化,维系准入标准的变化,与时俱进,共同遵守。

三是博采众长,实现内容共享。当下一些高校大学生法治观念资源共享的内容较为单一,共享的要素和方式较为有限。在构建大学生法治观念平台资源共享的前提下,创新方式方法,摈弃传统内容共享模式,促进对法治学术资源、法学学科和专业资源、教师资源、学生资源更广泛地共享,通过内容资源共享机制的完善,提高资源共享的全方位效能。

四是百花齐放,实现激励共享。目前,一些高校和教师没有及时把法治教育教学成果数字化、信息化,在共享给社会公众使用时存在平台、技术、资金等方面的障碍,内生动力不足。加快大学生法治观念培养资源共享激励机制构建,通过精神激励、物质激励、品牌激励等方式,在大学生法治观念培养资源共享方案设计中,将资源共享纳入政府、有关社会团体、高校部门、教师、管理人员等的工作激励机制,使资源共享的开展与工作绩效相衔接,增强高校资源共享的内生动力。

五是做好保障,实现安全共享。一方面,要为大学生法治观念培养资

第七章　全面依法治国视域下大学生法治观念培养的体系与机制

源共享提供技术安全保障。在大学生法治观念培养的资源共享的过程中，引入先进技术，多样化地呈现教学内容，通过大数据分析，对每位大学生进行"人脸画像"，有针对性地提供最精准的学习内容，根据每位同学的学习习惯，定制最科学的学习计划与方法，在海量的数据中，进行定位、筛选、过滤、推送。另一方面，为大学生法治观念培养资源共享提供产权安全保障。明确大学生法治观念培养过程中各种资源的知识产权归属问题，解决大学生法治观念培养资源共享的法律盲区，加强资源共享中的保密系统管理，加强数据管理，明晰资源产权界限，着力降低或缓解高校在资源共享过程中发生的利益纷争，降低资源共享的交易成本，为大学生法治观念培养资源共享提供安全保障。

（四）合作交流机制

大学生法治观念培养的交流合作机制主要针对国内高校之间的交流与合作、国际区域合作交流、人才与人才之间的交流。

一是形成特色品牌，搭建高校磋商合作交流平台。各高校应以各自特色为亮点品牌，以互学互鉴为目的，打造高校特色的大学生法治观念培养项目，吸引其他高校的大学生学习、引用、传播具有本校特色的大学生法治观念培养特色项目。由重点高校为主导进行磋商，搭建合作交流平台，将带有各个高校特色的大学生法治观念培养项目在高校之间交流与传播，讲好具有各个学校特色的大学生法治观念培养的故事。同时，以高校德育部门为平台，通过问卷、访谈、文献等方法，进行各高校大学生法治观念培养的专项调研，将各高校大学生法治观念培养的先进经验、先进做法、先进理念进行整合和迁移，促进大学生法治观念培养的进一步发展。

二是立足求同存异，构建对外合作交流互信机制。立足"求同存异"原则，构建大学生法治观念培养对外合作交流互信机制，双方应该在坚持求同存异原则的基础上相互学习，寻找更多的契合点，适当避开分歧点和敏感点，生动诠释我国法治文化，彰显我国在大学生法治观念培养过程中的中国特色、中国理念、中国故事。

三是加强互联互通，构建人才培养合作交流机制。大学生法治观念培养的人才交流的主要对象是教师和学生。设立专任教师互学互鉴合作交流计划，建立长期稳定的师资合作交流培养机制，加强教师的法治观念培养教学能力，使双方教师相互学习彼此的课堂教学特点，了解不同的教学模式，提高教师的教学质量；二是加大国际、校际教师团队互派互访力度，促使双方进行友好交流，增进双方理解与对话；再次，定期举办教师教学水平技能大赛，选树教学优秀标兵，调动教师的工作热情，促进教师专业化；最后，有效地利用现代化技术，构建"双师型"课堂、同课异构、共享课程资源，用高科技助力教学高质量。

（五）监测评价机制

党的十一届三中全会以来，依法治国已经确定为治国理政的基本方略，并取得了历史性成就。[①] 经过40多年的探索与实践，我国从强调高校法律基础知识教育，到法律意识教育，现在已经进入到法治素养教育阶段，我国的法治教育已经取得了令人瞩目的成就。但是，我国在法治素养评价机制的建设与贯彻落实上仍稍显不足。特别是近年来，不少高校学生犯罪案件，引起了社会广泛关注。由此可以看出，一些大学生的法治素养仍然较低，健全大学生法治素养督导评估机制有其必要性和重要性。

高校法治建设是循序渐进的，从曲折时期到探索时期，再到初步发展时期，直到如今的法治创新时期，我国始终坚持创新法治教育的内容和形式，在加强法律基础理论知识教育、强化法治知识的运用能力和加大对师资力量的培育这三个方面已经取得了很大的进步和成就。与之相比，我国在法治素养评价机制的建设与贯彻落实上仍稍显不足，而落实法治素养评价机制是健全法治教育的重要一环。

加强和改进大学生法治素养评价机制，应建立健全大学生网络法治素养评测体系，有效评测大学生的网络行为，以此对已经违法违纪违规的学生及时处理，对有违法违纪违规倾向的学生进行排查与疏导；需要加快大学生违法违规违纪档案信息化建设，加强法治素养评价的可视化与实践性；应健全大学生法治素养教育督导评估机制，有力推进高校法治素养教育工作的贯彻落实。

1. 监测评价的基本内涵

习近平强调："要健全公民和组织守法信用记录，完善守法诚信褒奖

---

① 中共中央关于全面推进依法治国若干重大问题的决定[N]．人民日报，2014-10-29.

第七章　全面依法治国视域下大学生法治观念培养的体系与机制

机制和违法失信行为惩戒机制。[①] 这样的机制建设理念也需要引入到大学生的法治观念培养中。要从监测什么、如何监测、监测结果如何应用这三个逻辑起点来构建大学生法治观念培养监测评价机制。

一是明确监测内容。结合教育工作实际，综合统筹制定标准，制定大学生法治素养评价方案。针对不同的高校体量规模、办学特色、发展方向、办学层次，制定差异化、多维度的大学生法治素养培育评价标准和方式，保证以多维度的标准进行统一化的评价。针对大学生法治素养培育的不同内容，从教学方式、教学对象、教学工具、教学场景等不同的维度制定标准，使其在同一个维度中有统一的评价体系，避免千篇一律的评价标准，灵活评估大学生法治观念培养的发展水准。

二是严格监测管理。要严格把关，构建大学生法治素养培育质量监测机制。要实现对大学生法治素养培育的质量监测，必须要针对具体的课堂教学实施和大学生法治观念培养的专项调研，确定大学生法治素养培育在实施的过程中的质量及其变化趋势。应通过对大学生法治素养培育教育元素的深入分析，从政策引导到教学实践落实，从教育过程到教育成效等多方面、全过程地进行数据、行为、心理采集，形成科学有效的数据基础，从而全面监测和科学分析大学生法治素养培育的质量。

三是运用监测结果。大学生法治素养培育是针对大学生德育教育的一项全方位教育体验，要明确教育主体，促进评价过程多元，不应将肤浅地将科研数据、科研成果数量、课题和课程数量作为成效评价的主体，而应坚持"以学生为本"，重点评价在核心学术建设、课程开发、人才培养模式创新方面的优秀成果和人才，在其成效评价中不仅仅看其收益，更重要的是看其对学生的法治素养发展、德育发展、全面发展中的贡献，看其对于教师的专业知识、专业技能、专业情感的熏陶。

2. 不断优化大学生网络法治素养测评体系

大学生处于价值观形成时期，互联网很容易对心智并不完全成熟的大学生造成负面影响。互联网法治还不健全，大学生群体既容易成为互联网违法犯罪的受害者，也容易踏进互联网空间的黑色地带。有的大学生散播网络谣言、侵犯公民隐私权、侵犯知识产权、网络诈骗，成为违法犯罪人。

---

① 十八大以来重要文献选编（中）[M]. 北京：中央文献出版社，2016：190.

网络法治素养已经成为大学生法治素养评估的重要指标，同时又是高校法律教育工作者必须重视的重点领域。因此，加强和改进大学生法治素养评价机制，需要建立健全大学生网络法治素养评测体系。

网络法治素养是现实生活中法治素养在互联网空间的延伸，建立在互联网使用的基础上，包括互联网的法律知识认知、网络法治思维、网络法治方式和网络法治意识。

根据上述要素，笔者尝试建立了大学生网络法治素养评测体系，该体系由四个维度构成。

一是网络法治观念维度。网络法治观念属于思想层面，针对于此，网络法治观念由大学生网络法治认知、法治思维、网络法治意识、网络法治信仰四个一级指标组成。大学生网络法治认知包括网络空间的认知、网络法律的认识两个二级指标。大学生法治思维包括规则至上、权利思维、程序正思维三个二级指标。大学生网络法治意识是指大学生对网络法治的个人看法、观点等。包括秩序意识、自由意识、效率意识、权利意识、诚信意识、责任意识、民主意识七个二级指标。网络空间具有后发性与时代性的特征，相对于现实生活空间，网络空间法律规制少，大学生在网络空间的行为更加多样、身份地位更加平等、言论更加自由，同时，参与网络舆论也成为大学生表达思想的一种方式。网络法治信仰是学习法律知识的基础，也是在了解与运用法律后对其的认同和情感的升华。在建设法治中国的背景下，培育大学生法治信仰是提升其自身素养的内在需要。

二是网络法治行为维度。大学生在网络中获得法治知识、宣传法治行为，但其行为同时可能故意或者过失侵犯到他人的合法权益，甚至违反法律、法规。针对于此，行为维度由网络失范行为与网络法治其他行为两个一级指标组成。网络失范行为主要包括：散播网络谣言、侵犯公民隐私权、侵犯知识产权、网络黄赌毒污染、网络诈骗、网络危害国家安全活动等二级指标；网络法治行为主要包括：网络法治学习，网络法治关注，网络信息辨别，网络自律与网络法治宣传等二级指标。

三是网络法治评价维度。网络法治评价可以分为网络法律评价、网络法治行为评价、网络司法评价。网络法律评价指行为主体在网络场域内通过学习、思考和自身经历对网络法治进行判断、分析后的结论。此处评价

第七章 全面依法治国视域下大学生法治观念培养的体系与机制

主体为大学生，评价对象是网络法治。在网络法律评价方面，国家出台了网络法治相关法律，保证了法律空间基本有条不紊，但依然有部分网络违法行为的处理不太合理。网络法治行为的评价包括大学生对于网络消极行为的评价和网络积极行为的评价，与前述大学生客观行为相结合，有利于加强大学生法治素养的评价机制的完善。网络司法评价是将"互联网+"模式融合在各个领域，完善与创新了司法审判的方式，对网络违法行为的解决有促进作用，体现在对新型司法的评价，促进大学生网络法治素养的与时俱进。

四是网络法治期盼维度。网络法治期盼是行为主体通过在网络空间学习、经历与总结形成的对未来网络法治的美好愿景，这是期盼主体的主观愿景。大学生网络法治期盼的主体是大学生，期盼的对象是网络法治空间和对自身在网络法治空间行为的期盼。网络空间期盼包括对未来网络立法的愿景以及对网络法治空间氛围的期盼。

由此，四维度之下的11个一级指标与27个二级指标共同构成大学生网络法治素养评测体系，见表7-1。

表7-1 大学生网络法治素养评测体系

维度	一级指标	二级指标
网络法治观念	大学生网络法治认知	网络空间的认知
		网络法律的认识
	大学生法治思维	法律至上
		权利思维
		程序思维
	大学生网络法治意识	秩序意识
		自由意识
		效率意识
		权利意识
		诚信意识
		责任意识
		民主意识
	大学生网络法治信仰	

续表

维度	一级指标	二级指标
网络法治行为	大学生网络失范行为	散播网络谣言
		侵犯公民隐私权
		侵犯公民知识产权
		网络黄赌毒信息污染
		网络诈骗
		网络危害国家安全活动
	大学生网络法治行为	网络法治学习
		网络法治关注
		网络信息辨别
		网络自律
		网络法治宣传
网络法治评价	网络法律评价	
	网络法治行为评价	网络法治行为的正面评价
		网络法治行为的负面评价
	网络司法评价	
网络法治期盼	对法治网络空间的期盼	网络立法的期盼
		网络法治空间氛围的期盼
	对自身的期盼	

3. 加快大学生违法违纪违规档案体系建设

健全大学生网络测评体系后，如何将测评结果整体全面地反馈给社会？大学生违法违纪违规档案的信息化建设，有利于学校在开展政治审核时产生一个客观、准确、可视化的评价，有利于教育引导大学生重视法治知识的学习、主动培养和提升自身法治素养，做一个遵纪守法的好公民。

（1）建立全面、系统、科学的档案内容管理制度

档案建设主要有量化方式与描述方式，这里的档案体系以描述方式为主，对学生的法治素养进行档案建设。档案的内容主要分为四部分：

一是个人基本信息管理。基本情况的记录是基础性记录，帮助了解学生的求学经历与生活环境，主要包括大学生的基础信息。作为健全和改进大学生法治素养评价机制中不可或缺的一部分，必须把大学生法治素养测评的结果（包括大学生的网络法治素养结果）同时体现在个人信息中。上

述信息的录入工作由院系组织，班委协助，本人填写。以此确保录入信息准确、有效。

二是加强违法违规违纪记录管理。违法违规违纪记录包括三个方面，依次从重到轻为：违反宪法、法律行为，违反校纪校规行为。遵守宪法、法律是公民的义务，大学生违反宪法、法律是违法违规违纪行为中最严重的情形，必须准确予以记录，对于未成年违反宪法、法律记录情况，根据国家是否记入个人档案而定。校纪校规是学校依据法律和学校具体情况制定的，大学生应该严格遵守。对于违反校纪校规的同学参照规定予以处罚，对于违反校纪校规的未成年，依规记入学生档案。关于违反道德的行为，本档案没有将其列入记录的项目，但是高校有义务对违反道德却没有触犯法律的学生进行法治素养和道德素养的教育，尤其要严格要求学生党员不得违反党内法规。对于有违反党内法规行为的学生党员，应该将该行为记录到其他违法违纪行为中。以上记录必须学生本人亲自签字并表示同意，记录人签字确认。

三是加强院系审核与大学生申诉管理。一方面，院系审核是避免发生记录失误的一道防线，院系审核采取"实质＋形式"模式，对学生违法行为其进行评价处罚，对于处罚结果，应该主动将其准确地计入学生档案，并采取形式审核。对于违反校纪校规行为的档案记录，根据违反规范的事实如实记录，学校、院系在这方面要加强管理与监督，因为错误的记录对大学生的职业生涯发展规划影响较大，必须采取审慎的态度。此处应该主动采取实质的内容审核。另一方面，大学生申诉是有效的正义保障方式。大学生有异议可以向学校"大学生法治素养监察小组"进行申诉。监察小组的审核权与监督权分立，保持申诉的公正性与中立性。监察小组对于申诉采取实质内容审查，确有错误，应退交院系重新处理，处理过程由监察小组成员全程监督，对于二次异议的合理申请，监察小组自行审核。对于未成年大学生的申诉，学校应该给予保护，直接由校级"大学生法治素养监察小组"进行复核与调查，对其中违反校纪校规行为较轻的可以给予机会，从违反校纪校规之日起一学期内无其他违法违纪违规行为，可以申请予以消除。此外，对于错误记录，院系向监察小组进行申请由记录人说明情况，经核实进行消除,对于瑕疵记录,院系申请并说明情况由监察小组进行更正。

四是加强遵纪守法承诺书管理。我国宪法规定：遵守宪法、法律是每个公民应尽的义务。作为一名成年公民，大学生在入学之前应该主动进行法治知识的学习，入学时学院可以组织学生签署遵纪守法的承诺书。遵纪守法承诺书属于违法违规违纪档案的一部分，置于档案的首页。这是学生在校期间对其行为规范的承诺，承诺书签署属于一个仪式，有助于加强大学生对法律的敬畏感。在大学生违法违规违纪时，出示承诺书表示其对违法必究事先知晓，同意学校的记录行为。在校期间表现良好的同学，承诺书也归入档案首页，有利于加强学生的法治意识。

（2）创新"互联网+"档案形式

档案采取电子档案与纸质档案相结合的方式。以电子档案为运行方式，纸质档案为留存档案。网上办公成为学校处理事务的主要模式，学生违法违纪违规档案建设的处理流程也要信息化，将违法违纪违规档案归入学校信息门户"学生用户"中的个人卡片中，学生在进入填写基本信息时在网上签署遵纪守法承诺书，表示知悉违法违纪违规的记录，愿意遵守此项规定，只有签署后才可进入基础信息的填写。对于填写好的信息，将信息传递给"学院用户""班委用户""导师用户"进行校对，校对完成，学生将承诺书与电子表格打印交与学院留存。

发生违法违纪违规行为，由学院将事项填入所属的栏目，将信息发送并提醒给"学生用户"个人系统，导师和班委进行核对。针对未成年人违法违纪违规的记录，强调保密性，不发送班委。学生查阅后签字同意或不同意，同意后将确认信息发予导师和班委确认，没有异议予以确认；若导师与班委有异议，先与学生沟通，确有错误后异议人申请现场会议重新调查，异议人与学生到场判定，可以申请重新调查，对于调查结果采取现场会议模式。对于重新调查确有错误的，终止填写，对于确认无误的学生现场进行签字，学生网上签字完成流程，最终由"导师"和"班委"确认。对于违反校纪校规的学生电子档案反馈校级监察小组进行汇总。信息反馈给学校后，学生个人门户将显示已送达学校。在一定的期限内，学生可以在网上申诉，申诉结果会在网上显示，最后由学生签字确认。过期不可在网上申请，视为默认同意学院处罚。同时，由于违法违纪违规记录对学生的重要性，学校在进行档案信息化建设的过程中要加强信息安全的加密与防护。

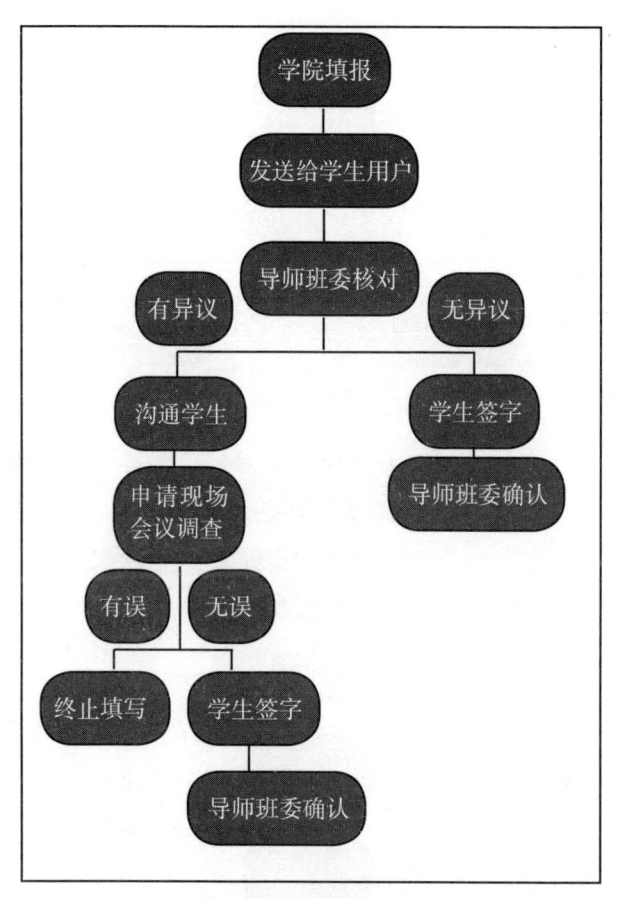

图7-1 大学生违法违纪违规档案处理流程图

虽然大部分高校还没有引进区块链技术，如果确实因为大学生违法违纪违规档案管理保密工作的需要，可引进有关技术，这样可以保障记录的安全性。作为学生的可验证信息，可跟随学生从一个机构到另一个机构，增强可信度、高效性。大学生违法违纪违规纸质档案，应及时装入学生人事档案中，毕业或退学时与电子档案信息一同移送。

（3）持续完善档案管理运行机制

违规违纪档案信息化建设过程中，必须由学校法治部门成立的校级大学生法治素养监察小组，具体负责档案的申诉与监督。班委主要负责校对、监督与审核。

档案的建立过程包括建档→档案的记录→档案的保存→档案的移送。

具体运行机制如图 7-2：

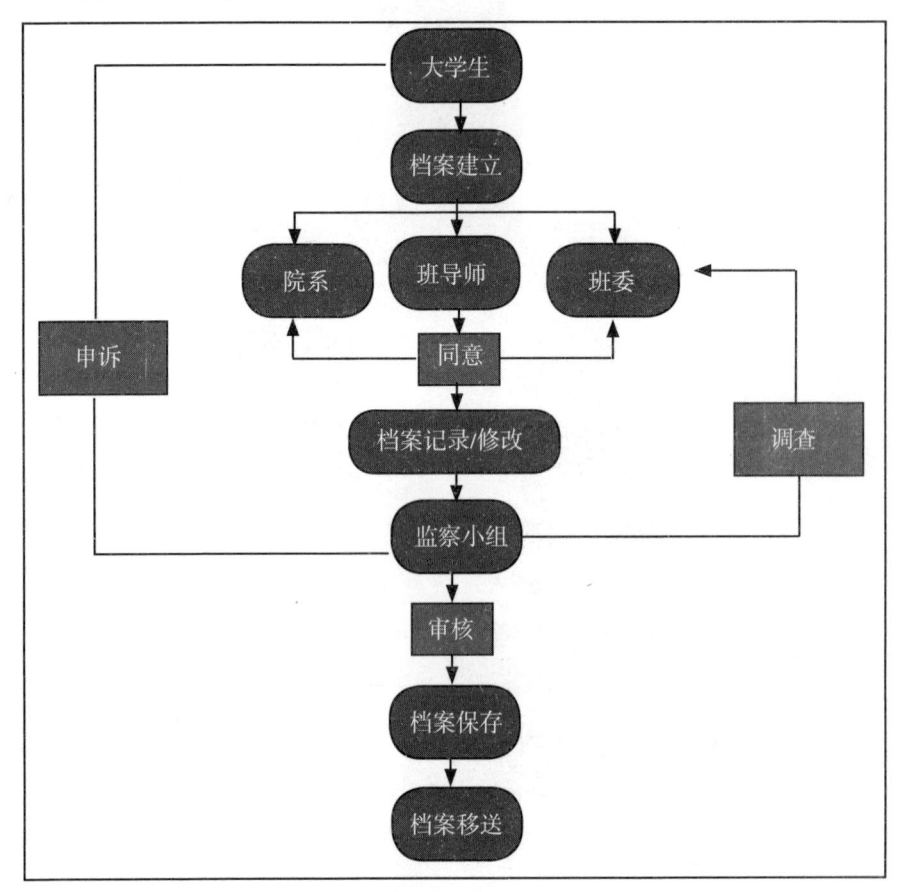

图7-2 大学生法治素养状况纪实档案运行流程图

4. 健全完善大学生法治素养教育督导评估机制

2012 年，国务院正式颁布《教育督导条例》，扩大了教育督导的范围，明确把各级各类教育纳入督导对象，实现了督导对象的全覆盖，为建立和实施高等教育督导制度提供法律依据，目前，我国在宏观层面已经逐渐形成了包括"督政""督学"和"监测"在内的督导工作格局。[①] 政府督导是"督政"，政府督导属于间接督导，内部督导是在政府宏观规制下的直接督导，社会督导起到监督和建议作用。督导内容与评价的内容紧密相关。

---

① 童康，袁倩，等. 推进高校内部教学督导制度建设的思考[J]. 教师教育研究，2017（09）：64-68.

加强和改进大学生评价机制，充分发挥评价的"指挥棒"作用，建立健全大学生网络法治评价体系是其基础，加快大学生违法违规违纪档案建设是其表现形式，建立健全大学生法治素养教育督导评估机制是其保障。建立健全大学生法治素养教育督导机制是提高高校法治素养教育的根本要求。该机制具体是指督导主体依法和遵照法定程序以大学生法治素养督导评估内容为依据对高校进行管理的运行方式。督导机制对加强和改进大学生法治素养评价具有保障作用。大学生法治素养督导主体为高校、教育部门以及社会，对象是大学生法治素养教育的情况。

笔者探索建立4个维度、8个一级指标、22个二级指标的评估体系。该指标体系具体内容可参见表7-2。

表7-2 大学生法治素养教育督导评估指标体系

维度	一级指标	二级指标
高校法治教学	高校法治教学内容	基础系统教材教学
		教学模式创新
		一校一课建设
		实践教学
		教学考核创新
		专业法律实践者讲座
	高校法治教学设施	法治图书馆建设
		模拟法庭建设
		智慧校园建设
高校法治建设经费	师资投入	教师法治素养培训
		讲座、研讨会投入
		法治教育人才引进
	活动投入	学生实践活动投入
		校园法治文化建设投入
	设施投入	文化设施投入
		实践设施投入
高校法治组织与制度	高校法治制度	校纪校规依法制定
	高校法治组织	依法治校
		依法治教
高校法治教育评价	评价方式	自测自评
		互相评价
		第三方评价

由此可以建立以"管办评"分离为创新的大学生法治督导的三位一体模式。宏观形成政府、高校、社会的权力分配体系——政府宏观统筹、高校依法实施、社会监督。"督学""督政"和"监测"促进大学生法治素养教育的落实,而权力分配体系与督导的机制又相互联系。

在高校中进行法治素养教育督导,也可参照高校内部教学督导。这种督导主要是指,由高校根据一定的政策法规,在校内成立专门的机构或组织,聘请经验丰富的教师或管理人员,对本校内部的教学进行监督和指导的活动。[①] 学校可以依据各个学校的特点设置分层级的督导小组。但是,在实践中,督导小组的组成人员大部分为退休老教师,设置小组工作内容模糊导致小组的实际效度不强。对此我们要加强"一线老师+督导"的全职督导成员的参与,依据各校不同的情况依法制定小组的督导内容,使工作有条不紊地进行。有了内容的执行方式,学校还应该进一步制定相关的奖惩机制,不同级别的督导小组享有相应的处理权力,去保障督导任务的有效执行。

一是点面结合,全专合一。督导分为综合督导和专项督导。各高校办校特色侧重点不同,学生的法治素养基础也不同,要有针对性地开展督导,对督导的方向有所侧重。比如,以文史类为专业的学生接触思政与法治教育早,基础好,法治素养较高,那么对这类学生法治素养教育的专项督导应重在实践教育教学的落实;对于法治素养相对薄弱的大学生,对法治素养教育的专项督导应重在法治意识教学的落实。

二是挖掘特色,优势互补。一流高校重点发展,促进"一帮一""互助—反馈"督导模式的建立。一流高校资源多,科研力量强,在督导方面也要身先士卒,积累更多经验,起到模范高校的带头作用。高校之间的互助反馈模式属于内部督导的扩展,同时也是社会督导的具体化。高校之间可以通过研讨会、专家座谈会、交流学习的方式相互沟通,采取当地一个一流高校精准帮扶一个普通高校或者职业院校的"一对一帮扶"方式。通过学习交流经验与问题的反馈,促进内部督导模式的发展。

三是线上线下,共同发力。网络法治素养测评体系的落实,也是督导的一部分。要探索构建"互联网+督导"模式,推动健全大学生法治素养

---

① 童康,袁倩,等. 推进高校内部教学督导制度建设的思考[J]. 教师教育研究,2017(09):64-68.

的测评、机制。高校进行网络法治素养教育，会不可避免地涉及互联网，对此学校的督导小组也应该加强"互联网+督导"的模式，通过网络监测的方式进行督导。

四是全面检测，科学督导。监测是促进高校自主治理的监督方式，社会第三方机构的评估具有客观性与独立性，但是监测机构要受政府委托，依法按照政府设定的评估体系进行评估。与此同时高校也要进行自评，加入"一帮一"高校互评，保证评价的准确性、综合性。最终的结果由第三方机构按照政府的要求统计，并及时反馈给高校和地方政府。

第八章　全面依法治国视域下大学生法治观念培养的创新路径

探讨全面依法治国视域下大学生法治观念培养的创新路径，是高校法治教育自身不断发展的内在需要，也是中国不断推进法治建设的要求。高校法治教育是培养全面发展的高素质人才的必要条件，也是高校加强依法治教、依法治校的必然选择。本章从明确大学生法治观念培养的目标与原则、加强主客体建设、拓展教育渠道、营造良好的教育环境等方面入手，力求多方位、多层次地解决大学生法治观念培养过程中存在的问题，不断创新和优化我国高校大学生法治观念培养效果，以服务于中国的法治建设。

一、全面依法治国视域下大学生法治观念培养的目标与原则

具备法治观念是当代大学生法治素质提升、成为法治社会合格公民的重要体现。习近平总书记曾说："法治人才培养上不去，法治领域不能人才辈出，全面依法治国就不可能做好。"[1]大学生的法治观念培养是关系社会主义法治国家建设成败的大事。广泛开展大学生的法治观念培养，是我国法治建设处于新的历史时期的新要求，提升当代大学生的法治观念，能够促进国家法治现代化建设的发展进程。明确大学生法治观念培养的目标与原则，能够提升法治教育效果，更好地提升大学生的法治观念水平。

---

[1] 习近平法治思想学习纲要[M]. 北京：人民出版社，2021：135.

第八章　全面依法治国视域下大学生法治观念培养的创新路径

（一）全面依法治国视域下大学生法治观念培养的目标

随着国家现代化建设的不断推进，法治的重要性日益凸显，人民生活水平的提高和社会的发展进步都迫切需要大批具备法治观念、能用法治方式管理社会和解决问题的法治人才。"法治教育的重要目标是，人们尊重和遵守法律，并非仅仅出于对利益或得失的权衡，也并非仅仅思考法律制度能为我们提供怎样的权利保护或危害惩罚，而是在法律的作用下整个社会能够呈现良好的秩序和良善的生活。"[①]民主与法治是实现国家治理现代化的公共治理原则，良法善治是法治社会的建设目标。而这一切都离不开法治观念的提升，高校承担着为法治国家建设培养人才的重担，法治思维培育的目标应基于法治思维的构成要素，从"知、情、意、信、行"五个方面对大学生进行法治观念培养，就是使大学生具备"自觉守法、遇事找法、解决问题靠法"的理念，形成按照规则行事的思维习惯，并把这些规则内化为心中的行为准则，从而形成独立的法治人格。"使每一个独立的个体在社会生活中都能自觉地成为规范的遵守者、责任的承担者。"[②]这样，大学生才能成为有独特的个性和稳定的行为模式的法治主体。

1. 树立自觉守法的理念

法治观念培育的目标是培养人们自觉守法的意识，成为遵纪守法的合格公民。自觉守法以"知""情"为基础，要求人们知法懂法，具备法治情感。自觉守法是法治建设的理想状态，也是社会主义法治建设追求的目标。日本法学家川岛武宜曾指出："大凡市民社会的法秩序没有作为法主体的个人的守法精神是不能维持的。"[③]也就是说，法治如果不能为人所遵守，就失去了存在的意义。守法是人的一种精神活动，如果单靠强制力量来实施，并不符合法治的核心要义。对大学生的法治观念培养要充分发挥他们的主观能动性，使青年学生主动地学习并掌握一定的法律基础知识，形成对社会主义法治的认同和信任，能够积极地学习法律、自觉地遵守法律、坚定地维护法律的尊严，才能最终达到法治社会的理想境界。

法律被自觉遵守的前提是法律本身必须是良法，也就是说良法是守法

---

① 徐蓉. 法治教育的价值导向与大学生法治信仰的培育 [J]. 思想理论教育，2015（02）：17.
② 徐蓉. 法治教育的价值导向与大学生法治信仰的培育 [J]. 思想理论教育，2015（02）：17.
③ [日] 川岛武宜. 现代化与法 [M]. 王志安，等，译. 北京：中国政法大学出版社，1994：19.

的基础。我国法治建设取得的成就说明，我们国家已经拥有一整套适用于中国特色社会主义国家发展需要的"良法"，已经具备了自觉守法的前提和基础，只有有法可依，通过有力的法治观念培养，使青年具备丰厚的法律知识储备，拥有对社会主义法治价值观的深刻认同，才有可能实现自觉守法。

有法可依并不意味着法律一定被遵守，做到有法必依，自觉遵守法律才是实现法治的关键。"法律情感，对于任何法律秩序都是必不可少的情感，不可能纯粹从功利主义伦理学中得到充分的滋养。"[1] 拥有法治信仰会对法治社会充满憧憬，并愿意身体力行，用自身的行动去推动法治社会的建设。只有经过法治观念培养之后，人们具备了自觉守法的精神，对法治认同和忠诚，对法治产生信任之情，法治社会的理想才能实现。心理学研究发现："确保遵从规则的因素，如信仰、公正、可靠性和归属感，远较强制力更重要。法律只有在受到信任，并且因而并不要求强制力制裁的时候，才是有效的；依法统治者无须处处都仰赖警察。"[2] 这说明，公民具有自觉守法的意识才是法治观念培养想要达成的目标。但是再完善的法治，要为全体社会成员所接受，不经过培育也不可能实现。

对大学生进行法治观念培育，使之习得法律知识并自觉遵守法律，知晓法律的权利和义务，可行与禁止；还要让大学生明白法律是个人行为的准则，更要明白法律是需要全体社会成员共同遵守的社会规则，违反法律就会受到相应的强制性处罚，这是法律的强制性特点。国家的宪法和法律是不可逾越的"红线"，任何人，包括国家机关和国家权力，都要在法治的框架内行走，不能越雷池半步。法治观念培育的职责是引导大学生树立自觉守法的理念，自觉维护宪法和法律的尊严。宪法和法律不但限制个人的行为，同时对政府的公权力也会加以约束。不管是个人还是国家都要依据法律行事，符合法律规范。可见，法律的存在不但是对个人行为的规范，也包括对权利的约束。

引导大学生树立法治观念，首先要引导大学生尊重宪法的权威。宪法

---

[1] [美]哈罗德·伯尔曼. 法律与宗教 [M]. 梁治平，译. 北京：生活·读书·新知三联书社，1991：28.

[2] [美]哈罗德·伯尔曼. 法律与宗教 [M]. 梁治平，译. 北京：生活·读书·新知三联书社，1991：43.

是国家的根本大法，是一切组织和个人的根本活动准则。从法治思维的构成要素来看，"知"是前提，大学生要率先掌握宪法的基本知识，明确宪法在法律体系中的核心地位，是其他法律制定的根本依据，具有最高的法律效力和权威性。尊重宪法的权威，在实际行动中要以宪法为指引。其次，大学生作为国家未来的栋梁，要积极主动地学习宪法和相关知识，明确公民的职责，教育青少年依据宪法、法律行使权利并承担义务，用法律规范自己的行为。"宪法对公民的基本权利和义务给出了明确规定，教育青少年学生在行使权利时要处处以法律为依据，不无限扩大自己的权利，同时要具有自觉履行法律规定的各项义务的意识。"[1]对社会主义法治价值观的情感认同，是大学生的法治思维的心理基础。对大学生的法治观念培养要"入心入脑"，要培育大学生自觉遵法的意识，关键在于培养他们对社会主义法治价值观的认同。要通过法治观念培育，在大学生的内心构筑起对法治的忠诚和信任，"所有法律制度都不仅要求我们在理智上承认——社会所倡导的合法美德，而且要求我们以我们的全部生命献身于它们。"[2]对法治的信仰和忠诚，不应因法律本身的好坏而改变，坏的法律也优于没有法律；也不应因执法过程中出现的有法不依、执法不严，甚至执法的偏差而动摇。正如卢梭所言："一切法律之中最重要的法律，既不是铭刻在大理石上，也不刻在铜表上，而是铭刻在公民的内心中。"[3]在法治观念培养过程中使大学生对法治的情感能够在实际生活中践行，才能养成自觉守法的习惯。

2. 具备遇事找法的意识

奉行"法律至上"的原则，对大学生的法治观念培育，就是要他们养成"法律至上"的习惯，形成对法律的遵从和敬畏。法治只有在被信仰时，才可能成为解决问题的优先选择方式，遇事找法的意识才可能形成。对法治的信仰是一种源自内心的情感，是对法治的神圣崇拜和情感依恋。遇到问题时首先想到求助于法律，将法律的准则和手段作为处理问题时首要和唯一的选择。遇事要找法，办事要依法，不只是对领导干部的要求，而是法治社会对每一个社会成员的要求。社会主义法治观念要求大学生在处理

---

[1] 李立群. 学校法治教育的核心内容及其实施路径[J]. 教学与管理，2015（10）：45.
[2] [美]哈罗德·伯尔曼. 法律与宗教[M]. 梁治平，译. 北京：生活·读书·新知三联书社，1991：54.
[3] [法]卢梭. 社会契约论[M]. 李平沤，译. 北京：商务印书馆，1997：73.

实际问题时要树立"法治优先"原则，要有高度的法治自觉性，处理问题时要依据法治原则、遵守法制程序，也就是要有"遇事找法"的意识。因此，大学生要对我国的法治理论、法治道路和法律制度耳熟能详，还要尊重并认同我国的法治体制。高校法治观念培养的任务就是帮助大学生增强社会主义法治观念，首要任务就是增强大学生走中国特色社会主义法治道路的自信与自觉，同时引导他们通过合法途径正确处理参与国家和社会法治生活中的各种问题。"遇事找法"就是在做任何事情时，先考虑合不合法，也就是在实际工作中要运用法治思维。"遇事找法"要求大学生具备的法治观念既具有丰富性，又具有开放性。这种丰富与开放以法治自信为基础，它来自丰厚的法治知识储备和对法治规范的认同。因此，法治观念培养进课堂，最终是为了进入大学生头脑，只有具备一定的法治知识，形成"遇事找法"的意识才能水到渠成。

教育和引导大学生形成遇事找法的意识是法治观念培养的目标。在2018年2月24日十九届中央政治局第四次集体学习时，习近平总书记强调："宪法法律的权威源自人民的内心拥护和真诚信仰，加强宪法学习宣传教育是实施宪法的重要基础。""信"，即法治信仰，是法治观念的构成要素之一，是大学生法治观念培养的信念基础。树立法治信仰，并使大学生的法治信仰能够在实践中得到印证，遇事找法的原则才能在现实生活中得到应用。"意"指社会主义法治意识，同样是法治思维的要素之一。高校要培养大学生树立法治意识，养成主动学习法律的积极性，进而懂得遵法和守法，遇到问题能立刻做出正确反应，用法治思维进行分析判断，知道用法律来解决问题。然而，在现实生活中还存在一些不按法治原则办事的现象，阻碍了人们对于法治的信任；社会上的违法行为败坏了社会风气，也影响了大学生"遇事找法"意识的形成。目前，社会还存在一些看不见、摸不着的"潜规则"，成为阻碍老百姓"遇事找法"的重要原因。办事难，难办事，难就难在"潜规则"上。这也成为败坏党纪国法的毒瘤，不除不足以正党风、扬正气。习近平总书记指出："法不阿贵，绳不挠曲。这就是法治精神的真谛。"[1] 正是社会上不良风气的存在，才打击了人们对于法

---

[1] 中央文献研究室. 习近平关于全面依法治国论述摘编[M]. 北京：中央文献出版社，2015：98.

治的信任和信心。法治文化建设氛围不佳也影响了大学生法治观念的培养,"遇事找法"的意识在法治培育的道路上"道阻且长"。

对于大学生来说,要逐步养成"遇事找法"的办事习惯,不断提高法治责任感和政治参与度。"遇事找法"的意识体现为在实际生活和工作中人们自觉地依据法治原则、按照法律规则思考问题,并依据法治程序处理问题。高校法治观念培养的着力点是使大学生拥有依法约束自己行为的能力,能根据自己所学所会的法律知识预知自己行为的后果,以避免违法以及犯罪行为的发生,也就是形成遇事找法、行事依法的法治思维能力。从实际情况来看,大学生正处于世界观、人生观和价值观形成的关键时期,虽然接受了法治观念培养,但还没有形成稳定的法治价值观,在日常事务中运用法治思维、法治方式的能力还比较弱,还没有完全具备"遇事找法"的意识。法治观念培养以权利和义务为核心内容,遇事找法的意识也应以权利和义务教育为主线。提高法治观念的有效性和针对性,就要使大学生形成权利和义务相统一的观念。遇事找法的意识包含两层内容:一是对法律的认可,将法律作为处理社会事务和国家事务的首要依据,并将法律作为自己的行为准则。大学生作为法律主体,既要依法行使自身权利,维护自己的合法利益,同时又要依法履行法定义务。关键是在大学生的实际生活中,要明确自己及他人的法定权利和义务,在维护自身的权利时不损害他人的权利,并且能主动履行法定义务,时刻将法律置于首位。二是对法律的践行,大学生不但要让自己的言行符合法律规范,在处理个人与他人、个人与社会、个人与国家的问题时也要依据法律,在法治的范围内行事。

3. 养成解决问题靠法的习惯

法治观念起于"知",终于"行",最终的落脚点在于"行",即法治实践,对大学生来说就是要养成解决问题靠法的习惯。社会生活中时时有问题,处处有问题,社会也在分析问题和解决问题中不断前进,正确地看待问题存在的意义和价值,抓住主要矛盾,解决主要问题,社会发展才可能"更上一层楼"。法治的存在不是为了消灭问题,而是找到化解问题和矛盾的合理方法。"中国特色社会主义进入新时代,我国社会主要矛盾已经转化为人民日益增长的美好生活需要和不平衡不充分的发展之间的矛盾。"① 社会主要矛盾的存在也导致了一系列社会问题的发生，如果不能及时有效地处理这些问题，就有可能阻碍社会的前进和发展。法治作为最有效地处理社会问题的方式，已经经过了历史的检验。在社会主义法治建设中，要运用法治思维和法治方式来处理问题和解决问题，才能使法治的权威性得到彰显。在处理社会问题的过程中，要遵循法治原则和法治程序，做到依法办事，才能维护社会的公平正义，构建和谐社会。

法治体系的存在为解决社会问题提供了强大的制度保障。目前我国的社会主义法治体系已经基本确立，但这并不意味着我们的国家已经达到高度法治化的水平。法治体系的形成只是实现了依法治国的阶段性目标，社会的制度化、法治化还有很长的路要走，不管是领导干部、政府工作人员，还是包括大学生在内的社会公民，在面对问题时还要养成解决问题靠法的习惯，以革除实际工作中人治的弊端。在党的十八届四中全会上明确要求："健全依法维权和化解纠纷机制。"② 解决当前社会中存在的大量社会问题，迫切需要加强法治思维培育，提高法治方式的运用能力，转变过去"以权代法""以情代法"甚至"以钱代法"的人治思维模式，改变"有法不依""有法难依"的状况，学会运用法治手段解决问题。大学生作为一个受教育程度较高的群体，其法治思维状况也不容乐观，由于法治教育不到位，大学生用法治解决问题的能力不足，也导致大学生群体的犯罪率有上升的趋势。因此，对大学生进行法治观念培养不仅是必要的而且是必需的。要让大学生树立法治观念，每个社会个体都必须严格依法办事，个人的权利要在宪法和法律允许的范围内行使。解决问题也要以法律为准则，既维护自身的合法权益，又不损害他人利益，更不能违背法律原则。

社会问题千千万万，想要真正有效地解决问题，关键在于采取什么途径，毫无疑问是法治途径。"特别是在化解社会矛盾、维护社会稳定方面，不能简单依靠国家强制力，甚至国家暴力去压制，不能用行政手段'摆平'，也不能套用'人民内部矛盾人民币解决'的老办法，而是要通过法治方式回归法治途径。"③ 法治观念培养要坚持把教育引导和教育实践相结合，使

---

① 习近平. 决胜全面建成小康社会 夺取新时代中国特色社会主义伟大胜利——在中国共产党第十九次全国代表大会上的报告 [N]. 人民日报，2017-10-28.
② 习近平. 中共中央关于全面推进依法治国若干重大问题的决定 [N] 人民日报，2014-10-29.
③ 张文显. 法治化是国家治理现代化的必由之路 [J]. 法制与社会发展，2014（05）：9-10.

第八章 全面依法治国视域下大学生法治观念培养的创新路径

大学生将法治观念内植于心并外践于行。通过法治观念培养，大学生应自觉形成和树立法治意识，成为具备"法治理念、法治素养、法治信仰、法治自信"的社会主义法治国家建设的主力军。此外，还要为大学生提供法治应用和法治实习的机会，让大学生在实践中形成用法律处理和解决问题的定性思维习惯，提高法治观念培养的效果。不但解决问题要用法治方式，排查问题也要用法治手段，才能真正有效地化解社会矛盾，营造和谐社会。高校对大学生进行的法治观念培养是一个法治精神培育的过程，一个法治价值观养成的过程，一个法治共识凝结的过程。从这个过程来看，高校目前已经形成一套完整的教育模式，但要把法治教育的内容与社会实际相结合，将法律至上的原则与实际解决问题的方法相对接，还在于让大学生树立法治观念，形成解决问题靠法的习惯，而这还将是一个很长的教育过程。

（二）大学生法律法规教育的原则

1. 明确法治优先原则

法治道路是国家建设唯一的正确道路，作为大学生对此要有明确的认知。习近平同志指出"要信仰法治""只服从事实、只服从法律"，指明了大学生应当首先要明确法治优先原则，形成法治至上的理念。伯尔曼曾说："法律必须被信仰，否则它将形同虚设。"[①]法律不只是纸上的条文，只有成为生活中的最高行为准则才有存在的意义。法律是否具有权威性，是检验法治社会的标尺。要实现国家治理现代化，必须确立法治至高无上的地位，明确法治优先的原则。

法治是国家治理优先选择和唯一正确的方式。美国的政治学家弗朗西斯·福山针对发展中国家的政治现实，曾做出这样的论断："在当代发展中国家，最大的政治缺点，就是法治的相对软弱。"[②]这确实是中国作为一个发展中国家，不能回避的社会现实。正是认识到法治在国家现代化建设中的重要作用，才能从我国的国情出发，确立依法治国和建设社会主义法治国家的目标。在我们看来，从中国政治发展的实际进程看，国家治理现

---

① [美]哈罗德·伯尔曼. 法律与宗教[M]. 梁治平，译. 北京：生活·读书·新知三联书社，1991：38.
② [美]弗朗西斯·福山. 政治秩序的起源：从前人类时代到法国大革命[M]. 毛俊杰，译. 南宁：广西师范大学出版社，2014：224.

代化在目前这个阶段，理当以建设法治中国为突破口和前提。法治优先原则的确立源自对国家发展规律的认识和对治理方式的深刻理解，也离不开社会精英的智力支持，更需要全体社会成员凝聚共识，身体力行。人始终是法治建设的主体，如果在当今以变革为主旋律的现代化社会中，法治社会主体，特别是将来承担建设法治社会重任的大学生的知识储备和法治思维如果不足以胜任国家治理现代化的需要，那么法治中国的建设最终也会成为难以实现的梦想。总之，法治建设是一个政治制度与文化传统交织的复杂社会变化过程，特别是中国这样一个具有独特历史文化的国家，任何现有的国家治理模式都不能给中国的法治建设提供完全可以复制或模仿的蓝本，需要我们在实践中不断摸索和改进，寻找适合我国国情的法治化建设道路。

社会主义市场经济的发展也要以法治为保障。经济的发展需要稳定的政治环境，但政治的发展更是一个复杂过程，法治建设是政治发展中关键的组成部分，需要在政治理想和社会现实之间找到结合点，寻找一条切实可行的发展之路。我国的改革开放经过四十多年的发展历程，取得了世界瞩目的成就，市场经济的发展已经完全融入经济全球化的大潮。目前我国的经济发展充满活力，但改革发展正处于深水区，也给国家治理带来了巨大挑战，在这个发展的关键期更离不开法治的规范作用。从社会主义现代化建设来看，不管是为了保障深化改革的顺利进行，还是促进市场经济的持续健康发展和维护社会的和谐稳定，在人民中进行法治教育，推进社会主义法治建设都是当前的首要任务。缺乏法治的框架，便不用奢谈国家治理的现代化。可以看出，法治在当前国家建设要实现治理现代化的过程中始终处于非常重要的位置。俞可平曾经说："法治是善治的基本要求，没有健全的法制，没有对法律的充分尊重，没有建立在法律之上的社会秩序，就没有善治。"[①] 在党的十九大上，习近平同志更是明确提出了"良法善治"的标准，这是对党的十八大以来确立的依法治国目标的不断推进和发展，是法治中国不断完善的需要。建设社会主义法治国家，实现国家治理现代化，必须确立法治的主体地位。

在社会治理中，也要贯彻法治优先的原则。对于什么是法治，习近平

---

① 俞可平. 论国家治理现代化[M]. 北京：社会科学文献出版社，2014：26.

第八章　全面依法治国视域下大学生法治观念培养的创新路径

同志曾说："用法律的准绳去衡量、规范、引导社会生活，这就是法治。"①在社会生活中需要法律的规范和引导，因此在社会治理中，同样要贯彻法治优先的原则。法治优先即崇尚法治之治，在管理社会事务中，法律拥有至高无上的地位，要强调法治的权威，法律是面向所有社会成员和组织的行为规则，任何人、任何事都不能脱离法律的约束。在社会治理中，必须坚持有法必依，这是贯彻法治优先原则的关键。有法不依，法治就形同虚设，法治的作用就无法发挥，就与依法治国的道路背道而驰。有法不依会损害法治的权威，甚至破坏法治的根基。因此特别强调领导干部要具备法治思维，要按照法治方式办事，率先树立遵法守法的榜样。行政机构体系无论如何都必须置于由公众制定的法律规则的控制之下。法治优先原则指导下的行政行为以法治为遵循，即行政行为法治化，每一个行政主体在处理社会问题时，都要像司法行为那样严格以法律为指导，这样裁定的行政结果必然符合法治的规范。行政主体不再是行政行为的绝对决定者，而规则是行政行为的决定因素，法律优先也因此得到印证。

法治优先原则也是个人的行为信条。法律只有被信仰，纸上的法律条文才能成为生活中的行为准则，大学生尤其要率先树立法治信仰。而信仰法律的前提是必须知法、懂法，对法律一无所知，也就无从谈法治信仰。法治能够得到全社会的认可和信仰，其本身还必须是制定良好的法律。"良法"应该是符合社会发展规律，体现人民利益，能够得到有效实施的法律。我国的法律从立法、司法、执法的过程来看，已经基本具备了"良法"的标准，对社会个体来说就是要做到"守法"。"守法"的前提是"懂法"，而"懂法"的关键还在于法治教育，因此，对法治的遵守最终还要落脚于对人的法治教育上，通过教育让人们明确法治优先的原则，特别是对当代大学生来说，更要在行动中明确法治优先原则，用法治指导自己的行为，用法治思维处理问题，用法律途径表达自己的利益诉求。

2. 重视良法之治原则

良法是善治的前提。对大学生来说，首先要明白何为"良法"。"所谓良法，就是反映人民意志、尊重保障人权、维护公平正义、促进和谐稳定、保障改革发展、引领社会风尚的法律，就是体现民意民智、符合客观规律、

---

① 习近平关于全面依法治国论述摘编 [M]. 北京：中央文献出版社，2015：8-9.

便于遵守和执行的法律。"①党的十八届四中全会提出："法律是治国之重器，良法是善治之前提。"②这段话深刻地阐明了良法与善治的逻辑关系。古今中外的政治家都对良法之治进行了重要论述，亚里士多德提出了"良法"的理论，宋代的政治家王安石也曾指出："立善法于天下，则天下治；立善法于一国，则一国治。"（《临川先生文集》）从以上论述中可以看出，"良法之治"作为国家治理的重要原则已经得到公认，是国家实现善治的前提。我们国家在总结和反思中外历史经验的基础上，确定了建设中国特色社会主义法治国家的道路，将形式法治和实质法治相结合，形成了适合我国国情的法治模式，具有开创性意义。这意味着："中国法治作为现代社会主义法治，不仅应当是形式上的法律之治，更应当是实质上的良法之治。"③这种法治形态与我国的国家制度相协调，体现了公平正义、维护了人民权益、坚持了共同的价值观，得到了有效的保障和实施。良法之治体现为不断完善立法，推动法治的实现，也是推动法治思维不断发展和提升的过程。"中央要求'提高领导干部的法治思维'，既是对改革开放以来法制建设、法治建设的一种肯定，也是对已有成果的一种继承与弘扬，意义深远。"④大学生是法治社会建设的后备军，终将承担法治建设的重任，因此，要对大学生进行法治观念培养，也必须明白良法之治的意义。

良法应遵循公平正义。法律的存在就是为了维护公平正义，这是法律的应有之义。法律是为了维护正义，为人民谋福祉，为公共谋幸福。古罗马的法学家西塞罗认为制定法律就是为了惩恶扬善，为了"保障公民的福祉、国家的繁昌和人们的安宁而幸福的生活。"⑤这就是说，制定良好的法律，必须以公平正义为中心，建立在维护人民权益的基础上，能够促进人的全面发展，能够促进社会的和谐稳定与国家的繁荣昌盛。"全面依法治国，

---

① 张文显. 法治中国建设的历史性跨越与突破[J]. 领导参考，2017（12）：47.
② 中共中央关于全面推进依法治国若干重大问题的决定[N]. 人民日报，2014-10-29.
③ 张文显. 习近平法治思想研究（中）——习近平法治思想的一般理论[J]. 法制与社会发展，2016（03）：22.
④ 吕世伦，金若山. 法治思维探析[J]. 北方法学，2015（01）：8.
⑤ [古罗马]西塞罗. 论共和国·论法律[M]. 王焕生，译. 北京：中国政法大学出版社，1997：219.

第八章 全面依法治国视域下大学生法治观念培养的创新路径

必须紧紧围绕保障和促进社会公平正义来进行。"[1]进行社会主义法治建设，不仅要实现社会日益增长的物质文化发展目标，也要实现社会的公平正义目标，这是中国特色社会主义良法之治的目标。良法之治，强调国家治理的法治化、政府行政的法治化、职员办事的法治化和社会公民参政议政的法治化，以保障社会的稳定和谐发展。

良法应维护人民权益。习近平同志强调："人民是推动发展的根本力量，实现好、维护好、发展好最广大人民根本利益是发展的根本目的。"[2]在社会主义法治下，人民享有更广泛的民主权利，坚持以人民为中心，是"良法"的基础，"人权得到切实保障，产权得到有效保护"[3]，让人民能够共享改革的成果，过上安居乐业的生活。人类历史的发展历程告诉我们，"法治"不一定是"法"的应然向度，"法治社会"也不一定是"法"存在的必然结果，以维护少数统治阶级利益为主的法律，最终以牺牲大多数人民的利益为代价。只有在社会主义社会中，人民成为国家的主人，成为法律的制定者和参与者，才使法律具备成为"良法"的可能。所以，社会主义法治首先应该是良法之治，是保护人的自由和权利之治。良法之治将提高社会公民参与国家事务的积极性，提高公民的政治参与度，利用各种渠道维护公民的合法权益，最大限度地实现社会的公平正义。当代大学生应当树立社会主义法治理念，明确社会主义法治作为良法之治，其根本就是为了"实现好、维护好、发展好最广大人民根本利益"[4]。

良法应坚守共同价值。良法应体现良善的价值观，这是良法的基本要义。法治价值观是决定法治体系是否是良法之治的关键。"除了人民主体和公平正义之外，中国特色社会主义法治还涵盖了人类社会的共同价值。"[5]良法是实现国家治理现代化的基础要件，应以人民的共同利益为出发点，

---

[1] 中共中央关于制定国民经济和社会发展第十三个五年规划的建议[N]. 人民日报，2015-11-04.
[2] 中共中央关于制定国民经济和社会发展第十三个五年规划的建议[N]. 人民日报，2015-11-04.
[3] 中共中央关于制定国民经济和社会发展第十三个五年规划的建议[N]. 人民日报，2015-11-04.
[4] 习近平. 加快建设社会主义法治国家[J]. 求是，2015（01）：4.
[5] 张文显. 习近平法治思想研究（中）——习近平法治思想的一般理论[J]. 法制与社会发展，2016（03）：25.

应该体现人民共同的价值观。良法应符合道德准则,遵循人们对于正义、公平、道德、尊严、正当程序及个人权利的价值追求。良法之治的目的就在于为个人尊严和个人发展创造条件,不但要承认和维护公民的各项权利,还要为实现个人的全面发展创造各种条件。具体地说,符合良法标准的法律,必须建立在尊重和保障人权的基础之上。

良法应该得到有效的实施。法律只有得以实施,国家机关依法办事、公正司法,社会重法尊法,全民守法,法治的精神和价值才能实现,才能给人民带来幸福和安宁。良法是善治的前提,还要积极营造能够使法律得到有效实施的环境和机制,以保证法治建设的目标得以实现。法治实施是法治建设的落脚点,法治实施的措施多种多样,加强法治观念培养,提高公民的法治意识,树立规则意识,加强国家机关的行政执法能力,都是促进法治实施的有效举措。良法得以实施,才能实现善治。对大学生加强法治观念培养,提高其运用法治方式解决问题和化解矛盾的能力,才能促进良法的有效实施。大学生身处改革的时代洪流,要不断提高自身的法律水平,不断推动法治建设的发展,实现国家的"善治"目标。

3. 贯彻依法办事原则

1959年9月19日,董必武同志在党的第八次全国代表大会上发言指出:"党中央号召公安、检察、法院和一切国家机关,都必须依法办事。"[1] 这一原则最早是针对国家执法机关提出的办事原则,并进一步阐释:"依法办事有两方面的意义:其一,必须有法可依。……其二,有法必依。"[2] 依法办事的原则确立后不断地被传承与创新,在当今的法治建设中依然是一项重要的原则。在我国长期的法治建设实践中,依法办事的实际情况并没有达到立法预期,在实际的工作中不按宪法和法律的规则行事的情况还时有出现。针对这种情况,2012年12月4日,习近平总书记在首都各界纪念现行宪法公布施行30周年大会上讲话指出:"各级领导干部尤其要提高运用法治思维和法治方式来深化改革、推动发展、化解矛盾、维护稳定能力。"依法办事是法治建设成败的关键,有法可依只是具备了法治实现的可能,有法必依才是法治存在的意义。

---

[1] 董必武. 董必武法学文集[C]. 北京:法律出版社,2001:352.
[2] 董必武. 董必武法学文集[C]. 北京:法律出版社,2001:352.

第八章　全面依法治国视域下大学生法治观念培养的创新路径

让大学生在行动中贯彻依法办事的原则，先要明确依法办事的主体。首先是具有执法资格的行政机关及其工作人员，其次还应包括全体社会公民。在严格依法办事的主体上，应在执法者、司法者之外增加公民与其他社会主体，并坚持一种"交互主体性"的法律实施观。对于行政机关及政府工作人员来说，他们作为执法的主体，必须忠诚于宪法和法律，在行动中严格贯彻依法行事的原则，加强依法行事的执法理念，在行动中自觉地践行法治原则。行政机关依法办事、严格执法，不仅是对自身职责的履行，还是一个向全社会传递法治理念的过程。大学生作为社会公民，在依法办事原则中是一个双向主体，一方面，公民作为遵法守法的主体，在自身的行动中要做到依法办事，是法治参与的主体；另一方面，在具体的法治实施中，依法办事还应成为公民自觉的一种主体行为。

依法办事原则实质上体现了对权力的约束和规范。法治方式的核心在于法治主体能否做到依法行事，法治主体在行使权力时必须以法律为准绳，这就要求公权力的行使要合法，法治思维的核心就是要用法律限制公权力滥用，同时保障私权利的实现。因此，要依法设置行政机关、依法取得行政权力、依法确定行政程序、依法做出行政行为、依法承担行政责任，行事要符合"法无授权即禁止"的原则。同时在行使法治权力时要确保公正执法，排除法律之外因素的干扰，践行依法办事，严格执法。习近平同志曾强调"要加强对权力运行的制约和监督，让人民监督权力，让权力在阳光下运行，把权力关进制度的笼子。"[1]但是，有法不依、执法不严的情况却在挑战依法办事的底线，凌驾于法律之上，以权压法、以言代法、执法犯法、徇私枉法的现象严重损害了党和国家的形象，破坏了人民群众对法治的信任。有法不依、执法不严、有禁不止、有令不行的现象损害了法治的实施。所以，党反复强调要强化领导干部的法治思维，领导干部要率先垂范，成为守法的模范。否则，在实际工作中就不能很好地运用法律武器，将会损害法律的公信力，削弱政府权力的作用，阻碍国家的法治建设。习近平总书记强调："行政机关是实施法律法规的重要主体，要带头严格执法，

---

[1] 习近平. 决胜全面建成小康社会 夺取新时代中国特色社会主义伟大胜利——在中国共产党第十九次全国代表大会上的报告[N]. 人民日报，2017-10-28.

维护公共利益、人民权益和社会秩序。执法者必须忠实于法律。"① 行政机关及其工作人员作为公权力的执行者必须做到依法办事，严格执法。

依法办事是从法治的角度对社会问题进行把握和处理的方式，是在对法治进行理性分析和认识基础上产生的一种认知体验，体现了对法治的认同感和遵从感，是对法治的理性认识的升华。依法办事是对现代法治观念的践行，不能依法办事，现代法治观念就是一句空话。只有形成全民守法的社会风气，才能形成公正、有序、和谐的社会，才能凝聚全体人民的力量，调动每个人追梦的积极性，实现国家富强、民族振兴和人民幸福的中国梦。

4. 坚持程序公正原则

程序公正同样是法律法规教育的重要原则。程序公正原则不仅适用于司法情景中，也适用于行政情景，在处理问题时要做到事前、事中和事后三个阶段的前期公开、事中参与和结论告知。在这个过程中，权力的行使要依据法定程序，不能滥用权力，恣意妄为。同时，行政决策在执行过程中要严格依法进行，允许公民积极有效参与，并保证参与者有表达自己观点和想法的机会，这样得出的行政结果易于为公民接受和认可，也满足了公民参与社会事务管理的心理需求。行政结果的公开透明，保障了公民的知情权，结果不仅要告知行政当事人及相关人员，还要兼顾公民对政府行政能力的知情权，并接受来自公众的监督。

对大学生加强法治观念培养，要明确程序公正的重要意义。首先，要重视依法保护公民的权利，让所有的公民在生活中都能感受到程序公正，才能共享社会成果。程序公正具有多重作用，能够保障公民享有平等的权利，并保障权力得到充分行使。同时，公民还有监督和规范权力运行的职责，以保障自身的合法权益不受侵犯。人民是国家的主人，是国家建设和改革发展的力量之源，让人民感受到程序法治、享受到公平正义是中国特色社会主义法治的内在要求，维护人民的合法权益始终是法治建设的重心。其次，要通过完善程序公正的法治化，促进社会公平与效益的实现，使改革发展的成果能够更公平公正地为全体人民享有。大学生通过法律法规教育，要懂得权力公正的重要性，这就是说，权力的行使不仅要以追求客观公正为目的，而且要以程序公正作为路径。就程序本身而言并不具有公正的价

---

① 习近平. 论坚持全面依法治国 [M]. 北京：中央文献出版社，2020：21.

值属性,但程序的公正却是通往实体公正的道路。程序公正是公平正义的法律价值——包括权力、机会、规则等实现的路径。程序公正能够有效地避免其他非公平价值对公平价值的冲击,从而保证公正结果的实现。因此,大学生通过法律法规教育还应当树立程序公正优先的意识。目前,社会上存在着一些不按法定程序办事或滥用程序的现象,视程序为无物,对程序公正的漠视是社会"潜规则"和"暗箱操作"恶果产生的根源,对大学生法治思维的树立产生了不好的影响。对大学生而言,应当尊重程序公正的权威性,从自身做起,尊重程序公正。而政府机关及其工作人员更应该在工作中严守程序公正的原则,对违反程序公正原则或滥用程序者,要追究相应的法律责任,在社会上积极营造法治的氛围,让每个社会成员也包括大学生都能够感受到对程序公正的尊重。

总之,程序公正是通往实体公正的正确路径,它注重规则在制定和使用过程中的正当性。程序公正不仅适用于司法过程,对大学生来说更关注的是行政过程中的程序公正,甚至日常事务中应遵循的程序公正。大学生要对司法公正、司法民主以及行政民主和行政公正有所了解。因此,程序正义本质上是一种"过程价值",它主要体现于程序的运作过程中,是评价程序本身正义与否的价值标准。而这种价值标准实质上在传递一种个人行为的法律标准,对大学生来说应当明确这种行为标准,并以此作为恒定自己行为的价值标准。当程序给予当事人参与机会时,人们就会倾向于认为法律权威是中立的、尊重他人的和可信任的,从而间接地提升程序公正感。程序公正能使人们感受到法律权威,通过公正的程序做出的最终结果,更易于为当事人接受并自愿履行决定结果。坚持程序公正原则,有利于维护法律的权威,也有利于人们树立遵守法律的意识。

二、全面依法治国视域下大学生法治观念培养的创新路径

(一)加强主客体建设

在大学生法治观念培养的要素中,高校和法律法规教育教师作为教育主体,大学生作为教育客体,是高校大学生法治观念要素中最为重要的部分。因此,提高大学生法治观念培养效果,应率先从加强主客体建设的角度出发。

1. 加强师资队伍建设

高校对大学生开展法治观念培育，教师直接参与教学活动、执行教学目标、落实教学任务，因此，法治教育的师资队伍建设情况是影响大学生法治观念培养效果的重要因素。加强高校法治教育师资队伍建设，需要提高教师自身的法律素质，帮助教师形成丰富的知识体系，不断提高教学能力和教学质量，逐步形成高水平的法律法规教育教学团队。随着国家法治建设的不断推进，高校法治教育工作要求教师承担起传播法治理念、提高大学生法律素质的重任，而高校法治教育教师也应不断提高自身综合素质，更好地服务于高校大学生法治观念培养工作。而高校也应重视法治教育师资队伍建设，通过多种途径强化师资队伍建设。

（1）优化师资队伍建设，从源头上解决现有法律法规教育师资队伍结构不平衡的问题

由于"思想道德修养与法律基础"课程由原先的"思想道德修养"与"法律基础"课程发展而来，因此，这一课程的教师队伍既有法学专业背景的教师，又有思想政治理论课背景的教师，为了改变现有法治教育师资不足、队伍结构不平衡的情况，高校可以通过内部调节和外部引进相结合的方式来解决这一问题。首先，高校应引进具有法学专业背景的教师充实法治教育师资队伍。高校在教师招聘、人才引进工作中，针对法治教育教师的招聘应在招聘条件中对教师学历、专业、资历等方面予以明确规定，如教师所学专业为法学相关专业，等等，以从源头上解决现有法治教育教师缺乏法学专业背景的问题。其次，充分发挥社会资源在高校法治教育师资队伍建设方面的作用。高校应拓宽思路，参照学校外聘教师引进流程和管理规范，邀请律师、法官、公检法工作人员等进入校园。鼓励他们以外聘教师身份参与学校的法治教育教学工作，充分发挥他们法治经验丰富的优势，加深学生对法律知识的理解，同时引导他们参与学校法治教育课程的教学研讨工作，为法治教育教学工作带来新思路，这样不仅能够优化现有的法治教育师资队伍结构，还能帮助学校建立专兼职相结合的法治教育教师队伍。

（2）强化法治教育师资队伍的培训工作

大学生法治观念培养跟随中国法治建设的进程而处于不断发展变化中，大学生法治观念培养的内容和教学形式也应当跟随时代的发展适时调整。

因此，高校法治教育教师也应不断加强学习，不断提高自身综合素质，以适应大学生法治观念培养的不断发展。高校应从学校角度建立全方位、立体化的大学生法治教育师资队伍培训制度。首先，针对大学生法治教育教师开展形式多样的业务培训。高校可通过对法治教育教师开展入职培训、定期轮训、脱产进修等形式开展业务培训。高校在法治教育教师入职培训中加入大学生法治观念培养内容和教学方法等方面的内容，使法治教育教师提前熟悉教学内容、教学规律和教学方法；大学生法治教育教学工作主管部门应组织和鼓励教师定期参加教育部举办的"全国高校思想政治理论课'思想道德修养与法律基础'课骨干教师研修班"等业务培训，及时与国内院校交流法律法规教育工作新经验，不断提升教师的业务能力；此外还应鼓励教师参与法律专业实践工作，高校可以积极与法院、律师事务所、公检法等部门建立良好的合作关系，鼓励法治教育教师在保证教学工作的前提下积极参与法务工作，不断积累法律实践经验，为做好法治教育工作打好基础。其次，将法律培训融入全校教师的培训中。大学生法治观念培养效果的提高和大学生法治观念的培养不仅是法治教师的责任，也是全体教师的职责。依法治校和依法治教对全体教师的法律素质也提出了新的要求。因此，高校在对教师开展的培训工作中应融入法律方面的培训内容。重点向教师普及《教育法》《教师法》《高等教育法》等法律常识，引导教师自觉学法、懂法、守法和用法。

2. 提高大学生的自觉接受意识

大学生法治观念培养的顺利实施，社会法治环境和学校、家庭法治教育环境是影响教育效果的外界因素，大学生的自身因素才是影响大学生法治观念培养效果的内在因素。为进一步提高大学生法治观念培养效果，除优化环境因素、教师队伍、教育内容等外在因素外，还应注重发挥大学生的主观能动性，通过提高大学生对法治的认同和接受、提高大学生对法治观念培养的重视程度、鼓励大学生开展法治实践等来达到优化大学生法治观念培养效果的目的。

（1）提高大学生对法治的认同和接受

大学生只有对法治有全方位的、科学的理解和认知，才能理性地看待社会主义法治国家建设中偶尔出现的不符合法治要求的事件，才能在中国法治建设的曲折探索中树立对法治的信心，自觉认同和接受法治这一治国理政方式。一方面，引导大学生认真学习法律知识，理性看待法治现状。大学阶段是全方位学习国家各项法律法规，积累法律知识的重要阶段，大学生法律法规教育应抓住这一契机，帮助大学生克服功利主义、"法律离我很遥远"等消极心态的影响，鼓励大学生全面学习法律知识，向大学生传递法治正面新闻，接受法治的熏陶，树立对法律公平公正价值理念的高度认同。引导大学生科学理性地认识法治现状，自觉抵制社会不良风气的影响，对社会上法治负面新闻理性认识，树立起中国法治建设的信心。另一方面，通过向大学生讲授中国法治建设的曲折历程，认识到中国当今法治建设取得进步的不易，从而提高其对法治的认同感。大学法治观念培养应通过讲授中国法治建设的发展历程，通过比较进行法治建设前后的社会状态，加深大学生对法治有益性的认识，使大学生认识到当今幸福生活和社会和谐来之不易，使他们认识到自己在法治社会建设中也应发挥一定的促进作用，以此来提高他们对法治重要性的认识，从而加强自身接受法治观念培养的自觉性。

（2）提高大学生对法治观念培育的重视程度

大学生法治观念培养的开展应遵循大学生的接受心理，从大学生的身心特点出发引导大学生重视法治观念培养，走出只注重专业课程学习、忽略其他素质教育课程学习的误区。一方面，高校法治教育教师应根据大学生的实际需要科学设计教学内容，通过教学内容的科学性、丰富性引起大学生的关注，激发大学生的学习兴趣。让大学生认识到法治教育能够帮助他们丰富法律知识体系，能够帮助他们提高法治观念和法律能力，帮助他们运用法律武器解决生活实际问题，使大学生充分认识到法律法规教育对他们是有用的。从这个角度出发可以有效激发大学生参与法治教育的积极性和主动性。另一方面，要注重发挥大学生自我教育的作用。教师应通过布置学习任务让学生自学，鼓励学生开展自发式的法律知识学习、法律问题辩论等形式进行自我教育。通过向大学生介绍法律学习资料和学习方法，鼓励大学生开展自我学习。还可以在讲授的过程中讲解依法治国的各项要求，讲解社会生活中的规范和规则，讲解法治中国建设对人的法律素质提出越来越高的要求等，使大学生充分认识到自身应加强法律法规教育，否则就跟不上法治社会建设的步伐。此外，也可以从中国梦、培育社会主义核心价值观的角度，引导大学生认识到自身在社会主义法治国家建设中肩负的使命，提高大学生的主体性和主人翁意识，提高大学生加强自身法治观念培养的自觉性。

（3）鼓励大学生开展法治实践。大学生应在努力掌握全面的法律知识的基础上，注重法律能力的提高，自觉参加法治实践，通过实践加强自身对法治的认知，进一步提高法律能力。一方面，大学生应在日常生活中自觉践行法治的要求。大学生应自觉认识法治的重要性，尤其是自身作为较高素质群体的代表，更应率先知法懂法，发挥榜样示范作用。在日常生活中，通过遵守学校各项规章制度、遵守社会生活的规则和规范等形式来规范自己的行为，积极处理好日常生活中的各种问题，养成运用所学法律知识指导自己思维和行为的习惯，注重养成从法律的角度分析、解决问题的思维习惯。另一方面，大学生应积极参与多样化的法治实践活动。大学生应积极参与学校组织的各类法治活动，积极参加法律类社团活动，自觉参加与自身相关的维权活动等。大学生还应当在社会生活中时刻坚守自己的立场，自觉抵制违法犯罪活动，勇于运用法律武器捍卫自己和他人、集体的权益，自觉维护法律的权威。大学生通过自己守法行为习惯的养成和自觉践行法治的要求等，逐步树立起法律至上的观念，自觉培养法治思维，逐步树立起接受法律法规教育、践行法治要求的自觉性。

（二）拓展教育渠道

大学生法治观念培养的实施，课堂教学仍然是主渠道，课堂教学也是最为直接、见效最快的普及法律知识的渠道。目前，大学生法治教育的课程包含"思想道德修养与法律基础"和一些法治教育相关的课程，优化大学生法治教育课程的教学效果，不仅要完善大学生法治教育的内容，重视法治教育的时效性，提高大学生学习法律的兴趣和热情；还要丰富法治教育的课内和课外教学形式，为学生提供多样化的选择；此外，还要组织教师开展法治教育教学方法改革，结合学生特点，利用现有教学条件采用灵活多样的教学方法，去落实大学生法治教育的内容、实现法治教育的目标。大学生法治观念培养应当遵循学校教育规律和大学生的身心特点，发挥好课堂教学主渠道的作用，并辅之以一定的法治观念培养实践，从多方面着手提高大学生法治教育课程的教学效果。

1. 完善大学生法治教育课程

自1986年国家教委决定在高校开设"法律基础"课以来，课程教育一直作为大学生法治教育的主要途径。经过多年的探索，我国已初步形成必修课与选修课相结合，理论课堂与实践课堂相结合的基本形势。但我们也意识到，思想政治理论课的吸引力、实效性还不足，选修课的开设还存在困难，多学科的协同育人处于起步阶段，因此，我们要积极完善高校各类课程建设，积极促进思想政治理论课程改革，提升课程的针对性与实效性，同时也要积极挖掘其他各门课的法治育人因素，与思想政治理论课同向同行，形成协同育人效应。

在大学生法治教育中，思想政治理论课是进行法律知识传授、法治观念养成的主要途径，对大学生法治教育工作具有无可取代的重要作用。正如习近平在学校思想政治理论课教师座谈会上强调的："思想政治理论课是落实立德树人根本任务的关键课程。"[①] 因此，充分强化思政课堂的思想政治教育属性，加强法治教育的作用，是高校培育大学生法治观念的重要转折点。

经过思想政治理论课2005年的修改方案后，我国高校本科阶段共有四门思想政治理论课必修课，即"思想道德修养与法律基础""马克思主义基本原理论""毛泽东思想和中国特色社会主义理论体系概论""中国近现代史纲要"。可以说，"思想道德修养与法律基础"是大学生法治教育的主要方式。该课程存在内容较少、理论性较强、授课方式单一等问题，因此，由高校推动相应课程改革势在必行。

第一，着力推进教材改革，促进教材一体化发展。在最新出版的2018年版本的《思想道德修养与法律基础》材料中，全书一共六章的设置下，思想道德修养部分占前五章，法律基础部分只有一章内容。这样的内容设置，在一定程度上反映了忽视法律法规教育的不合理性。同时，在2017年，我国中小学的《道德与法治》进行了新编教材，在9月的新学期，新教材在全国各省市开始使用。新编教材内容依据与学生生活的紧密程度，由近及

---

① 习近平主持召开学校思想政治理论课教师座谈会强调：用新时代中国特色社会主义思想铸魂育人 贯彻党的教育方针落实立德树人根本任务 [N]. 人民日报，2019-03-19.

远地安排了六大生活领域，同一生活领域内，按照学习难度的不同，采用螺旋上升的编排方式。而高校的《思想道德修养与法律基础》是高等教育阶段进行法治教育的重要方式，与中小学的《道德与法治》本应是一脉相承的关系。但从现阶段来看，两本教材在内容衔接上还存在着不足。因此，高校要积极推动教材进行改革，编制新的教材，增加法治部分的内容，加大法治部分的比例。在具体内容设置上，法治一章中的六节内容出现偏理论性的问题，真正与部门法相关的内容较少。因此，在教材改革中，除我国法治建设的基本理论、法律的基本精神外，应更多地选取与学生具体生活实践相关的法律进行讲授，例如：对刑法的故意杀人、故意伤害罪进行讲授，起到部分威慑作用；对交通安全法、知识产权法、消费者权益保护法等法律进行具体讲授，真正实现所讲内容的生活化、实用化。

第二，积极改变授课方式，融入实践教学内容。以往单一化的灌输课程存在着自身的优势，但同时缺乏实践性。因此，我们要积极推动"思想道德修养与法律基础"课程的教学方法。在保留以往的课堂授课外，我们要在课堂内依托新媒体进行授课。如：通过法治电影欣赏、法治宣传微视频、小程序学习打卡等方式。多样的授课方式可以最大限度地调动学生的学习积极性，使学生真正想学、爱学，提高课程的实际效果。同时，党和国家历来高度重视实践育人工作，将实践育人理念引入"思想道德修养与法律基础"课程中已逐渐受到普遍认同。因此，伴随着教学方式的改革，走出课堂，进行实践观摩成为可能。一方面，高校积极与法院、检察院建立联系，组织学生去法院、检察院旁听，邀请法官、检察官进行经典案例分享等；另一方面，积极利用学校资源优势，与法学院建立联系，组织学生进入模拟法庭进行模拟演练，或者对法学院的模拟法庭进行观摩。以上举措都可以大大提高学生的实践参与度，为提高大学生法治观念提供新途径。

2. 推动"课程思政"发展以协同性育人

习近平在全国高校思想政治工作会议上对思想政治理论课和其他课堂都提出了明确的要求。此次会议不但再次确定了思想政治理论课的主渠道地位，同时提出了"课程思政"的新要求。"课程思政"的教育理念由上海市发起逐渐扩展到全国，主要是指以构建全员、全过程、全课程育人格局的形式使各类课程与思想政治理论课同向同行，形成协同效应，把"立德树人"作为教育的根本任务的一种综合教育理念。在新时代，着力构建全员、全程、全方位育人格局，推动"课程思政"发展以协同性育人的教育理念已逐步形成。

具体来说，"课程思政"的理念运用在大学生法治教育的工作中，就是推动各学科与法律法规教育内容相融合，在各学科课程中充分发掘法治教育的因素，形成全课程育人格局。如：大学中的汉语言文学专业，要通过人物形象的塑造来向同学们阐释公平正义的意蕴；大学中的历史专业，可以通过梳理我国法治的历史发展来进行法治宣传教育；大学的传媒专业，可以通过对于法治电影的赏析来加强学生的法治观念等。在各专业从自身挖掘教育内容外，各学科中也蕴含着丰富的统一的法治教育内容，如教育学生要遵守学术规范，避免学术抄袭；要教育学生遵守实验室规则，避免因破坏规则而出现安全事故等。在日常学习生活中，通过专业学习培养学生遵守规则、遵守纪律的观念，也是对学生进行法治教育的重要方式。

3. 增加法学类选修课程以实效性育人

选修课作为大学生积累知识、拓宽视野的有效途径，一直被各个高校所采用与推行。具体来说，选修课程一般分为公共选修课和专业选修课两类，也可称之为校级选修课、院级选修课等，因学校不同名称也存在不同，但设置的课程性质、内容等大体相似。一般来说，公共选修课为所有学生均可选修的课程，而专业选修课只限定本专业的学生可以选修，有时因专业选修课价值较大，部分学校在课程计划上就有对课堂中的专业选修课部分进行相应的学分规定。因此，在公共选修课和专业选修课中增加法律法规教育的相关课堂也是一个十分可行的突破口。以往，各个高校的公共选修课也存在法学类课程，不过往往存在课程班次较少、容量不大，难以满足学校本科生的庞大体量的问题。由此看来，普及法律知识，增加实用型公共选修课程，是一种必然趋势。在设置过程中，一方面要协调好法学专业课教师队伍，要选拔授课经验丰富，有良好教风的教师投入到公共选修的讲授中去；同时，开设的课程要以学生的实际需求为导向，与学生日常学习、生活相关联，吸引同学们选择法治课程进行学习。在专业选修课程设置中，要充分协调法学院与其他各学院的关系，在其他专业上设置相应的专业选修法律课程。这种方式既是帮助学生完善专业知识体系的一种方式，也是促进大学生法治教育的创新。如经济类专业的学生,必然需要学习商法、经济法;物流专业的学生,必然需要学习交通运输法;医学专业的学生,学习执业医师法、医疗事故处理条例等法律……因此,增强形式多样的法学类选修课程,在必要时借助网络开设网络课程是完善高校各类课堂建设的有效举措。

(三) 营造良好的教育环境

环境对个体的发展与成长起着至关重要的作用。大学生生活在社会的大环境中,受到社会的影响,同时高校、家庭等小环境都无时无刻不影响着大学生的思想发展。因此,大学生法律法规教育是一项重要且复杂的系统工程,其中既需要社会环境的有效引导,也需要高校、家庭环境的熏陶,同时辅以良好的网络环境,这对于培育大学生的法治观念起着至关重要的影响。

1. 统筹社会各类资源发展社会环境

我国七五普法规划中明确指出:"深入开展法治宣传教育,增强全民法治观念,对于服务协调推进'四个全面'战略布局和'十三五'时期经济社会发展,具有十分重要的意义。"[①]一个国家的社会法治环境的建设是法治建设的第一步,是全民形成法治观念的重要环节。一个国家法治环境的建设情况直接关系到高校的法治建设情况和大学生个体的法治观念的形成。

(1) 加快建设中国特色社会主义法治体系

中国特色社会主义法治体系是中国特色社会主义法治观念的基本方向与价值内核,是大学生法治观念形成的制度基础。因此,推动中国法治建设,贯彻党的十九大报告中的"科学立法、严格执法、公正司法、全民守法"的要求,是推动大学生法治观念形成的必要条件。

首先,扎实推进科学立法进程。目前,我国有法律250多部、行政法规700多部、地方性法规9000多部、规章11000多部,可以说,我国法律体系已经初步建成,但在一些关键问题上还缺乏法律保障。因此,保证科

---

① 中央宣传部、司法部关于在公民中开展法治宣传教育的第七个五年规划(2016—2020年) [EB/OL]. (2016-04-18). http://xy.moj.gov.cn/index/content/2016-04/18/content_7090062. htm?node=86541.

学立法，是建设中国特色社会主义法治体系的第一步。我们要在完善法律制度上下工夫，真正做到：保证立法内容，确保符合客观发展规律、符合中国基本国情；保证立法程序，确保民众广泛参与，扩大法律的社会基础；保证立法合宪性，确保维护宪法权威和国家法制统一。保证立法的科学性，是全民普法的第一步，是推进大学生学法、用法、守法的基础，对大学生法治观念培育有着重要作用。

其次，切实保证严格执法工作。党的十八届四中全会决定中指出：法律的生命力在于实施，法律的权威也在于实施。可以说，严格执法是对立法成果的最大尊重，是推进依法治国的重要一环。经过多年的实践，我国行政法律体系不断完善，多层次多领域对行政权力进行了制约与监督，但也仍然存在着权力职责不清晰、监督针对性不强等问题。因此，在加强执法、建立法治政府的过程中，应该做到：第一，梳理行政权力，推进政府权力清单制度；第二，提高工作针对性，建立重大决策终身责任追究制及责任倒查机制；第三，明确执法责任，落实行政执法责任制。严格执法，可以说是最好的普法方式，是我国法治建设的一面镜子，全国人民特别是大学生可以通过这面镜子看到我国法治建设的长处与短处。因此，我们更应该在执法上不放松一厘米，严格按照法律规定进行，通过政府执法的鲜明事例将法治观念种植在人民特别是大学生的心里。

最后，深化司法领域体制改革。习近平总书记曾多次强调："努力让人民群众在每一个司法案件中都感受到公平正义。"[①]公平正义是每个公民生活在一个社会的人生底线，是大学生法律法规教育的基本内容。而保证司法公平是司法工作的核心价值追求，是全面依法治国的重要保障。而现实实践中，司法不公、司法腐败、司法运作效率不高等因素导致了法律权威下降、司法机关公信力不足等问题，严重影响了大学生法律法规教育的实效性。因此，我们要以司法体制改革为目标，做好顶层设计工作，从人民群众反映最突出、要求最强烈的问题入手，不断建立推进相关改革措施。随着司法体制改革的深入，公平正义也许会迟到但绝不会缺席，司法不公、司法腐败等问题也会迎刃而解，法律权威、法律信仰就必然会随之扎根于人民群众之中，扎根于大学生群体之中，较高的法治观念也就自然形成。

---

① 十八大以来重要文献选编（上）[M]. 北京：中央文献出版社，2016：91.

第八章　全面依法治国视域下大学生法治观念培养的创新路径

（2）着力打造法治教育实践基地

进入新时代以来，实践育人工作得到进一步重视，内容不断丰富，形式不断拓展，取得了很大成绩，但是实践育人依然是我国人才培养中的薄弱环节。为深入贯彻党的十八大精神、十八届四中全会精神，创新和丰富法律法规教育的形式，提高青少年法治教育的质量和实效，中央宣传部、司法部等七部门颁布了《关于加强青少年法治教育实践基地建设的意见》，提出了"加强青少年法治教育实践基地建设"的要求。文件中，对建设的重要意义、建设目标等进行了具体阐述，并要求到2020年，在各地需统筹建成60所左右的国家级实践基地，可见青少年法治教育实践基地的重要性。

青少年法治教育实践基地是适应新时代大学生法治教育目标变化的要求下，用于探索形成实践教学、探究学习等多种模式相结合的教育格局，构建学校、社会、家庭三位一体的法治教育体系的有效载体。因此，各地方政府要积极建设青少年法治教育实践基地，利用各方资源，建设好当地的教育实践基地，以便通过教育基地平台开展教育活动，切实培养广大青少年学生的法治观念。实践基地一般根据各地方的实际需要，建设的具体内容各不相同，以全国青少年学生法治教育实践示范基地为例，主要分为"智能法治学习区、互动法治游戏区、综合体验区"三大主题区域，基地主要包括序厅、法育剧场、宪法树、法育时光隧道、四大法育密室、诚信接力赛、模拟法庭等共13大场馆。而各地在建设实践基地的过程中，首先，要保证各地方政府设立专项资金，来进行基地的建设与维护。对于基地建设的地理位置、管理部门、资金来源等问题，要进行合理规划。其次，整合已有的法治实践基地，将以往消防、环保等设立的有教育意义的基地项目统筹于青少年法治教育实践基地的建设中来，实现合理利用、资源共享，以此来提高实践基地的建设水平与教育质量。最后，要积极发挥各级人民法院、人民检察院的优势，鼓励法院、检察院参与到实践基地的建设工作中。法院、检察院的专业背景不仅可以为基地的建设提供专业意见，同时还可以组织有实践经验和教学能力的法官、检察官，担任实践基地的教育指导工作。在基地建设完成后，基地要与各高校建立一定的区域合作服务关系，共青团组织、各党支部等要将实践基地作为法治观念培育的重要平台，积极推动团日活动、党日活动与基地的各种实践项目相结合，形成基地与高校双向互动的教育模式,提高法治教育工作的质量与实效。

(3) 逐渐开展中国特色法治文化活动

党的十九大报告强调"建设社会主义法治文化",这就要求法治宣传工作要积极围绕党的工作大局,从更高层次上谋划好法治文化建设,从而全面推进法治建设进程。法治文化,可以说是一种环境氛围的营造,这需要丰富的活动作为有效载体。大学生通过丰富多样的法治文化活动对法治会有更深的了解,对于了解法律基础知识、形成正确的法治观念有着积极的促进作用。推进法治文化建设活动发展,要坚持实事求是原则,以各地政府部门为主导,协调多方力量,着力打造具有时代特色、地域特征的法治文化活动,不断加强大学生法治教育的科学发展。

打造品牌性法治文化,要立足于本地历史文化资源,深入挖掘地方文化特点,从中获得丰富的滋养,形成具有地方特色的深入地方人心的特色活动。如在东北地区,可以充分利用二人转的特色活动,将法治文化融入其中,形成具有法治特点的二人转表演;天津市可以将法治文化融入到独有的相声文化活动之中,打造具有法治教育意义的经典相声段落;华东地区可以将法治文化融入到地方越剧之中,塑造具有代表性的推广法治的人物……结合地方特色、民族特色的创新性法治文化活动才能真正走进人民之中,走进大学生群体中,实现活动的特色化、民俗化。

2. 秉承依法治校理念打造校园环境

高校作为大学生生活学习的场所,对学生的影响可谓深远。在全面依法治国的进程中,如何推进依法治校工作,培育出一批具有良好法治观念的大学生,是新时代高校面临的新考验。

(1) 推进高校管理制度建设

制度建设是高校依法治校的基础,完善高校的制度建设是高校法治化的第一步。高校作为教育的摇篮,本身要具有长远的眼光,在法治建设时要做好顶层设计工作,以科学性、实效性为依据,逐步完善学校管理制度建设。

2012年11月教育部发布《全面推进依法治校实施纲要》,这是新时代高校法治建设的政策依据,是高校法治化建设的最新指导文件。随后,教育部相继于2013年6月发布了《关于进一步加强青少年学生法制教育的

第八章　全面依法治国视域下大学生法治观念培养的创新路径

若干意见》，2016年7月发布了《青少年法治教育大纲》，2016年9月发布了《关于加强青少年法治教育实践基地建设的意见》，这些重要文件的出台都在国家层面对高校法治建设的制度化做出了规定。高校要紧跟国家依法治国的步伐，不断完善自身法治建设，不断推进依法治校进程。首先，要通过制定学校章程对学校的名称、地点、领导体制、组织结构、学生教职工的基本权利与义务等内容进行规定，明确学校的重大事务的决策权，实现办学自主权的法律化。其次，要建立以学校章程为核心的学校的系列管理制度，包括学生学籍管理规定、学生宿舍管理规定、学生奖励处分规定等。具体制度能在一定程度上提高学校的管理效率，让学校的事项有章可依，有法可循，不仅是管理育人的重要体现，也是推进高校法治化建设的重要举措。最后，完善各类救济和监督制度。学校应当建立和健全学校内部以相互尊重和沟通为基础的学生申诉制度，同时在校内成立学生申诉处理委员会，制定学生重大权益听证制度。充分发挥学校教授委员会、教职工代表大会、共青团、学生会等组织的监督作用，鼓励师生以多种形式参与到学校发展和涉及切身利益的重大决策中来。

（2）加强校园法治文化建设

良好的校园文化不仅可以帮助学生提高学习的积极性与主动性，还可以陶冶学生的心灵，形成美好的道德品质。因此，在高校实现制度化建设的基础上，从校园文化入手，加强校园基层阵地的建设与管理是发挥文化育人功能的有效方式。

首先，高校可以通过建设物质文化，完善日常的宣传条件。将图书馆、学生活动中心等场所建设成为学生积极开展法治文化活动的场地；开辟法律知识宣传专栏，在教学楼、学生公寓和其他公共场所的醒目位置，设置宣传海报、展板、提示语、横幅等；加强校报、校园广播以及校园网等平台的建设，积极创造网上法治文化宣传新阵地，切实加强各方的监管力度。其次，高校要重视法治精神文化建设。高校要积极总结学校精神，将校训、校史、校歌等相关内容与法治观念相结合，形成爱校、尊校、学法、爱法的法治氛围。最后，高校要举办丰富多彩的法治文化活动。当前高校相关校园活动丰富多样，大部分活动都承载着不可小觑的教育功能。我们在进行法治观念培育活动中，既要延续以往活动积极的一方面，也要避免活动陷入形式主义的循环之中。因此,在进行法律法规教育活动时,要积极创新工作的方式方法。一方面,高校要积极创立理论型法治社团。以法治社团为主要载体,丰富培育的内容与形式。尤其是在举办传统线下活动的同时,也要充分运用信息化的手段,为大学生法律法规教育提供有力支持。另一方面,我们也要注意发挥隐性教育的优势,利用好"宪法日""法治宣传月"等时间节点,以法治社团为平台,在无形中提高学生的法治观念和用法律解决问题的能力。

3. 注重显性隐性相结合建设家庭环境

家庭是每个人人生的第一所学校,正如蔡元培先生曾说:"家庭者,人生最初之学校也。"家长的法治观念和对待法律的态度直接影响着孩子的行为。因此,家庭教育在大学生法律法规中起着至关重要的作用。家庭是对每个人影响时间最长的场域,在家庭中形成的关于法治的经验认识,往往会对其以后法治观念的形成产生长久的影响。因此,我们必须加强对家庭教育的认识,培育优良的家风,从根本上提高家庭成员的法治观念。

我国古代历来重视家庭教育,如《朱子治家格言》中"善欲人见,不是真善;恶恐人知,便是大恶"、诸葛亮《诫子书》中有"静以修身,俭以养德。非淡泊无以明志,非宁静无以致远"等思想,这些都对现代家庭教育有着借鉴意义。习近平也曾多次强调:"不论时代发生多大变化,不论生活格局发生多大变化,我们都要重视家庭建设,注重家庭、注重家教、注重家风。"[①]注重培育优良的家风,不仅有利于家庭成员总体道德水平的提高,更是进行法律法规教育的重要环节。因此,在家庭建设中,要制定符合家庭实际情况与现代社会发展要求的家规。家规是在家庭内部,家庭成员之间共同商讨建立的简单可行的规则。家规家训作为家庭的行为规范和准则,正是通过家庭成员对家规家训的内心认同和共同遵守,以达到维持家庭门风和传承家庭核心精神的目的。家规家训是法律、校规的家庭化体现,懂得遵守家规的人必然能逐渐培养规则意识,懂得尊重社会的总体规则。良好的家庭氛围是形成家风的必要条件。俗语说得好:家和万事兴。平等、民主、和谐的家庭氛围不仅有利于家庭整体的稳定,更有利于家庭

---

① 习近平:不论时代发生多大变化都要重视家庭建设[EB/OL].(2015-2-17).http://politics.people.com.cn/n/2015/0217/c70731-26580958.html.

成员的个人成长。在这样家庭中成长起来的学生，必然懂得人与人之间相互平等，明白权利与义务的关系，这是形成法治观念的最好的土壤。因此，制定行之有效的家规家训，形成平等民主的家庭氛围，是家庭法治教育的重要途径。

4. 发挥法律监督作用营造网络环境

网络是科技发展的产物，是信息时代的标志，经过30多年的发展，我国已全面进入"互联网+"时代。网络是一把双刃剑，一方面，网络极大改变了当代大学生的生活，信息更加开放化、透明化，使大学生学习、生活的方式更加便利化，另一方面，大学生处于世界观、人生观、价值观的形成期，网络上充斥着的不文明、违反价值观的信息，往往对大学生产生了严重的负面影响。因此，通过不断完善网络法律，加强网络监督，营造良好的网络环境对保护大学生的合法权益，培养大学生良好的法治观念尤为重要。

（1）逐渐完善网络法律制度

习近平同志指出："网络空间是亿万民众共同的精神家园。网络空间天朗气清、生态良好，符合人民利益。网络空间乌烟瘴气、生态恶化，不符合人民利益。"[①]习近平这一重要讲话，深刻阐明了网络生态的重要性，为加强网络空间治理指明了正确方向，具有重要的理论意义和实践意义。

2017年6月1日，《中华人民共和国网络安全法》正式施行，将网络安全各项工作带入法治化轨道。随后，《国家网络空间安全战略》《通信网络安全防护管理办法》等规章制度相继出台，网络空间法治化迈入新时代。但是我们还应该看到，立法还不够完善，虽然已经出台了部分法律，但是过于原则和笼统，解决方法不够具体，可操作性不强，不能很好地适应网络发展变化，使得网络空间灰色地带较多，一些违反道德规定甚至是违法行为屡见不鲜。因此，营造良好的法治网络环境的基础在于不断完善我国网络和信息安全法律制度，把握和尊重网络空间特点，以科学的方法提高立法质量；增强立法的针对性、有效性和可操作性。

---

① 习近平：网上网下要形成同心圆 [EB/OL].http://www.china.com.cn/news/2017-04/18/content_40641192_3.htm.

(2) 重点强化网络监督机制

在"互联网+"的时代下，对网络环境的治理在制定相应的网络法规外，制定相应的监督机制也是有效措施之一。首先，推行网络实名制。网络的虚拟性使责任难以落实到个人，也由此产生了网络不良言论频发，这时网络实名制显得尤为重要。网络实名制，要求网络用户必须通过真实的个人信息进行注册，才能够获得虚拟的网络身份。网络实名制在一定程度上能防止网络中的乱象，整治网络无序的状态。其次，要加强信息监测。要建立专门网络监控平台和网络乱象长效预警机制及处理机制，通信管理、公安网监、综合执法等部门应积极协调，调动多方资源对网络进行严密管控，同时，加强网络信息监测，做到及时发现，立即查处。如对新媒体中随意编造并传播的谣言内容及时清理，对发送带有攻击性谩骂式的用户进行封号处理等。最后，需要加大监管处罚力度。政府部门应严格审查备案相关媒体管理机制，对相关网站、App、微博大V等具有一定商业价值的违规操作行为，加大惩处力度，达到惩戒作用。这样不仅能营造一个良好的网络环境，也能对大学生起到教育引导作用。

(3) 全面加强网络法治宣传教育

新时代利用网络进行法治宣传教育，不仅是当下传播正能量、净化网络空间的现实需要，也是进行法律法规教育的有效手段。在现阶段社会发展中，我国法治宣传工作已逐渐脱离传统的宣传方式，依托新媒体进行多种形式的法治宣传教育成为时代需要。因此在新时代，我们要坚持与时俱进，找到新定位与新方式。

具体来讲，主要从以下几方面开展：第一，充分利用大数据技术优势，满足大学生的实际需求。大学生法治观念培养工作，是做大学生的工作，这就需要坚持服务大学生，满足大学生，从大学生的实际需求出发。在大数据技术飞速发展的当下，通过大数据技术手段，积极进行法律法规教育现状评估与需求采集工作，并结合评估结果和大学生需求开展具体法律法规教育建设活动。大数据评估采集工作增强了教育工作的针对性与实用性。第二，积极利用"三微一端"等新媒体，丰富教育形式。要积极利用现代传播形式，以网络直播、手机App、微信公众号等多种形式为载体，创新出具有吸引力的法治微视频、法治微电影、法治宣传教育漫画等。丰富多样的宣传手段，真正将法治的宣传内容贴近大学生生活、满足大学生的内心需要，有助于形成一批让大学生接受的多样化、形象化、现代化的法治文化活动。第三，积极利用大型活动平台，创造吸引人、感染人的法治活动。以特定的时间节点为契机，以跨年晚会、春节联欢晚会、元宵晚会等富有影响力的活动为主要载体，创造富含法治内容的小品、情景剧、话剧等，不断加大活动的展示力度，积极传播法治文化，实现法治文化从灌输式、被动式向感性共鸣、理性思考、自觉接受的方向转化。

参考文献

1. 经典著作

[1] 中共中央马克思恩格斯列宁斯大林著作编译局编译. 马克思恩格斯全集（第13卷）[M]. 北京：人民出版社，1962.

[2] 中共中央马克思恩格斯列宁斯大林著作编译局编译. 马克思恩格斯全集（第19卷）[M]. 北京：人民出版社，1963.

[3] 中共中央马克思恩格斯列宁斯大林著作编译局编译. 马克思恩格斯全集（第23卷）[M]. 北京：人民出版社，1972.

[4] 毛泽东文集（第5卷）[M]. 北京：人民出版社，1977.

[5] 中共中央马克思恩格斯列宁斯大林著作编译局编译. 列宁全集（第43卷）[M]. 北京：人民出版社，1987.

[6] 毛泽东选集（第2卷）[M]. 北京：人民出版社，1991.

[7] 邓小平文选（第三卷）[M]. 北京：人民出版社，1993.

[8] 邓小平文选（第一卷）[M]. 北京：人民出版社，1994.

[9] 邓小平文选（第二卷）[M]. 北京：人民出版社，1994.

[10] 中共中央马克思恩格斯列宁斯大林著作编译局编译. 马克思恩格斯全集（第30卷）[M]. 北京：人民出版社，1995.

[11] 中共中央马克思恩格斯列宁斯大林著作编译局编译. 马克思恩格斯选集（第一卷）[M]. 北京：人民出版社，1995.

[12] 毛泽东文集（第6卷）[M]. 北京：人民出版社，1999.

[13] 江泽民文选（第一卷）[M]. 北京：人民出版社，2006.

[14] 中共中央马克思恩格斯列宁斯大林著作编译局编译. 马克思恩格斯文集（第二卷）[M]. 北京：人民出版社，2009.

[15] 中共中央马克思恩格斯列宁斯大林著作编译局编译. 马克思恩格斯选

集（第一卷）[M]．北京：人民出版社，2012．

[16] 胡锦涛文选（第二卷）[M]．北京：人民出版社，2016．

2. 报纸

[1] 胡锦涛．省部级主要领导干部提高构建社会主义和谐社会能力的会议上的讲话[N]．光明日报，2005-02-19．

[2] 习近平．在省部级主要领导干部学习贯彻十八届三中全会精神全面深化改革专题研讨班上的讲话[N]．人民日报，2014-02-17．

[3] 中国共产党第十八届中央委员会第四次全体会议公报[N]．人民日报，2014-10-23．

[4] 习近平．关于《中共中央关于全面推进依法治国若干重大问题的决定》的说明[N]．人民日报，2014-10-29．

[5] 中共中央关于全面推进依法治国若干重大问题的决定[N]．人民日报，2014-10-29．

[6] 张大良．创新法治人才培养机制 提高法治人才培养质量[N]．中国教育报，2014-11-10．

[7] 张力．把法治教育融入国民教育体系[N]．中国教育报，2015-01-19．

[8] 中共中央关于制定国民经济和社会发展第十三个五年规划的建议[N]．人民日报，2015-11-04．

[9] 中办国办印发《关于进一步把社会主义核心价值观融入法治建设的指导意见》[N]．2016-12-26．

[10] 中共中央办公厅，国务院办公厅．关于进一步把社会主义核心价值观融入法治建设的指导意见[N]．人民日报，2016-12-26．

[11] 习近平在中国政法大学考察时强调：立德树人德法兼修抓好法治人才培养 励志勤学刻苦磨炼促进青年成长进步[N]．人民日报，2017-05-04．

[12] 习近平．决胜全面建成小康社会 夺取新时代中国特色社会主义伟大胜利——在中国共产党第十九次全国代表大会上的报告[N]．人民日报，2017-10-28．

[13] 李林．成立中央全面依法治国领导小组意义重大[N]．中国社会科学报，2017-11-07．

[14] 蒋建国. 加大全民普法力度 建设社会主义法治文化[N]. 光明日报，2017-12-05.

[15] 朱之文. 把法治教育融入国民教育全过程[N]. 光明日报，2017-12-05.

[16] 秦平. 普遍提高领导干部法治素养[N]. 法制日报，2018-03-12.

[17] 人民日报评论员. 人民日报评论员：尊崇宪法的庄严宣示[N]. 人民日报，2018-03-18.

[18] 刘洋，杨荧. 傅莉娟委员：建立健全全面依法治国领导和推进机制[N]. 人民政协报，2018-03-15.

[19] 习近平主持召开学校思想政治理论课教师座谈会强调：用新时代中国特色社会主义思想铸魂育人贯彻党的教育方针落实立德树人根本任务[N]. 人民日报，2019-03-19.

3. 论文专著期刊及其他

[1] （古希腊）亚里士多德. 政治学[M]. 吴寿彭，译. 北京：商务印书馆，1965.

[2] （德）黑格尔. 美学（第1卷）[M]. 王造明，译. 北京：商务印书馆，1979.

[3] 张国华主编. 中国法律思想史[M]. 北京：法律出版社，1982.

[4] 董必武选集[M]. 北京：人民出版社，1985.

[5] 彭真. 论新时期的社会主义民主与法制建设[M]. 北京：中央文献出版社，1989.

[6] （美）哈罗德·伯尔曼. 法律与宗教[M]. 梁治平，译. 北京：生活·读书·新知三联书社，1991.

[7] J. Flax. On the Contemporary Politics of Subjectivity[J]. Human Study，1993（04）.

[8] （日）川岛武宜. 现代化与法[M]. 王志安. 等，译. 北京：中国政法大学出版社，1994.

[9] Leming Robert S.Essentials of law-related education [R].American Bar Association's National Law-Related Education Resource Center，1995.

[10] （古希腊）亚里士多德. 政治学[M]. 吴寿彭，译. 北京：商务印书馆，1995.

[11] Williamson Deborah, Minor Kevin I, Fox James W, et al.Law-related education and juvenile justice: promoting citizenship among juvenile offenders[M]. Illinois: CHARLES C THOMAS·PUBLISHER, LTD, 1997.

[12] （法）卢梭. 社会契约论[M]. 李平沤, 译. 北京：商务印书馆, 1997.

[13] 应松年. 依法行政论纲[J]. 中国法学, 1997（01）.

[14] 教育部思想政治工作司. 法律基础教学大纲[M]. 北京：高等教育出版社, 1998.

[15] 凌翔, 陈轩. 李光耀传[M]. 北京：东方出版社, 1998.

[16] 国家教委政策法规处. 中华人民共和国教育法适用大全[M]. 广州：广东教育出版社, 1995.

[17] （古罗马）西塞罗. 论共和国·论法律[M]. 王焕生, 译. 北京：中国政法大学出版社, 1997.

[18] 张文显. 法理学[M]. 北京：高等教育出版社, 1999.

[19] （法）埃米尔·涂尔干. 社会分工论[M]. 梁敬东, 译. 北京：生活·读书·新知三联书店, 2000.

[20] 江泽民论党的建设[M]. 北京：中央文献出版社, 2001.

[21] 张文显. 法哲学范畴研究[M]. 北京：中国政法大学出版社, 2001.

[22] 董必武. 董必武法学文集[C]. 北京：法律出版社, 2001.

[23] 郑永廷, 石书臣. 马克思主义人的全面发展理论的丰富与发展[J]. 马克思主义研究, 2002（01）.

[24] （德）马克思, 恩格斯. 德意志意识形态[M]. 北京：人民出版社, 2003.

[25] 胡俊生, 李期. 现代化进程中的价值选择——新加坡的"公民与道德教育"及其对我们的启示[J]. 延安大学学报（社会科学版）, 2003（02）.

[26] 杨兆山. 关于人的全面发展的几点认识——兼论马克思人的全面发展思想的时代价值[J]. 东北师大学报（哲学社会科学版）, 2003（03）.

[27] 孙明杰, 范正生. 坚持依法治国和以德治国相结合方略做好大学生思想政治教育工作[J]. 山东省青年管理干部学院学报, 2005（05）.

[28] 骆郁廷. 高校思想政治理论课程论[M]. 武汉：武汉大学出版社，2006.

[29] "素质教育的概念、内涵及相关理论"课题组. 素质教育的概念、内涵及相关理论[J]. 教育研究，2006（02）.

[30] 教育部社会科学司. 普通高校思想政治理论课文献选编（1949—2006）[M]. 北京：中国人民大学出版社，2007.

[31] 吴潜涛. "思想道德修养与法律基础"研究述评[M]. 北京：中国人民大学出版社，2007.

[32] 姚继德，武艳敏，洪文杰. 当今社会观念透视[M]. 北京：线装书局，2008.

[33] 顾海良. 高校思想政治理论课程建设研究[M]. 北京：经济科学出版社，2009.

[34] 彭晓玲，倪先敏，郭庆，等. 高等教育大众化条件下大学生思想政治教育创新研究[M]. 成都：四川大学出版社，2009.

[35] 陈大文，刘一睿. 从普及法律常识到提升法律素质的教育——改革开放30年高校法制教育发展回眸[J]. 思想理论教育导刊，2009（04）：67.

[36] 唐汉卫，吴秀霞. 大学生活——困惑与反思[M]. 济南：山东人民出版社，2010.

[37] 姜正国. 全球化背景下的高校思想政治教育创新研究[M]. 长沙：湖南人民出版社，2011.

[38] 李林. 当代中国的依法治国与依法执政[J]. 学术探索，2011（02）.

[39] 李丁. 英国青少年公民教育研究[M]. 北京：人民出版社，2012.

[40] 祖嘉合，宇文利. 思想道德修养与法律基础前沿问题研究[M]. 合肥：安徽人民出版社，2012.

[41] 徐飞，黄伟力. 文化的力量：中国大学文化建设的创新之路[M]. 上海：上海人民出版社，2012.

[42] 社会主义核心价值观培训教材[M]. 北京：新华出版社，2014.

[43] 刘彦博，刘世勇，蔡楚元，等. 高等学校依法治校的理论与实践[M]. 武汉：中国地质大学出版社，2014.

[44] （美）弗朗西斯·福山. 政治秩序的起源：从前人类时代到法国大革

命[M]. 毛俊杰, 译. 南宁: 广西师范大学出版社, 2014.

[45] 俞可平. 论国家治理现代化[M]. 北京: 社会科学文献出版社, 2014.

[46] 杨显滨. 论当代中国法律本质的应然归属[J]. 法学论坛, 2014 (01).

[47] 张文显. 法治化是国家治理现代化的必由之路[J]. 法制与社会发展, 2014 (05).

[48] 汪永清. 法治思维及其养成[J]. 山东人大工作, 2014 (11).

[49] 宋丽. 我国大学生法律意识培养研究[D]. 南京: 南京信息工程大学, 2015.

[50] 习近平. 习近平关于全面依法治国论述摘编[M]北京: 中央文献出版社, 2015.

[51] 教育部思想政治工作司. 加强和改进大学生思想政治教育重要文献选编[M].北京: 知识产权出版社, 2015.

[52] 公丕祥. "四个全面"战略布局研究丛书——全面依法治国[M]. 南京: 江苏人民出版社, 2015.

[53] 中央文献研究室. 习近平关于全面依法治国论述摘编[M]. 北京: 中央文献出版社, 2015.

[54] 习近平关于全面依法治国论述摘编[M]. 北京: 中央文献出版社, 2015.

[55] 张文显. 全面推进依法治国的伟大纲领——对十八届四中全会精神的认知与解读[J]. 法制与社会发展, 2015 (01).

[56] 陈大文, 孔鹏皓. 论大学生社会主义法治思维的培养[J]. 思想理论教育导刊, 2015 (01).

[57] 习近平. 加快建设社会主义法治国家[J]. 求是, 2015 (01).

[58] 吕世伦, 金若山. 法治思维探析[J]. 北方法学, 2015 (01).

[59] 徐蓉. 法治教育的价值导向与大学生法治信仰的培育[J]. 思想理论教育, 2015 (02).

[60] 喻名峰. 法治认同的理论辨析与路径探索[J]. 湖南师范大学社会科学学报, 2015 (04).

[61] 薛剑符. 毛泽东法治思想的时代特征[J]. 毛泽东思想研究, 2015 (05).

[62] 李立群. 学校法治教育的核心内容及其实施路径[J]. 教学与管理,

2015（10）.

[63] 谢芳. 依法治国背景下大学生法治教育路径研究[J]. 中国成人教育，2015（18）.

[64] 刘华丽，王喜荣. 新媒介环境下高校思想政治教育效果研究[M]. 北京：知识产权出版社，2016.

[65] 姚建龙. 大学生法治教育论[M]. 北京：中国政法大学出版社，2016.

[66] 十八大以来重要文献选编（中）[M]. 北京：中央文献出版社，2016.

[67] 十八大以来重要文献选编（上）[M]. 北京：中央文献出版社，2016.

[68] 张文显. 习近平法治思想研究（中）——习近平法治思想的一般理论[J]. 法制与社会发展，2016（03）.

[69] 张文显. 习近平法治思想研究（下）——习近平全面依法治国的核心观点[J]. 法制与社会发展，2016（04）.

[70] 张兵. 大学生法治信仰的误区及其化解路径分析[J]. 湖北社会科学，2016（12）.

[71] 中共中央办公厅、国务院办公厅. 关于进一步把社会主义核心价值观融入法治建设的指导意见[A]. 中国政策汇编2016[M]. 北京：中国言实出版社，2017.

[72] 教育部，司法部，全国普法办. 青少年法治教育大纲[A]. 中小学多学科协同实施法治教育教学指导用书·理念与方法[M]. 北京：中国民主法制出版社，2017.

[73] 陈思明. 普法的行政法治思考[M]. 北京：新华出版社，2017.

[74] 张文显. 治国理政的法治理念和法治思维[J]. 中国社会科学，2017（04）.

[75] 童康，袁倩等. 推进高校内部教学督导制度建设的思考[J]. 教师教育研究，2017（09）.

[76] 张文显. 法治中国建设的历史性跨越与突破[J]. 领导参考，2017（12）.

[77] 习近平. 习近平谈治国理政（第一卷）[M]. 北京：外文出版社，2018.

[78] 卓泽渊. 法治国家论[M]. 北京：法律出版社，2018.

[79] 张善根. 法律信任论[M]. 北京：中国法制出版社，2018.

[80] 张曼华. 大学生心理健康教育[M]. 南京：江苏凤凰科学技术出版社，2018.

[81] 李龙，李晨光，陈恒英. 大学生心理健康教育[M]. 重庆：重庆大学出版社，2018.

[82] 周晓燕. 走进新时代的全面依法治国[J]. 大庆社会科学，2018（01）.

[83] 本教材修订组.《思想道德修养与法律基础（2018年版）》修订说明[J]. 思想理论教育导刊，2018（05）.

[84] 李勇，胡业勋. 宪法思维与法治素养[M]，北京：人民出版社，2019.

[85] 陈宝生. 全面推进依法治教 为加快教育现代化、建设教育强国提供坚实保障——在全国教育法治工作会议上的讲话[J]. 国家教育行政学院学报，2019（01）.

[86] 中共中央印发《法治中国建设规划（2020—2025年）》[J]. 中国防伪报道，2021（01）.

[87] 王晨. 坚持以习近平法治思想为指导 谱写新时代全面依法治国新篇章[J]. 中国法学，2021（01）.

[88] 栗战书. 习近平法治思想是全面依法治国的根本遵循和行动指南[J]. 中国人大，2021（02）.

[89] 常庆欣. 有效市场和有为政府更好结合推进构建高水平社会主义市场经济体制[J]. 山东社会科学，2021（02）.

[90] 熊选国. 坚持依法治国、依法执政、依法行政共同推进，法治国家、法治政府、法治社会一体建设[J]. 中国司法，2021（04）.